개정신판

NCS(국가직무능력표준) 기반

커피 바리스타 경영의 이해

Coffee Barista

최병호 · 권정희 공저

기문사
www.kimoonsa.co.kr

머리말

현대사회는 다양성에 기초하여 급속히 산업화되면서 급변하는 사회 환경과 문화 속에서 제조업 중심으로 기업이 발전하였고, 매출규모 또한 증대되면서, 다국적 기업으로 성장 발전되고 있다. 호텔외식사업에서 음료산업 또한 경기침체 속에서도 지속적인 성장세를 보이고 있는 것이다.

새로운 부가가치와 국가의 신 성장 동력으로서의 그 중요성만큼이나 커피시장의 성장과 경쟁 또한 갈수록 치열해지고 있다. 많은 국내외 기업들과 대기업에서도 원두커피시장 진출을 시작하고 있으며, 기존 브랜드들도 앞다투어 공격적인 마케팅을 선언하고 점포확장 및 고급화에 열을 올리고 있는 현실이다.

이에 저자 일동은 "커피 바리스타 경영의 이해"라는 본서를 한국 호텔·외식 관광분야의 글로벌 전문 경영인으로서 우수한 인재 양성을 위하여 커피 바리스타를 공부하는 후학들에게 미흡하게나마 도움을 주고자 오랜 기간 현장 실무의 경험과 학교에서 학생들을 지도하면서 연구한 내용들을 최선을 다하여 체계적으로 전하고자 정리하였다.

그동안 커피분야에 깊은 관심을 가지고 커피 바리스타 자격제도(커피 바리스타경영사 2급)를 도입하고 지속적으로 연구를 하고 있으며, **국가 직무능력표준**(NCS, National Competency Standards) 기반으로 하여 산업현장에서 직무를 수행하기 위해 요구되는 지식 · 기술 · 소양 등의 내용을 체계화하고 최대한 표준화하였다. 따라서 향후 수정 및 보충할 부분에 대하여 많은 전문가들의 조언을 통해 지속적으로 보완할 것을 약속드리는 바이다.

특히 대학 교육에서 필요한 지식들을 14장으로 구성하였고 글로벌 식음료 자격검정 평가원에서 바리스타 경영사 2급 자격 실기시험을 위해 실기 준비 5분, 시연 10분과 기출문제를 부록으로 실어 자격취득 및 실무에 도움을 주고자 편성하였다.

끝으로 본 교재가 출판되기까지 많은 도움을 주신 기문사 관계자 여러분들과 대표님께 감사드리며 무궁한 발전을 기원한다.

2016년도 저자 일동

C·o·n·t·e·n·t·s

차례

■ NCS 구성

제1장_에스프레소(Espresso)

제2장_커피의 식물학

제7장_생두의 분류 및 등급 책정

제8장_특수커피 & 최고급커피

제9장_로스팅(Roasting)과 블렌딩(Blending)

제10장_커피의 성분과 보관

제11장_핸드드립(hand-drip)

제12장_커피의 추출과 추출기구

제13장_라떼 아트

제14장_에스프레소를 이용한 다양한 메뉴

NCS 구성

국가직무능력표준(NCS, National Competency Standards)은 산업현장에서 직무를 수행하기 위해 요구되는 지식 · 기술 · 소양 등의 내용을 국가가 산업부문별 · 수준별로 체계화한 것으로 국가적 차원에서 표준화한 것을 의미하는데 특히 competency는 경쟁력 있는 능력을 의미한다.

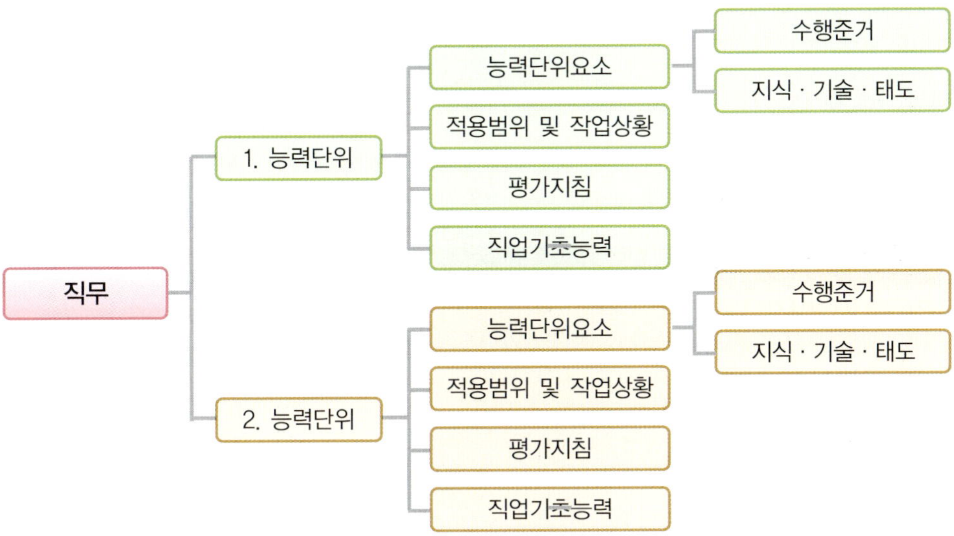

능력단위는 능력단위분류번호, 능력단위명칭, 능력단위정의, 능력단위요소(수행준거, 지식 · 기술 · 태도), 적용범위 및 작업상황, 평가지침, 직업기초능력으로 구성한다.

구성항목	내용
① 능력단위분류번호 (competency unit code)	능력단위를 구분하기 위하여 부여되는 일련번호로서 12자리로 표현
② 능력단위명칭 (competency unit title)	능력단위의 명칭을 기입한 것
③ 능력단위정의 (competency unit description)	능력단위의 목적, 업무수행 및 활용범위를 개략적으로 기술

구성항목	내용
④ 능력단위요소 (competency unit element)	능력단위를 구성하는 중요한 핵심 하위능력을 기술
⑤ 수행준거 (performance criteria)	능력단위요소별로 성취 여부를 판단하기 위하여 개인이 도달해야 하는 수행의 기준을 제시
⑥ 지식 · 기술 · 태도 (KSA)	능력단위요소를 수행하는데 필요한 지식 · 기술 · 태도
⑦ 적용범위 및 작업상황 (range of variable)	• 능력단위를 수행하는데 있어 관련되는 범위와 물리적 혹은 환경적 조건 • 능력단위를 수행하는데 있어 관련되는 자료, 서류, 장비, 도구, 재료
⑧ 평가지침 (guide of assessment)	능력단위의 성취 여부를 평가하는 방법과 평가 시 고려되어야 할 상황
⑨ 직업기초능력 (key competency)	능력단위별로 업무 수행을 위해 기본적으로 갖추어야 할 직업능력

| NCS 수준체계

- 1, 2 수준 : 고졸 수준
- 3, 4 수준 : 2년제 대학 수준
- 5, 6 수준 : 4년제 대학 수준
- 7, 8 수준 : 대학원 석사 수준

수준	내용
8수준	• 해당분야에 대한 최고도의 이론 및 지식을 활용하여 새로운 이론을 창조할 수 있고, 최고도의 숙련으로 광범위한 기술적 작업을 수행할 수 있으며 조직 및 업무 전반에 대한 권한과 책임이 부여된 수준 지식기술 • 해당분야에 대한 최고도의 이론 및 지식을 활용하여 새로운 이론을 창조할 수 있는 수준 • 최고도의 숙련으로 광범위한 기술적 작업을 수행할 수 있는 수준 역량 • 조직 및 업무 전반에 대한 권한과 책임이 부여된 수준 경력 • 수준7에서 2~4년 정도의 계속 업무 후 도달가능한 수준
7수준	• 해당분야의 전문화된 이론 및 지식을 활용하여, 고도의 숙련으로 광범위한 작업을 수행할 수 있으며 타인의 결과에 대하여 의무와 책임이 필요한 수준 지식기술 • 해당분야의 전문화된 이론 및 지식을 활용할 수 있으며, 근접분야의 이론 및 지식을 사용할 수 있는 수준 • 고도의 숙련으로 광범위한 작업을 수행하는 수준

수준	내용
7수준	역량 • 타인의 결과에 대하여 의무와 책임이 필요한 수준 경력 • 수준6에서 2~4년 정도의 계속 업무 후 도달 가능한 수준
6수준	• 독립적인 권한 내에서 해당분야의 이론 및 지식을 자유롭게 활용하고, 일반적인 숙련으로 다양한 과업을 수행하고, 타인에게 해당분야의 지식 및 노하우를 전달할 수 있는 수준 지식기술 • 해당분야의 이론 및 지식을 자유롭게 활용할 수 있는 수준 • 일반적인 숙련으로 다양한 과업을 수행할 수 있는 수준 역량 • 타인에게 해당분야의 지식 및 노하우를 전달할 수 있는 수준 • 독립적인 권한 내에서 과업을 수행할 수 있는 수준 경력 • 수준5에서 1~3년 정도의 계속 업무 후 도달 가능한 수준
5수준	• 포괄적인 권한 내에서 해당분야의 이론 및 지식을 사용하여 매우 복잡하고 비일상적인 과업을 수행하고, 타인에게 해당분야의 지식을 전달할 수 있는 수준 지식기술 • 해당분야의 이론 및 지식을 사용할 수 있는 수준 • 매우 복잡하고 비일상적인 과업을 수행할 수 있는 수준 역량 • 타인에게 해당분야의 지식을 전달할 수 있는 수준 • 포괄적인 권한 내에서 과업을 수행할 수 있는 수준 경력 • 수준4에서 1~3년 정도의 계속 업무 후 도달가능한 수준
4수준	• 일반적인 권한 내에서 해당분야의 이론 및 지식을 제한적으로 사용하여 복자하고 다양한 과업을 수행하는 수준 지식기술 • 해당분야의 이론 및 지식을 제한적으로 사용할 수 있는 수준 • 복잡하고 다양한 과업을 수행할 수 있는 수준 역량 • 일반적인 권한 내에서 과업을 수행할 수 있는 수준 경력 • 수준3에서 1~4년 정도의 계속 업무 후 도달 가능한 수준

수준	내용
3수준	• 제한된 권한 내에서 해당분야의 기초이론 및 일반지식을 사용하여 다소 복잡한 과업을 수행하는 수준 지식기술 • 해당분야의 기초이론 및 일반지식을 사용할 수 있는 수준 • 다소 복잡한 과업을 수행하는 수준 역량 • 제한된 권한 내에서 과업을 수행하는 수준 경력 • 수준2에서 1~3년 정도의 계속 업무 후 도달가능한 수준
2수준	• 일반적인 지시 및 감독하에 해당분야의 일반 지식을 사용하여 절차화되고 일상적인 과업을 수행하는 수준 지식기술 • 해당분야의 일반 지식을 사용할 수 있는 수준 • 절차화되고 일상적인 과업을 수행하는 수준 역량 • 일반적인 지시 및 감독하에 과업을 수행하는 수준 경력 • 수준1에서 6~12개월 정도의 계속 업무 후 도달가능한 수준
1수준	• 구체적인 지시 및 철저한 감독하에 문자이해, 계산능력 등 기초적인 일반지식을 사용하여 단순하고 반복적인 과업을 수행하는 수준 지식기술 • 문자이해, 계산능력 등 기초적인 일반지식을 사용할 수 있는 수준 • 단순하고 반복적인 과업을 수행하는 수준 역량 • 구체적인 지시 및 철저한 감독하에 과업을 수행하는 수준

I NCS 분류체계

대분류	중분류	소분류	세분류
13. 음식서비스	01. 식음료 조리 · 서비스	02. 식음료 서비스	01. 식음료접객 02. 소믈리에 03. 바리스타 04. 바텐더수준

| 교과목 명세서(NCS 교과목)

교과목 명	국문 : 바리스타 – 커피기계실무1	이수 구분	학 점	시 수	
	영문 : Practice of Barista – Instruments	전공 선택	3	이론	실기
				1	2

교과목 개요				
수강대상	호텔경영전공 2학년 1학기 재학생	선수학습/과목	호텔관리론 호텔식음료관리 호텔레스토랑실무
직무	커피바리스타		
관련세분류	바리스타	능력단위(코드)	커피원두선택(1301020302_13v1) 커피기계운용(13120303_13vl) 커피그라인더운용(13120304_13vl) 커피추출(1301020305_13v1) 커피음료우유스티밍(1301020306_13v1)

교육목표	커피원두선택, 커피기계운용, 그라인더운용, 커피추출과 커피음료우유스티밍의 기술 습득을 목표로 둔다(커피바리스타 자격증 취득을 위한 준비).
교육내용	호텔 레스토랑 고객에게 커피 제조, 서비스 전달 과정을 위한 커피 바리스타 업무에 필요한 작업을 수행할 수 있도록 한다.

교수 · 학습방법	이론강의	실습	발표	토론	팀 프로젝트	캡스톤 디자인	포트 폴리오	기타
	○	○	○	○				

장비 · 도구	NCS 능력단위 활용	미활용
	커피 추출 기계 및 도구, CO_2 측정기, 자동/반자동 커피기계, 온도계, 연/정수기, 분해/조립공구, 전자저울, 계량컵, 자동/반자동 그라인더, 청소도구, 각종세제, 탬퍼 등	

평가방법	A	B	C	D	E	F	G	H	I	J	K	L	M
		◎	◎		◎	◎	◎	◎				◎	

A.포트폴리오 B.문제해결시나리오 C.서술형시험 D.논술형시험 E.사례연구 F.평가자질문 G.평가자체크리스트 H.피평가자체크리스트 I.일지/저널 J.역할연기 K.구두발표 L.작업장평가 M.기타

교육정보	국가직무능력표준(www.ncs.go.kr)

교육 및 평가 내용

능력단위요소	수행준거	NCS 적용 여부
커피 원두 배합비율(블렌딩) 선택하기 1301020302_13v1.1	1.1 아라비카종과 로브스타종의 배합 비율을 확인하여 배합된 원두를 선택할 수 있다. 1.2 생산지에 따른 단일품종의 원두를 확인하여 선택할 수 있다. 1.3 블렌딩된 원두의 비율을 확인하여 원두를 선택할 수 있다.	

능력단위요소	수행준거	NCS 적용 여부
커피원두 볶음 정도 (로스팅 단계) 선택하기 1301020302_13v1.2	2.1 색깔에 따라 볶음 정도를 구분할 수 있다. 2.2 맛에 따라 볶음 정도를 선택 할 수 있다. 2.3 메뉴에 따라 볶음 정도를 선택할 수 있다.	
커피 원두 숙성 정도 선택하기 1301020302_13v1.3	3.1 원두의 CO_2잔존량에 따라 숙성 정도를 확인할 수 있다. 3.2 추출한 음료의 시음을 통해 숙성 정도를 판단할 수 있다. 3.3 추출 방식에 따라 숙성 정도를 선택할 수 있다. 3.4 맛에 따라 숙성 정도를 선택할 수 있다.	적용
커피 원두 평가하기 1301020302_13v1.4	4.1 에스프레소 추출 시 크레마의 색깔과 조밀도를 확인하여 원두의 상태를 평가할 수 있다. 4.2 드립 추출 시 부풀림 정도를 확인하여 원두의 상태를 평가할 수 있다. 4.3 커피의 맛을 확인하여 원두의 상태를 평가할 수 있다.	적용
커피기계 설정하기 1301020303_13v1.1	1.1 맛에 따라 커피기계의 추출 온도를 설정할 수 있다. 1.2 맛에 따라 커피기계의 추출 압력을 설정할 수 있다. 1.3 맛에 따라 커피기계의 커피 추출량을 설정할 수 있다.	적용
커피기계 상태 확인하기 1301020303_13v1.2	2.1 커피기계 펌프모터 압력게이지의 추출 압력을 확인할 수 있다. 2.2 커피기계 보일러 압력게이지의 스팀 압력을 확인할 수 있다. 2.3 설정된 온도에 맞게 작동되는지 여부를 확인하기 위해 커피기계의 온수 온도를 확인할 수 있다. 2.4 설정된 온도에 맞게 작동되는지 여부를 확인하기 위해 커피 추출용 물의 온도를 확인할 수 있다. 2.5 커피기계의 예열 상태를 확인하기 위해 추출 그룹의 온도를 확인할 수 있다. 2.6 정상적인 추출 압력 유지를 위해 커피기계의 그룹 개스킷 훼손 여부를 확인할 수 있다. 2.7 커피기계의 필터홀더 온도를 확인할 수 있다. 2.8 정상적인 보일러 온도를 위해 커피기계 보일러에 유입된 공기를 제거할 수 있다. 2.9 설정된 커피 추출량 유지를 위해 커피기계 버튼의 작동 상태를 확인할 수 있다. 2.10 커피기계의 배수 상태를 확인할 수 있다. 2.11 커피기계에 유입되는 물의 상태를 확인할 수 있다.	적용
커피기계 소모품 교체하기 1301020303_13v1.3	3.1 그룹 개스킷을 교체할 수 있다. 3.2 스팀 완드를 교체할 수 있다. 3.3 샤워필터를 교체할 수 있다. 3.4 추출 필터를 교체할 수 있다. 3.5 정수기 필터를 교체할 수 있다.	적용
커피기계 세척하기 1301020303_13v1.4	4.1 커피기계의 오염정도를 확인할 수 있다. 4.2 커피기계의 배수장치를 청소할 수 있다. 4.3 커피기계의 세척을 위해 추출그룹을 분해할 수 있다. 4.4 1종 세정제를 이용하여 추출그룹을 청소할 수 있다. 4.5 1종 세정제를 이용하여 필터홀더를 청소할 수 있다. 4.6 세정제를 이용한 청소 후 커피 추출을 통해 잔존 세제를 제거할 수 있다.	적용
커피입자 조절하기 1301020304_13v1.1	1.1 입자 크기 조절을 위해 볶음 정도를 판단할 수 있다. 1.2 습도를 측정하여 입자 크기를 결정할 수 있다. 1.3 온도를 측정하여 입자 크기를 결정할 수 있다. 1.4 신선도에 따라 입자 크기를 결정할 수 있다. 1.5 입자 크기에 따라 추출 시간을 결정할 수 있다. 1.6 결정한 입자 크기에 따라 커피 그라인더의 날 간격을 조정할 수 있다.	적용

능력단위요소	수행준거	NCS 적용 여부
커피 사용량 조절하기 1301020304_13v1.2	2.1 입자 크기에 따라 커피 사용량을 결정할 수 있다. 2.2 신선도에 따라 커피 사용량을 결정할 수 있다. 2.3 물 온도에 따라 커피 사용량을 결정할 수 있다. 2.4 탬핑의 강도에 따라 커피 사용량을 결정할 수 있다. 2.5 커피 사용량에 따라 자동 그라인더 작동 시간을 결정할 수 있다.	적용
커피 그라인더 작동하기 1301020304_13v1.3	3.1 분쇄할 원두를 호퍼에 담을 수 있다. 3.2 반자동 그라인더 도저에 원두를 갈아 담아 놓을 수 있다. 3.3 반자동 그라인더 도저의 조절나사로 분쇄된 원두 투하량을 조절할 수 있다. 3.4 자동 그라인더를 사용하여 필터홀더에 분쇄된 원두를 직접 담을 수 있다. 3.5 자동 그라인더의 작동시간에 따라 분쇄된 원두 투하량을 조절할 수 있다.	적용
커피 그라인더 청소하기 1301020304_13v1.4	4.1 그라인더 청소를 위해 부품을 분해할 수 있다. 4.2 호퍼의 커피 오일성분을 제거할 수 있다. 4.3 도저 안의 커피가루와 오일성분을 제거할 수 있다. 4.4 전용 세제를 사용하여 그라인더 날을 세척할 수 있다. 4.5 청소를 마친 후 분해된 부품을 조립할 수 있다.	적용
에스프레소 추출하기 1301020305_13v1.1	1.1 커피기계의 그룹에서 필터홀더를 분리할 수 있다. 1.2 커피기계의 필터홀더에 분쇄된 원두를 담을 수 있다. 1.3 커피기계의 필터홀더에 담긴 분쇄된 원두를 탬핑할 수 있다. 1.4 커피기계의 필터홀더를 그룹에 장착할 수 있다. 1.5 커피기계를 조작하여 커피를 추출할 수 있다. 1.6 추출 후 필터홀더에 담긴 커피 찌꺼기를 제거할 수 있다.	
커피음료용 우유 데우기 1301020306_13v1.1	1.1 신선한 냉장 우유를 차가운 스팀피쳐에 담을 수 있다. 1.2 스팀밸브를 열어 스팀파이프에 남아 있는 물을 제거할 수 있다. 1.3 스팀피쳐에 스팀파이프를 넣고 밸브를 열어 우유를 적당한 온도로 가열할 수 있다.	
커피음료용 우유 거품내기 1301020306_13v1.2	2.1 신선한 냉장 우유를 차가운 스팀피쳐에 담을 수 있다. 2.2 스팀밸브를 열어 스팀파이프에 남아 있는 물을 제거할 수 있다. 2.3 스팀파이프와 우유 표면과의 간격을 유지하여 공기를 주입할 수 있다. 2.4 공기 주입 후 스팀파이프를 사용하여 우유와 우유 거품을 적당한 온도로 혼합할 수 있다. 2.5 아이스 메뉴를 위한 낮은 온도의 우유거품을 만들 수 있다.	
커피 스팀노즐 관리하기 1301020306_13v1.3	3.1 스티밍 후 밸브를 열어 스팀파이프 속에 남아 있는 우유를 제거할 수 있다. 3.2 스티밍 후 스팀파이프 표면에 묻어 있는 우유를 제거할 수 있다. 3.3 스팀노즐 팁을 분해하여 스팀파이프 안을 청소할 수 있다.	

능력단위요소	지식	기술	태도
커피 원두 배합비율(블렌딩) 선택하기 1301020302_13v1.1	• 원두의 산지별 종류 및 특성에 대한 이해 • 원두의 배합 비율에 대한 지식	• 원두의 종류에 따른 선택 능력 • 맛에 따른 배합 비율 선택 능력	• 배합 비율을 정확하게 확인하려는 노력
커피 원두 볶음 정도(로스팅 단계) 선택하기 1301020302_13v1.2	• 볶음 단계별 맛의 특성에 대한 이해 • 볶음 단계별 색깔 특성에 대한 이해 • 색도계에 관한 지식	• 색도계 활용한 볶음 정도 구분 능력 • 볶음 정도에 따른 맛 구별 능력	• 사용하는 원두의 볶음 정도를 확인하려는 의지 • 볶음 정도에 따른 맛과 색을 구분하려는 의지

능력단위요소	지식	기술	태도
커피 원두 숙성 정도 선택하기 1301020302_13v1.3	• 원두와 CO_2와의 상관관계에 대한 이해 • 추출에 따른 CO_2의 상관관계에 대한 이해	• 숙성 정도 파악 능력 • 추출을 통한 CO_2확인 능력	• 숙성 정도를 판단하려는 의지 • 시음을 통해 숙성 정도를 세밀하게 판단하려는 노력
커피 원두 평가하기 1301020302_13v1.4	• 크레마 상태 관련 지식 • 부풀림과 원두 상태의 관계에 대한 이해 • 원두 상태별 커피 맛에 대한 이해	• 크레마에 따른 원두 상태 확인 능력 • 부풀림에 따른 원두 상태 확인 능력 • 커피 맛에 따른 원두 상태 확인 능력	• 원두 상태를 정확하게 판단하려는 의지 • 크레마, 부풀림, 커피 맛의 차이를 섬세하게 구분하려는 노력
커피기계 설정하기 1301020303_13v1.1	• 커피기계 구조에 대한 이해 • 커피기계 사용법	• 온도 설정 능력 • 커피 추출 압력 설정 능력 • 커피 추출량 설정 능력	• 커피기계를 정확하게 설정하려는 태도 • 매뉴얼에 따라 설정하려는 의지
커피기계 상태 확인하기 1301020303_13v1.2	• 커피기계 구조에 대한 이해 • 커피기계 작동원리에 대한 이해 • 커피기계 작동방법	• 기계 작동 오류 확인 능력 • 각종 게이지 확인 능력 • 각종 버튼 확인 능력 • 추출수 온도 확인 능력 • 소모품 확인 능력	• 상세하게 점검하고자 하는 의지 • 매뉴얼에 따라 확인하려는 태도
커피기계 소모품 교체하기 1301020303_13v1.3	• 커피기계 구조에 대한 이해 • 기계별 부품 종류에 대한 이해 • 소모품 사용주기에 대한 이해	• 소모품 교체 능력 • 기계별 소모품 종류 확인 능력	• 소모품을 적시에 교체하려는 의지 • 안전규칙 준수 • 매뉴얼을 준수하려는 의지
커피기계 세척하기 1301020303_13v1.4	• 커피기계 구조에 대한 이해 • 세척 주기에 대한 이해 • 세정제 종류 및 특성에 대한 이해	• 오염 정도 확인 능력 • 부품별 세정 능력 • 세정제 종류별 활용 능력	• 안전하게 기계를 세척하려는 노력 • 위생기준 준수 • 매뉴얼을 준수하려는 의지
커피입자 조절하기 1301020304_13v1.1	• 커피 그라인더 구조에 대한 이해 • 커피 특성별 입자 크기에 대한 이해	• 커피 그라인더 사용능력 • 입자 크기 결정 능력	• 세밀하게 입자 크기를 결정하고자 하는 태도 • 안전규칙 준수
커피 사용량 조절하기 1301020304_13v1.2	• 커피 그라인더 구조에 대한 이해 • 상태별 커피 사용량에 대한 이해 • 커피기계와 커피 사용량의 상관관계에 대한 이해	• 커피 사용량 결정 능력 • 자동 그라인더 사용 능력	• 세밀하게 커피 사용량을 조절하는 노력 • 용도에 따라 커피 사용량을 조절하는 노력
커피 그라인더 작동하기 1301020304_13v1.3	• 그라인더 종류 및 특성에 대한 이해 • 그라인더 구조에 대한 이해	• 반자동 그라인더 사용 능력 • 자동 그라인더 사용 능력	• 세밀하게 커피 입자를 조절하는 노력 • 그라인더 사용에 대한 안전수칙 준수
커피 그라인더 청소하기 1301020304_13v1.4	• 그라인더 구조에 대한 이해 • 세제 특성에 대한 이해 • 커피 상태에 따른 청소 주기에 대한 이해	• 그라인더 분해 및 조립 능력 • 세정제 활용 능력	• 매뉴얼 준수 의지 • 그라인더 청결 유지 의지 • 안전수칙 준수

능력단위요소	지식	기술	태도
에스프레소 추출하기 1301020305_13v1.1	• 에스프레소 기계의 작동법 • 에스프레소 커피의 특성에 대한 이해 • 에스프레소 커피 추출 원리에 대한 이해	• 에스프레소 기계 운용 능력 • 순서에 따른 에스프레소 커피 추출 능력	• 양질의 커피를 추출하고자 하는 의지
커피음료용 우유 데우기 1301020306_13v1.1	• 우유의 종류 및 성분에 대한 이해 • 스팀밸브의 구조에 대한 이해	• 스팀압력 조절 능력 • 우유 가열 온도 조절 능력	• 안전수칙 준수 • 위생수칙 준수
커피음료용 우유 거품내기 1301020306_13v1.2	• 우유의 종류 및 성분에 대한 이해 • 스팀밸브의 구조에 대한 이해 • 우유 거품내기 원리에 대한 이해	• 스팀 조절 능력 • 우유 가열 온도 조절 능력 • 순서에 따른 거품내기 능력 • 고운 거품내기 능력	• 양질의 거품을 만들고자 하는 의지 • 안전수칙 준수 • 위생수칙 준수
커피 스팀노즐 관리하기 1301020306_13v1.3	• 스팀밸브의 구조에 대한 이해 • 스팀노즐 청소 순서에 대한 이해	• 스팀밸브 성능 유지 능력 • 스팀노즐 팁 분해 및 청소 능력	• 청결 유지 의지 • 노즐 관리 시 매뉴얼 준수 • 안전수칙 준수

| 교과목 명세서(NCS 교과목)

<table>
<tr><td rowspan="3">교과목 명</td><td colspan="5">국문 : 바리스타 – 커피기계실무2</td><td colspan="3">이수 구분</td><td colspan="3">학 점</td><td colspan="2">시 수</td></tr>
<tr><td colspan="5" rowspan="2">영문 : Practice of Barista
– Instruments</td><td colspan="3" rowspan="2">전공 선택</td><td colspan="3" rowspan="2">3</td><td>이론</td><td>실기</td></tr>
<tr><td>1</td><td>2</td></tr>
<tr><td rowspan="3">교과목
개요</td><td>수강대상</td><td colspan="4">호텔경영전공 2학년 2학기
재학생</td><td colspan="3" rowspan="2">선수학습
/과목</td><td colspan="5" rowspan="2">호텔관리론
호텔식음료관리
호텔레스토랑실무
바리스타기계실무1</td></tr>
<tr><td>직무</td><td colspan="4">커피바리스타</td></tr>
<tr><td>관련세분류</td><td colspan="4">바리스타</td><td colspan="3">능력단위
(코드)</td><td colspan="5">커피매장관리(1301020301_13v1)
에스프레소 커피음료 제조
(1301020310_16v2)
커피추출(1301020305_16v2)
라떼아트(1301020311_16v2)
커피매장 고객 서비스(1301020308_13v1)
커피매장 경영(1301020309_13v1)</td></tr>
<tr><td>교육목표</td><td colspan="13">커피매장관리, 에스프레소 커피음료제조, 라떼아트, 커피매장고객서비스, 커피매장경영의 기술 습득을 목표로 둔다.</td></tr>
<tr><td>교육내용</td><td colspan="13">호텔 레스토랑 고객에게 커피 베리에이션메뉴 제조와 서비스기술과 매장관리경영기술을 습득 할 수 있도록 한다.</td></tr>
<tr><td rowspan="2">교수 · 학습방법</td><td>이론강의</td><td>실습</td><td>발표</td><td>토론</td><td>팀
프로젝트</td><td>캡스톤
디자인</td><td>포트
폴리오</td><td colspan="6">기타</td></tr>
<tr><td>○</td><td>○</td><td>○</td><td>○</td><td></td><td></td><td></td><td colspan="6"></td></tr>
<tr><td rowspan="2">장비 · 도구</td><td colspan="8">NCS 능력단위 활용</td><td colspan="5">미활용</td></tr>
<tr><td colspan="8">커피 추출 기계 및 도구, CO2 측정기, 자동/반자동 커피기계, 온도계, 연/정수기, 분해/조립공구, 전자저울, 계량컵, 자동/반자동 그라인더, 청소도구, 탬퍼 등, 정산을 위한 포스시스템</td><td colspan="5"></td></tr>
<tr><td rowspan="3">평가방법</td><td>A</td><td>B</td><td>C</td><td>D</td><td>E</td><td>F</td><td>G</td><td>H</td><td>I</td><td>J</td><td>K</td><td>L</td><td>M</td></tr>
<tr><td></td><td>◎</td><td>◎</td><td></td><td>◎</td><td>◎</td><td>◎</td><td>◎</td><td></td><td></td><td></td><td>◎</td><td></td></tr>
<tr><td colspan="13">A.포트폴리오 B.문제해결시나리오 C.서술형시험 D.논술형시험 E.사례연구 F.평가자질문 G.평가자체크리스트 H.피평가자체크리스트 I.일지/저널 J.역할연기 K.구두발표 L.작업장평가 M.기타</td></tr>
<tr><td>교육정보</td><td colspan="13">국가직무능력표준(www.ncs.go.kr)</td></tr>
</table>

교육 및 평가 내용

능력단위요소	수행준거	NCS 적용 여부
커피매장 위생관리하기 1301020301_13v1.1	1.1 관계법령 및 규정에 따라 개인위생을 점검할 수 있다. 1.2 관계법령 및 규정에 따라 주방위생을 점검할 수 있다. 1.3 관계법령 및 규정에 따라 홀 위생을 점검할 수 있다.	적용

능력단위요소	수행준거	NCS 적용 여부
커피매장 영업 준비하기 1301020301_13v1.2	2.1 청결한 매장 환경을 위해 위생 상태를 점검할 수 있다. 2.2 원활한 영업 시작을 위해 커피 기계를 점검할 수 있다. 2.3 원활한 영업 시작을 위해 기구를 점검할 수 있다. 2.4 원활한 영업 시작을 위해 기물을 점검할 수 있다. 2.5 영업 시작을 위해 식재료의 상태를 점검할 수 있다. 2.6 커피 맛을 유지하기 위해 커피를 추출해서 맛을 볼 수 있다. 2.7 영업 시작을 위해 포스시스템을 작동시킬 수 있다.	적용
커피매장 영업마감 관리하기 1301020301_13v1.3	3.1 당일 영업 마감을 위해 매장의 위생 상태를 점검할 수 있다. 3.2 당일 영업 마감을 위해 기계를 점검할 수 있다. 3.3 당일 영업 마감을 위해 기구를 점검할 수 있다. 3.4 당일 영업 마감을 위해 기물을 점검할 수 있다. 3.5 익일 영업을 위해 식재료 재고를 파악할 수 있다. 3.6 포스시스템을 활용하여 일일 정산을 할 수 있다. 3.7 보안을 위해 문단속을 할 수 있다.	적용
커피매장 기물 관리하기 1301020301_13v1.4	4.1 위생을 위해 기물을 세제로 세척할 수 있다. 4.2 미생물에 의한 오염 방지를 위해 기물을 소독할 수 있다. 4.3 작업의 효율을 높이기 위해 기물을 정해진 위치에 보관할 수 있다. 4.4 위생을 위해 기물의 건조 상태를 확인할 수 있다. 4.5 음료의 맛을 유지하기 위해 잔의 온도를 확인할 수 있다.	적용
커피매장 안전 관리하기 1301020301_13v1.5	5.1 전기사고 예방을 위해 전기 상태를 점검할 수 있다. 5.2 화재 예방을 위해 소방 시설을 점검할 수 있다. 5.3 미끄럼 사고 예방을 위해 매장 바닥의 물기를 제거할 수 있다. 5.4 사고보상처리를 위해 보험을 가입할 수 있다.	적용
에스프레소 음료 만들기 1301020310_16v2.1	1.1 커피 추출량을 조정하여 리스트레또를 만들 수 있다. 1.2 커피 추출량을 조정하여 에스프레소를 만들 수 있다. 1.3 커피 추출량을 조정하여 룽고를 만들 수 있다. 1.4 리스트레또, 에스프레소, 룽고의 도피오를 만들 수 있다. 1.5 추출된 기본 에스프레소 커피에 얼음을 첨가하여 아이스 에스프레소 커피를 만들 수 있다.	적용
응용 에스프레소 커피음료 만들기 1301020310_16v2.2	2.1 시럽을 첨가하여 응용 에스프레소 커피음료를 만들 수 있다. 2.2 소스를 첨가하여 응용 에스프레소 커피음료를 만들 수 있다. 2.3 파우더를 첨가하여 응용 에스프레소 커피음료를 만들 수 있다. 2.4 휘핑크림을 첨가하여 응용 에스프레소 커피음료를 만들 수 있다. 2.5 주류를 첨가하여 응용 에스프레소 커피음료를 만들 수 있다. 2.6 얼음을 첨가하여 각 아이스 에스프레소 커피음료를 만들 수 있다. 2.7 에스프레소 추출 이외의 다양한 기구를 통해 추출한 커피를 활용하여 응용 커피음료를 만들 수 있다.	적용
에스프레소 커피음료 만들기 1301020311_16v2.1	1.1 에스프레소에 물을 첨가하여 아메리카노를 만들 수 있다. 1.2 에스프레소에 우유를 첨가하여 카페라떼를 만들 수 있다. 1.3 에스프레소에 우유와 우유거품을 첨가하여 카푸치노를 만들 수 있다. 1.4 에스프레소에 우유거품을 첨가하여 카페마끼아또를 만들 수 있다. 1.5 우유와 우유거품에 에스프레소를 첨가하여 라떼마끼아또를 만들 수 있다. 1.6 얼음을 첨가하여 각 아이스 음료를 만들 수 있다. 1.7 에스프레소 추출 이외의 다양한 기구를 통해 추출한 커피를 활용하여 커피음료를 만들 수 있다.	적용
핸드드립 추출하기 1301020305_16v2.2	2.1 드립 추출에 사용할 정수된 물을 적당한 온도로 데울 수 있다. 2.2 추출에 필요한 드립기구를 예열할 수 있다. 2.3 추출에 필요한 드립 필터를 알맞은 크기로 접어 드리퍼에 올려놓을 수 있다. 2.4 드립 그라인더를 사용하여 원두를 적당한 굵기와 양으로 분쇄할 수 있다.	

능력단위요소	수행준거	NCS 적용 여부
핸드드립 추출하기 1301020305_16v2.2	2.5 분쇄된 커피를 드리퍼에 올려놓은 드립필터에 담을 수 있다. 2.6 원활한 추출을 위해 뜸들이기를 할 수 있다. 2.7 뜸들이기 후 일정한 속도로 물을 부어 커피를 추출할 수 있다. 2.8 추출 후 커피 찌꺼기가 담긴 드립 필터를 제거할 수 있다.	
사이폰 추출하기 1301020305_16v2.3	3.1 사이폰 추출에 사용할 물을 적당한 온도로 데울 수 있다. 3.2 추출에 필요한 사이폰 필터를 로드에 장착할 수 있다. 3.3 그라인더를 사용하여 원두를 적당한 굵기와 양으로 분쇄할 수 있다. 3.4 분쇄된 커피를 로드에 담을 수 있다. 3.5 플라스크에 적당량의 물을 담을 수 있다. 3.6 플라스크에 로드를 비스듬히 올려놓을 수 있다. 3.7 플라스크에 담긴 물을 가열하기 위해 램프를 켤 수 있다. 3.8 플라스크에 담긴 물이 끓으면 로드를 수직으로 결합할 수 있다. 3.9 플라스크에 있는 물이 로드로 올라오면 스틱으로 커피를 저어줄 수 있다. 3.10 커피가 추출되기까지 적당한 시간을 유지할 수 있다. 3.11 램프의 불을 끈 후 추출된 로드의 커피가 플라스크에 모두 떨어질 때까지 기다릴 수 있다. 3.12 추출 후 로드에 담긴 커피 찌꺼기와 필터를 제거할 수 있다.	
더치 추출하기 1301020305_16v2.4	4.1 정수된 상온의 물을 준비할 수 있다. 4.2 그라인더를 사용하여 원두를 적당한 굵기와 양으로 분쇄할 수 있다. 4.3 더치기구에 필터를 장착할 수 있다. 4.4 분쇄된 커피를 필터에 담을 수 있다. 4.5 준비된 물을 더치기구에 담을 수 있다. 4.6 밸브를 사용하여 떨어지는 물의 속도와 양을 조절할 수 있다. 4.7 추출된 커피를 밀폐용기를 사용하여 보관할 수 있다. 4.8 추출 후 더치기구에 담긴 커피 찌꺼기와 필터를 제거할 수 있다.	
이브릭 추출하기 1301020305_16v2.5	5.1 정수된 물을 준비할 수 있다. 5.2 그라인더를 사용하여 원두를 적당한 굵기와 양으로 분쇄할 수 있다. 5.3 분쇄된 원두, 물, 설탕을 체즈베에 담을 수 있다. 5.4 체즈베를 적당한 시간 동안 반복하여 가열할 수 있다. 5.5 커피 가루 침전 후 잔에 따를 수 있다.	
라떼아트 만들기 1301020311_16v2.2	2.1 우유와 우유거품을 활용하여 하트를 만들 수 있다. 2.2 우유와 우유거품을 활용하여 로제타를 만들 수 있다. 2.3 우유와 우유거품을 활용하여 다양한 디자인의 라떼아트를 만들 수 있다. 2.4 기구를 이용하여 라떼아트를 만들 수 있다. 2.5 소스를 활용하여 라떼아트를 데코레이션 할 수 있다.	적용
커피매장 고객 맞이하기 1301020308_13v1.1	1.1 커피매장에 들어오는 고객에게 인사를 할 수 있다. 1.2 커피매장에 들어온 고객에게 자리를 안내할 수 있다. 1.3 커피매장에서 고객과 마주칠 때 가벼운 인사를 할 수 있다. 1.4 커피매장에서 나가는 고객에게 인사를 할 수 있다.	적용
커피 음료 주문받기 1301020308_13v1.2	2.1 주문 가능한 커피 음료를 안내할 수 있다. 2.2 매장에서 사용하고 있는 원두의 특성을 설명할 수 있다. 2.3 음료 선택이 어려운 고객에게 음료를 추천을 할 수 있다. 2.4 고객이 주문한 음료를 고객에게 확인시켜줄 수 있다. 2.5 고객이 주문한 음료의 제조시간을 설명할 수 있다. 2.6 포스시스템을 통해 정확한 금액을 계산할 수 있다.	적용
커피 음료 서빙하기 1301020308_13v1.3	3.1 주문 표에 맞게 음료가 나왔는지 확인한다. 3.2 제조된 음료를 고객에게 제공할 수 있다. 3.3 고객이 추가로 요구하는 사항을 처리할 수 있다. 3.4 고객에게 음료의 특성에 따라 음용 방법을 설명할 수 있다.	적용

능력단위요소	수행준거	NCS 적용 여부
커피매장 정리정돈하기 1301020308_13v1.4	4.1 고객이 사용한 테이블을 정리할 수 있다. 4.2 고객이 사용한 이후의 셀프바를 정리정돈 할 수 있다. 4.3 음용한 용기를 정리할 수 있다.	적용
커피매장 고객 불만 대응하기 1301020308_13v1.5	5.1 고객의 커피 음료 맛에 대한 불만에 대응할 수 있다. 5.2 고객의 서비스에 대한 불만에 대응할 수 있다.	적용
커피관련 자재 · 재고 관리하기 1301020309_16v2.1	1.1 제품별 기초 재고량을 설정할 수 있다. 1.2 필요한 제품을 해당 업체에 발주할 수 있다. 1.3 재고관리를 위해 관리대장을 작성할 수 있다.	적용
바리스타 스케줄 관리하기 1301020309_16v2.2	2.1 원활한 운영을 위해 출퇴근 스케줄을 작성할 수 있다. 2.2 영업 상황에 따라 직원을 채용할 수 있다. 2.3 직원별 인사기록표를 작성할 수 있다. 2.4 직원의 건강관리를 할 수 있다.	적용
커피매장 영업일지 작성하기 1301020309_16v2.3	3.1 영업일지에 매출 내역을 작성할 수 있다. 3.2 기간별 체크리스트를 작성할 수 있다. 3.3 대상별 체크리스트를 작성할 수 있다. 3.4 체크리스트를 종합하여 영업일지를 작성할 수 있다. 3.5 영업일지를 정해진 규정에 따라 인수인계할 수 있다.	적용
커피음료 판매 분석하기 1301020309_16v2.4	4.1 커피음료에 따라 판매 원가를 분석할 수 있다. 4.2 커피음료에 따라 판매 수익을 분석할 수 있다. 4.3 기간별 커피음료 판매 현황을 분석할 수 있다. 4.4 음료별 판매 현황을 분석할 수 있다. 4.5 판매 원가와 수익을 분석하여 가격을 조정할 수 있다.	적용

능력단위요소	지식	기술	태도
커피매장 위생관리하기 1301020301_13v1.1	• 식품위생법, 관련 법규 및 제도에 대한 이해 • 세정제 종류 및 기능에 대한 이해 • 병원 미생물 종류에 대한 이해 • 위생 해충 종류에 대한 이해	• 세정제를 사용할 수 있는 능력 • 소독제를 사용할 수 있는 능력 • 위생 해충 제거 능력	• 식품위생법, 관련 법규 및 제도 준수 • 주방, 홀 및 개인 위생기준 준수
커피매장 영업 준비하기 1301020301_13v1.2	• 장비 점검에 대한 이해 • 식재료의 유통 기한에 대한 이해 • 기계/기물/기구에 대한 지식 • 포스시스템에 대한 이해 • 커피 맛 평가 기준에 대한 이해	• 기계/기구/기물 점검 능력 • 포스시스템 사용 능력 • 커피 맛 판별 능력	• 세밀하게 영업 준비 상태를 점검하고자 하는 태도 • 문제를 해결하고자 하는 적극적인 태도
커피매장 영업마감 관리하기 1301020301_13v1.3	• 장비 점검에 대한 이해 • 기계/기물/기구에 대한 지식 • 포스시스템 사용법 • 식재료의 유통 기한에 대한 이해	• 기계/기구/기물 점검 능력 • 포스시스템을 사용할 수 있는 능력 • 보안 점검 능력 • 재고 파악 능력	• 당일 영업 마감 상태를 세밀하게 점검하는 태도 • 익일 영업을 위해 재고를 정확하게 파악하는 태도 • 보안 수칙 준수
커피매장 기물 관리하기 1301020301_13v1.4	• 세제의 종류 및 활용법 • 소독 및 소독제의 종류 및 활용법	• 세척 및 소독 능력 • 기물을 예열 및 예냉하는 능력	• 위생기준 준수 • 안전사항 준수 • 기물에 대한 정리정돈 의지

능력단위요소	지식	기술	태도
커피매장 안전 관리하기 1301020301_13v1.5	• 전기안전 관련 지식 • 소방안전 관련 지식 • 화재보험 관련 지식	• 전기 상태 점검 능력 • 소방 시설 점검 능력	• 사고를 예방하기 위한 의지 • 안전 점검을 위한 세심하고 주의 깊은 태도
에스프레소 음료 만들기 1301020310_16v2.1	• 에스프레소 추출기계 이해 • 에스프레소 커피 종류에 대한 이해 • 에스프레소 커피 제조법	• 에스프레소 기계 커피 추출량 설정능력 • 종류별 에스프레소 추출능력 • 얼음을 이용한 아이스 에스프레소 제조능력	• 양질의 커피를 제조하고자 하는 의지 • 위생수칙 준수
핸드드립 추출하기 1301020305_16v2.2	• 핸드드립 추출 기구의 특성에 대한 이해 • 핸드드립 커피의 특성에 대한 이해 • 핸드드립 커피 추출 원리에 대한 이해	• 핸드드립 추출기구 운용능력 • 추출수 온도 조절 능력 • 드리퍼 선택능력 • 순서에 따른 핸드드립 커피 추출 능력	• 양질의 커피를 추출하고자 하는 의지
사이폰 추출하기 1301020305_16v2.3	• 사이폰 추출 기구의 구조 및 특성에 대한 이해 • 사이폰 커피의 특성에 대한 이해 • 사이폰 커피 추출 원리에 대한 이해	• 사이폰기구 관리 능력 • 사이폰 추출기구 운용 능력 • 순서에 따른 사이폰 커피 추출 능력	• 양질의 커피를 추출하고자 하는 의지
더치 추출하기 1301020305_16v2.4	• 더치 추출 기구의 구조 및 특성에 대한 이해 • 더치 커피의 특성에 대한 이해 • 더치 커피 추출 원리에 대한 이해	• 더치기구 관리 능력 • 더치 추출기구 운용 능력 • 순서에 따른 더치 커피 추출 능력	• 양질의 커피를 추출하고자 하는 의지
이브릭 추출하기 1301020305_16v2.5	• 이브릭 추출 기구의 특성에 대한 이해 • 이브릭 커피의 특성에 대한 이해 • 이브릭 커피 추출 원리에 대한 이해	• 이브릭 추출기구 운용 능력 • 순서에 따른 이브릭 커피 추출 능력	• 양질의 커피를 추출하고자 하는 의지
응용 에스프레소 커피음료 만들기 1301020310_16v2.2	• 에스프레소 추출기계 이해 • 응용 커피음료 종류에 대한 이해 • 응용 커피음료 제조법 • 부재료를 이용한 메뉴 종류 및 맛의 특성에 대한 이해	• 종류별 응용 커피음료 제조 능력 • 얼음을 이용한 아이스 응용 커피메뉴 제조 능력 • 부재료 비율 조정 및 혼합 능력 • 다양한 기구 활용 능력	• 양질의 커피를 제조하고자 하는 의지 • 위생수칙 준수
에스프레소 커피음료 만들기 1301020311_16v2.1	• 에스프레소 추출기계 이해 • 에스프레소 커피음료 종류에 대한 이해 • 에스프레소 커피음료 제조법에 대한 이해	• 종류별 에스프레소 커피음료 제조능력 • 얼음을 이용한 아이스 에스프레소 커피음료 제조능력 • 물, 우유 및 우유거품 비율 조정능력	• 양질의 커피를 제조하고자 하는 의지 • 위생수칙 준수
라떼아트 만들기 1301020311_16v2.2	• 에스프레소 추출기계 이해 • 우유 및 우유거품의 특징에 대한 이해 • 라떼아트 기본 원리에 대한 이해	• 고운거품 제조 능력 • 우유를 이용한 라떼아트 제조 능력 • 부재료를 이용한 라떼아트 제조 능력	• 예술적으로 표현하고자 하는 의지 • 독창적인 라떼아트를 만들기 위한 노력 • 섬세하고 세밀한 작업 태도 • 위생수칙 준수

능력단위요소	지식	기술	태도
커피매장 고객 맞이하기 1301020308_13v1.1	• 각종 매너에 대한 이해 • 고객 서비스에 대한 이해 • 매장별 고객 응대 매뉴얼에 대한 이해	• 상황에 따라 인사하는 능력 • 상황에 맞게 말하는 능력	• 고객에게 밝은 표정을 유지하려는 의지 • 긍정적인 마음으로 서비스하려는 의지 • 고객 요구에 대한 적극적인 수용
커피 음료 주문받기 1301020308_13v1.2	• 메뉴 구성에 대한 이해 • 음료에 따른 맛의 특성에 대한 이해 • 음료별 제조시간 및 가격에 대한 이해 • 포스시스템 사용법	• 음료 추천 능력 • 계산능력 • 상황별 제조시간 파악 및 안내능력	• 고객 요구에 대한 적극적인 수용
커피 음료 서빙하기 1301020308_13v1.3	• 서비스 순서 • 음료 제공 동선 • 음료별 음용 방법	• 절차에 따른 서빙 능력 • 안정적 서비스 자세 유지 능력 • 음용 방법 설명 능력	• 밝은 표정을 유지하려는 의지 • 긍정적인 마음으로 서비스하려는 의지 • 고객 요구에 대한 적극적인 수용
커피매장 정리정돈하기 1301020308_13v1.4	• 정리 시기 및 순서에 대한 이해 • 재활용 기준 및 방법	• 기구 및 용기 활용 능력 • 재활용 능력	• 청결 유지 의지 • 위생 준수 의지 • 신속 · 정확하게 정리하려는 태도
커피매장 고객 불만 대응하기 1301020308_13v1.5	• 매장별 불만 대응 매뉴얼 • 매장별 불만 사례에 대한 이해	• 맛에 대한 불만 대응 능력 • 서비스에 대한 불만 대응 능력	• 긍정적인 마음으로 서비스하려는 의지 • 고객의 편의를 생각하는 노력 • 고객 요구에 대한 적극적인 수용 • 상황에 따라 대응 할 수 있는 유연한 태도
커피관련 자재 · 재고 관리하기 1301020309_16v2.1	• 매장별 기초 재고량에 대한 이해 • 선입선출법에 대한 이해 • 제품별 발주처 목록 • 관리대장 작성법	• 재고파악 능력 • 선입선출법에 따른 진열능력 • 제품별 발주능력 • 관리대장 작성능력	• 재고 관리를 위한 세심하고 주의 깊은 태도 • 재고 입출고를 정확하게 파악하고자 하는 의지 • 위생 기준 준수
바리스타 스케줄 관리하기 1301020309_16v2.2	• 근로기준법 • 출퇴근카드 작성법 • 인사기록표 작성법	• 직원 근태 관리능력 • 인사기록표 작성능력 • 인사상황 대처 능력	• 직원을 배려하는 태도 • 돌발 상황에 대처할 수 있는 침착한 태도
커피매장 영업일지 작성하기 1301020309_16v2.3	• 영업일지 작성법 • 체크리스트 활용법 • 인수인계 방법	• 영업일지 작성능력 • 체크리스트 활용능력 • 인수인계 능력	• 빠짐없이 일지에 기록하고자 하는 의지 • 꾸준하고 반복적으로 일지를 작성하는 성실한 태도
커피음료 판매 분석하기 1301020309_16v2.4	• 원가 계산법 • 수익 분석법 • 음료별 판매 편차 분석법	• 원가 계산능력 • 수익 분석능력 • 판매 편차 분석능력	• 매입 및 매출 현황 이해에 대한 적극적인 태도

Memo

제1장

에스프레소(Espresso)

Hot Tips

| 바리스타(Barista)

바리스타는 이탈리아어로 '바(Bar) 안에 있는 사람'이라는 뜻으로 영어도 바 맨(Bar man)의 의미이다. 바리스타는 단순히 에스프레소를 추출하고 제조하는 능력만을 소유한 사람이 아니다. 완벽한 에스프레소의 추출과 좋은 원두의 선택, 커피머신의 완벽한 활용, 고객의 입맛에 최대한 만족을 주기 위한 능력을 겸비해야 한다.

| 에스프레소의 정의

에스프레소는 'espresso'라는 단어가 의미하듯 빠르게 추출하는 커피를 말한다. 에스프레소는 30초 안에 커피의 모든 맛을 추출하며 중력의 8~10배의 압력을 가하므로 수용성 성분 외에 비수용성 성분도 함께 추출된다.

요소	내용	요소	내용
커피량	7 ± 1.0g(#6.5±1.5g)	추출 압력	9 ± 1bar
추출시간	25 ± 5초(#30±5초)	물의 온도	90~95°C(#90±5°C)
추출량	25 ± 5cc	pH	5.2

(#는 이탈리아 기준이며, 에스프레소의 기준은 지역에 따라 상이할 수 있다.)

| 에스프레소의 물리적 특성

에스프레소는 가용성 고형성분과 불용성 커피오일이 추출되어 커피 추출액에 함유되어 있어 이에 따라 순수한 물과 비교했을 때 물리적 특성들이 다른 양상을 보이게 된다.

	굴절률	표면장력	pH	전기전도도	점도	밀도
변화	증가	감소	감소	증가	증가	증가

01 에스프레소의 탄생

핸드 드립 방식은 커피 고유의 향과 맛을 그대로 느낄 수 있다는 장점이 있기는 하나, 5~8분 가량 소요된다. 따라서 커피를 빠른 시간 내에 대량으로 판매하고자 했던 유럽의 카페들은 좀더 혁신적인 커피 추출 기구를 원하게 되었고, 이와 같은 요구에 힘입어 출연한 것이 에스프레소 머신이다.

에스프레소는 이탈리어어로 '빠르게' 라는 뜻을 지니고 있다. 에스프레소 기계를 통하여 추출된 커피를 말하며, 이것은 커피의 종류나 블렌딩, 볶는 온도 등에 의해서 결정되는 것이 아닌 '추출 메커니즘' 에 의해서 결정되는 것이다. 즉 6~7g의 커피를 20~30초 동안 적당한 압력 7~9bar과 적당한 온도88~95℃로 추출한 커피를 '에스프레소' 라 부른다.

카페인의 함유량은 매우 낮으며, 에스프레소 잔에 20~35㎖, 두께 3~4㎜의 크림 거품이 표면에 남김없이 펼쳐진다. 마시면 농후한 맛이 있고 초콜릿을 연상시키는 지속성이 있는 향이 있으며, 쓴맛과 신맛의 균형이 좋아 여운 있는 뒷맛이 20분 이상 지속된다.

에스프레소는 이탈리아가 원산지로, 빠른 속도로 전파되어 유럽 내의 모든 라틴 국가들에서도 잘 알려진 상품이 되었다. 이미 다른 국가들의 시장에서도 최고의 인기를 얻게 되었고, 이탈리아 문명의 대명사가 되어 버렸으며, 그 특성 또한 세계의 이목을 집중시키고 있다. 에스프레소의 성공은 커피를 준비하는 과정의 즐거움과 전문성에 관한 흥미로움 때문일 것이다.

증기압을 이용한 에스프레소 커피기계가 산타이스Edorard Loysel de Santais에 의해 개발되어 1855년 파리 만국 박람회에 선을 보이게 된다. 그 후 1901년 이탈리아 밀라노의 루이지 베제라Luigi Bezzera는 증기압을 이용하여 커피를 추출하는 에스프레소 머신의 특허를 출원하였다. 1947년 가지아Gaggia는 스프링으로 동력이 전달되는 피스톤 방식의 머신을 특허 받았으며 이로 인해 커피 가루를 더 미세하게 분쇄할 수 있게 되었고, 크레마Crema의 생성을 가능하게 하였다.

02 에스프레소 추출

1) 에스프레소 추출의 특징

필터에 담긴 커피 케이크Coffee cake를 고압의 물이 통과하면서 향미성분을 용해시키며, 분쇄입도와 압축 정도에 따라 공극률Porosity : 프라서티이 변하고 추출 속도가 조절된다. 다른 추출방법과 달리 미세한 섬유소와 불용성 커피오일Insoluble Coffee Oil이 유화상태Emulsification로 함께 추출된다.

2) 에스프레소 잔(Demitasse)

에스프레소를 마시는 잔을 데미타세Demitasse라고 부르는데 용량을 60~70ml 약 2oz 정도로 용량이 일반 컵의 반 정도라는 의미이다. 재질은 도기이고 일반 컵에 비해 두꺼워 커피가 빨리 식지 않도록 하였으며 안쪽은 둥근 U자 형태로 에스프레소를 직접 받을 때 튀어 나가지 않도록 설계되어 있다. 외부 컬러는 다양하나 안쪽 색깔은 통상 백색이다.

3) 에스프레소 추출결과

에스프레소는 짧은 시간에 추출되므로 분쇄도, 탬핑 강도, 커피량, 물의 온도 등의 추출 요소에 의해 아주 민감한 결과를 가져오는데 커피 성분이 너무 적게 추출되거나 그 반대로 커피 성분이 너무 많이 나오게 되면 커피가 너무 싱겁거나 불쾌한 맛이 나므로 항상 추출이 적정 범위 안에서 이루어지도록 해야 한다.

커피 성분의 과다 과소 추출 원인

	과소 추출 (under extraction : 언더 익스트럭션)	과다 추출 (over extraction : 오버 익스트럭션)
입자의 크기	분쇄입자가 너무 굵다.	분쇄입자가 너무 가늘다.
커피 사용량	기준보다 적은 커피를 사용	기준 양보다 많은 커피를 사용
물의 온도	기준보다 낮은 경우	기준보다 높은 경우
추출 시간	너무 짧은 추출 시간	너무 긴 추출 시간
바스켓 필터	구멍이 너무 큰 경우	구멍이 막힌 경우

03 에스프레소의 4대 조건(4M)

에스프레소 맛을 결정하는 4가지 조건을 이탈리아어로 시작되는 첫 글자를 따서 '4M'이라 부른다.

1) 블렌딩(Miscela : 미스첼라)

첫째는 블렌딩이다. 조화로운 맛과 풍부한 향, 감칠맛 등을 얻기 위해 여러 나라에서 재배된 커피를 혼합하는 공정을 말하며, 이것은 에스프레소의 맛을 결정하는 가장 중요한 요소이다.

2) 그라인더(Macinadosatori : 마치나도사토리)

(1) 그라인더 작동

둘째는 그라인더이다. 그라인더에 의해 분쇄되는 원두 입도와 투입량에 따라 맛의 변화가 일어난다. 종종 바리스타들이 그라인더를 소홀히 하는 실수를 저지른다. 원두는 시간 경과에 따라 변화가 일어나므로 그라인더에 대한 이해가 매우 중요하다는 사실을 다시 한 번 기억하자.

그라인더가 용량 이상으로 작동되고 있는 것을 흔히 볼 수 있는데, 그렇게 되면 칼날이 마모되고 과열되어 커피의 질이 저하된다. 따라서 그라인더 날의 수명은 일반적으로 사용하는 64mm 평면 날을 기준으로 커피 400~500kg을 분쇄했을 때 교환해 주는 것이 바람직하다. 그라인더 날은 그라인더에서 가장 중요한 부분으로 두 개가 한 쌍으로 되어 있다. 플랫형 커팅 방식 구조로 커피 입자를 보다 작게 분쇄할 수 있으나 열 발생이 많아 그라인더 날의 주기가 그만큼 짧아진다. 분쇄 시 열이 많이 발생하므로 사용시간의 2배 이상의 휴식시간을 가져야 한다.

(2) 에스프레소 분쇄입도

에스프레소 추출을 위한 커피의 분쇄는 다른 추출방법과 달리 분쇄입도가 매우 가늘어야 하며0.3mm 일반적으로 '밀가루보다 굵게 설탕보다 가늘게' 라는 표현을 많이 사용한다.

에스프레소 커피는 입자의 표면적이 원두Whole bean에 비해 극도로 넓어 쉽게 산패되므로 추출 시 분쇄를 해야 한다.

(3) 그라인더 청소 방법

원두에는 오일 성분이 많다. 따라서 원두통Coffee beans hopper과 도저Dose : 1회분에 오일이 낄 수 있으므로, 청소를 잘 해 주어야 맛있는 커피를 추출할 수 있다.

가장 먼저 신경 써야 하는 것은 원두통이다. 원두통hopper : 호퍼은 원두를 보관하는 곳이므로 오일에 가장 먼저 노출된다. 따라서 1주일에 1회 이상 세제를 이용해서 잘 닦아 주는 것이 좋다.

다음은 분쇄한 커피를 보관하는 도저이다. 필터 홀더filter holder로 바로 이어지므로 청결을 유지하는 것은 매우 중요하다.

도저 칸막이는 1칸이 1잔, 즉 분쇄 원두 6~7g이 계량되는데, 찌꺼기가 쌓일수록 그 양은 줄어들고 추출 속도는 빨라지게 된다. 바리스타가 이러한 사항을 숙지하고 있지 않을 경우, 분쇄 입도만 계속 곱게 갈기 때문에 커피 맛이 떨어지게 된다. 또한 도저 칸막이도 에스프레소 맛에 결정적인 영향을 주므로, 1주일에 1회 이상 청소해 주는 것이 좋다.

한편 도저 케이스Dose case는 맛에도 영향을 미치지만 시각적으로 지저분하게 보이므로 깨끗하게 유지해야 한다.

분쇄 날은 원두를 커팅하는 부분이므로 부드러운 솔로 청소를 해야 하며, 흠이 생기지 않도록 주의한다. 찌꺼기가 많이 쌓이면 분쇄시 같이 갈려 나올 수 있기 때문이다.

3) 커피기계(Macchina : 마치나)

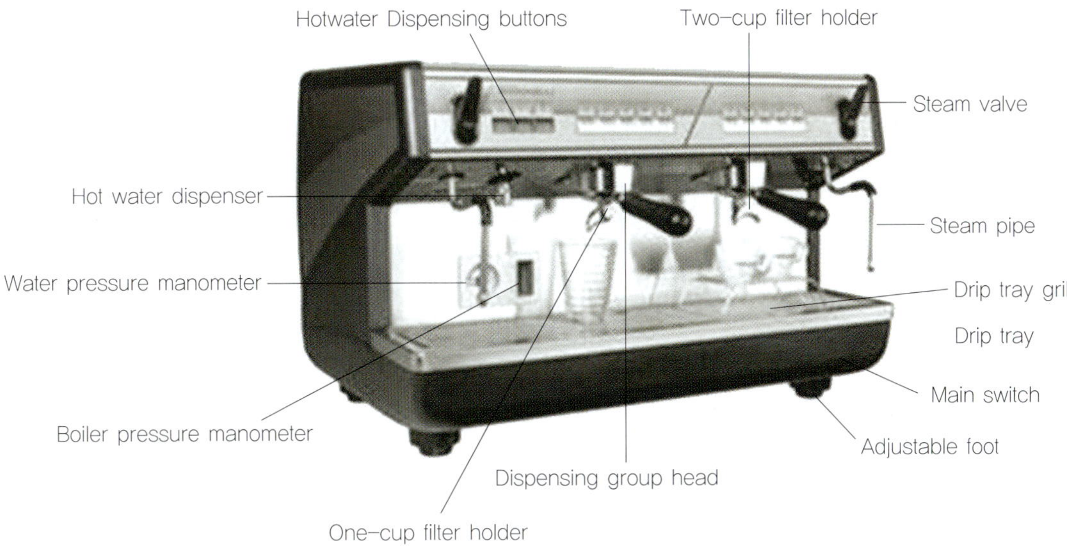

(1) 머신의 종류

종 류	특 성
수동식 머신 (Manual espresso machine)	사람의 힘에 의해 피스톤을 작동하여 추출하는 방식
반자동 머신 (Semi-automatic espresso machine)	별도의 그라인더를 통해 분쇄한 후 탬핑하여 추출하는 방식으로 추출버튼이 on-off로만 되어 있고 플로우 미터(Flow meter)가 없는 것
자동 머신 (Automatic espresso machine)	탬핑 작업을 하여 추출을 하나 메모리칩이 장착되어 있어 물량을 자동으로 세팅할 수 있는 방식
완전자동 머신 (Super/Fully automatic espresso machine)	그라인더가 내장되어 있어 별도의 탬핑 작업 없이 메뉴버튼의 작동만으로 추출하는 머신

(2) 에스프레소 머신의 부품

부 품	기 능
보일러(Boiler)	열선이 내장되어 있어 전기로 물을 가열해 온수와 스팀을 공급하는 중요한 역할을 한다. 본체는 동 재질로 되어 있으며 내부는 부식을 방지하기 위해 니켈로 도금이 되어 있다.

부 품	기 능
그룹헤드(Group head)	에스프레소 추출을 위해 물이 공급되는 부분으로 포타필터를 장착하는 곳을 말한다.
개스킷(Gasket)	추출 시 고온 고압의 물이 새지 않도록 차단하는 역할을 한다.
샤워홀더 (Shower holder, Diffuser)	그룹헤드 본체에서 한 줄기로 나온 물이 홀더를 지나면서 4~6개의 물줄기로 갈라져 필터 전체에 골고루 압력이 걸리도록 해준다.
샤워스크린 (Shower/Dispersion screen)	샤워홀더를 통과한 물을 미세한 수많은 줄기로 분사시키는 역할을 해준다.
포타 필터(Porta filter)	분쇄된 커피를 담아 그룹헤드에 장착시키는 기구를 말하며 필터홀더와 필터고정 스프링, 필터, 추출구 등으로 구성되어 있다.
펌프모터	압력을 7~9bar까지 상승시켜 주는 역할을 한다. 이상이 생기게 되면 물 공급이 제대로 되지 않아 심한 소음이 나게 되며 또한 압력이 올라가지 않게 된다.
솔레노이드 밸브 (Solenoid valve)	물의 흐름을 통제하는 부품으로 보일러에 유입되는 찬물과 보일러에서 데워진 온수의 추출을 조절하는 역할을 한다. 그룹헤드에 부착된 3극 솔레노이즈 밸브는 커피 추출에 사용되는 물의 흐름을 통제한다.
플로우 미터 (Flower meter)	플로우 미터는 커피 추출 물량을 감지해주는 부품으로 고장이 나면 커피 추출 물량이 제대로 조절되지 않게 된다.

(3) 연수기 및 정수기

연수기는 경수센물, 미네랄 성분이 다량 함유되어 있는 지하수, 바닷가 근처의 물 등를 연수로 만들어 주는 기능을 한다. 경수를 사용하면 커피 맛도 저하되고 커피 기계 보일러에 스케일이 생성되어 열전도율이 떨어지게 되며 급수 배관도 부식된다. 따라서 경수일 경우에는 반드시 연수기를 사용하도록 한다. 일반적으로 많이 사용하는 8L용 연수기를 15℃ 이하의 수돗물에서 사용할 경우 청소 시기는 1,500L 정도 사용했을 때이며, 천연 소금으로 청소해 주는 것이 좋다.

정수기는 물에 함유되어 있는 이물질이나 소독약 냄새 제거, 살균 등의 효과가 있다. 좋은 정수기를 사용해야 양질의 에스프레소를 얻을 수가 있으므로, 각 필터에 표기되어 있는 양을 사용했을 때 즉시 새것으로 교환하도록 한다.

(4) 전동 펌프의 압력 조절

전동 펌프는 물을 에스프레소 추출이 가능한 7~9bar의 압력으로 높여주는 역할을 한다. 펌프 헤드는 일반적으로 오른쪽에 있는 나사를 시계방향으로 돌리면서 압력이 늘어나고, 시계 반대 방향으로 돌리면 압력이 줄어든다.

이때 압력은 압력 게이지를 보면서 기계를 작동시켜 놓은 상태에서 조절해야 단시간에 정확히 조절할 수 있다.

(5) 게이지 확인 방법

0~15까지의 숫자로 구성된 것은 펌프 모터 압력 게이지이다. 에스프레소 추출 시 펌프 모터에 가해지는 압력을 표시해 주는데 기계가 작동할 때 표시되는 수치가 정확한 수치이다.

0~3까지의 숫자로 구성된 것은 보일러 압력 게이지이다. 보일러에서 생성된 스팀 압력을 표시하며 기계가 가동된 상태에서는 1~1.5bar를 항상 유지하고 있어야 한다.

(6) 스팀 노즐 관리

스팀 노즐은 우유를 스팀한 후 밸브를 열어 주고 나서 닦는 것이 바람직하다. 스팀 파이프 안쪽에 우유 찌꺼기가 쌓여 굳으면 악취가 날 수 있으므로, 일주일에 한 번 정도는 풀어서 청소하도록 하자.

(7) 포타 필터(Porta filter) 관리

포타 필터는 에스프레소를 최종적으로 만드는 곳이다. 따라서 온도가 내려가지 않도록 뜨겁게 유지하는 것이 중요하므로, 항상 그룹에 결합된 상태에서 대기시킨다.

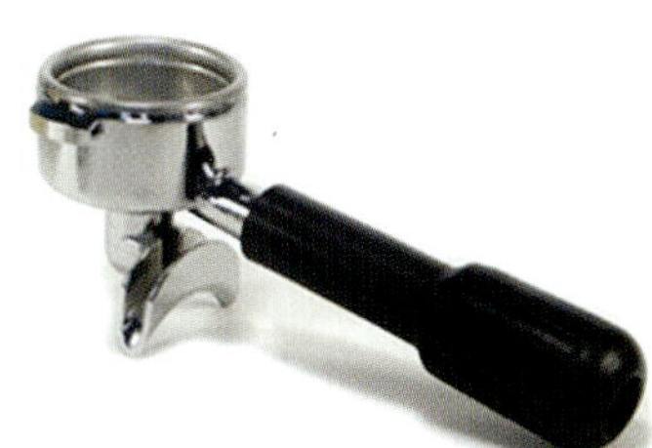

포타 필터

① **1잔 필터와 2잔 필터** 1잔 필터와 2잔 필터는 추출시 같은 맛이 나올 수 없다. 왜냐하면, 1잔 필터는 분쇄 원두 7g, 2잔은 14g이 투입되는데, 가해지는 압력은 7~9bar로 동일하기 때문이다. 해결할 수 있는 방법은 오로지 온도로 2잔 필터보다 1잔 필터의 온도를 5℃ 정도 높이면 맛이 비슷해진다. 한편 필터

는 구멍이 커지면 추출이 제대로 이루어지지 않을 수 있으므로 1년 정도 사용 후 교환하도록 한다.

② **필터 홀더 고정 링** 필터 홀더링은 1잔 또는 2잔 필터를 고정시키는 역할을 한다. 필터가 잘 빠질 경우에는 링을 약간 구부려서 끼운다.

(8) 포타 필터 청소 방법

① **포타 필터 일일 청소** 필터를 분리해서 부드러운 수세미로 닦아준다.

② **세제를 이용한 포타 필터 청소** 포타 필터는 에스프레소를 최종적으로 만드는 곳이므로 항상 청결히 유지해야 한다. 더운 물에 세제를 희석한 다음 포타 필터를 넣어 두었다가 일정 시간 경과 후 물로 깨끗이 씻어준다. 보통 주 1회 정도하는 것이 바람직하다.

(9) 일일 그룹 청소하기

필터 홀더에 청소용 필터를 결합하고 연속 추출버튼을 작동시킨 다음 결합했다 빼는 것을 반복한다. 펌프 압에 의해 물이 그룹 위로 올라가 샤워 필터 주위와 그룹 오링이 청소된다. 이 동작을 10회 반복하고 나서 약 5초 정도 포타 필터를 결합한 상태에서 대기 후 작동을 멈춘다. 그러면 솔레노이드 밸브 배수 쪽에 연결된 관도 압에 의해 청소가 된다. 모든 과정 종료 후 마른 행주로 샤워 필터와 주위를 깨끗이 닦아 준다.

(10) 필터 홀더에 세제 담고 청소하기

필터 홀더에 청소용 필터를 결합하고 세제 1스푼을 담고 그룹에 결합한다. 연속 추출 버튼을 누른 후 약 3~5초 경과되면 작동을 종료한다. 세제가 녹으면서 그룹에 있는 찌꺼기를 녹여 배수로 떨어지게 하는데, 그 결과 그룹과 솔레노이드, 그 뒤의 관까지 청소가 가능해진다. 이 상태에서 일정 시간 경과 후 출구 쪽에서 세제가 떨어지는 것이 보이지 않게 되면 다시 추출 버튼을 2초간 작동시켜 물을 공급한다.

이 과정을 연속적으로 반복한다. 출구에서 떨어지는 세제의 색깔이 하얗게 변하면 그룹에 있는 찌꺼기가 모두 제거된 것이다. 그 다음 일일 그룹 청소 방법을 반복해 주면 청소가 끝난다. 그룹, 솔레노이드 밸브, 출구관까지 청소할 수 있으나 장시간이 소요된다는 단점도 있다. 1주일에 1회 정도 실시하는 것이 좋다.

(11) 그룹 분해 세제 청소하기

샤워 필터 고정 나사가 잘 분리되지 않을 경우, 망치로 2~3회 약하게 두드린 후 분리하도록 한다. 샤워 필터는 1주일에 1회 이상 청소하면 잘 분리된다. 그룹은 뜨거운 물에 세제를 희석한 다음 샤워 필터와 고정 뭉치를 넣어두었다가 청소한다. 1주일에 1회 실시하는 것이 바람직하다.

(12) 그룹 오링 교환

추출 시 물이 새거나 포터 필터 장착 시 그룹 오링에 탄력이 없다면 즉시 교환한다. 교환 시기가 너무 늦어지면 잘 빠지지 않아서 어려움을 겪을 수 있기 때문이다. 그룹 오링은 추출 시 압이 새는 것을 막아 정상적인 에스프레소를 추출할 수 있도록 만들어주므로, 바리스타는 완전히 망가지기 전에 교환할 수 있도록 항상 체크해야 한다.

(13) 보일러

구리는 열전도율이 좋기 때문에 보일러에 많이 사용되나 공기와의 접촉을 통해 부식과 곰팡이가 생길 수 있다는 단점이 있다. 따라서 구리로 된 보일러는 24시간 기계를 가동하는 편이 안전하다. 단 24시간 가동 시에는 안전에 문제가 생기기 않도록 전기와 수도를 항상 점검하도록 한다.

4) 바리스타의 '손'(Mano : 마노)

이탈리아어 'Mano'는 손이라는 뜻으로, 바리스타의 능력을 의미한다. 바리스타가 사용하고자 하는 재료와 기계에 대해 올바르게 숙지해야 원하는 맛의 에스프레소를 추출할 수 있다.

(1) 에스프레소의 종류

에스프레소는 리스트레토, 에스프레소, 룽고, 도피오로 나누어진다. 리스트레토는 추출액이 20~25㎖, 에스프레소는 30~35㎖, 룽고는 40~45㎖ 정도이며, 도피오는 각 커피의 더블을 의미한다.

바리스타가 사용하고자 하는 잔과 농도에 따라 에스프레소 종류를 선택하면 되는데, 에스프레소는 모든 메뉴의 기본이므로 많은 훈련이 필요하다.

(2) 크레마(crema)

크레마는 영어로 말하면 크림Craem이다.

크레마가 형성되는 원리는 물이 매우 높은 압력에 의해 커피 가루를 통과하게 되고 이때

향을 담당하는 용해성 물질의 대부분과, 기름이나 콜로이드 같이 비용해성 물질까지도 빨아들이게 된다. 크레마는 에스프레소 머신이 추출 시 약 3~5초 정도 순간적으로 커피를 우려내고infusion 난 후 7~9bar의 압력으로 밀어낸 결과 생기는 황금색, 갈색의 크림이다.

곱게 간 원두에서 나오는 아교질과 섬세한 오일의 결합체로, 고운 입자들이 쉽게 침전되지 않고 커피 액 위에 떠 있는 상태라 할 수 있다. 커피의 숙성, 신선도, 커피의 양, 분쇄 정도, 탬핑, 물의 양, 온도, 추출시간, 추출압력, 블렌딩, 로스팅에 따라 차이가 있을 수 있다.

크레마는 단열층의 역할을 하여 커피가 빨리 식는 것을 막아주고, 향을 함유하는 지방성분이 많아 보다 풍부하고 강한 커피 향을 느낄 수 있게 해 준다. 또한 그 자체가 부드럽고 상쾌한 맛, 단맛 등을 지니고 있어, 에스프레소에 있어서 매우 중요한 요소이다.

크레마가 많다고 해서 좋은 품질의 에스프레소라고 할 수는 없으나, 적거나 없는 경우 오래된 에스프레소일 가능성이 크다.

한편 크레마를 육안으로 식별할 수 있는 능력이 필요하다. 색은 로스팅, 품종아라비카, 로부스타에 따라 차이가 있다. 중배전의 경우는 황금색을 띠고, 강배전의 경우는 약간의 적색을 띠게 된다. 아라비카를 많이 사용하면 옅은 황금색으로 양이 적으며, 로부스타를 많이 사용하면 진한 황금색을 띠고 양이 많아진다.

일반적으로 3~4㎜ 정도의 크레마가 있어야 잘 추출된 에스프레소라 할 수 있다.

한편 로스팅 종료 후 시간에 따른 커피 품질의 변화를 알아야 제대로 된 크레마를 얻을 수 있다.

(3) 탬핑(tamping)

탬핑이란 필터 홀더에 담겨진 분쇄 커피를 다지는 행위이다. 탬핑의 강도에 따라 물의 투과 시간을 다르게 할 수 있는데, 약하게 하면 빨리 투과되고 세게 하면 천천히 투과되어 더 진한 맛을 추출할 수 있다.

탬핑의 세기는 자기 몸에 맞게 하는 것이 가장 바람직하다. 한편 투입량과 분쇄 입자 크기에 따라 탬핑의 세기가 달라질 수 있는데, 투입량이 적거나 입자가 클 경우는 강한 탬핑이 유리하다.

(X)

(O)

탬핑 시 추출구가 위의 왼쪽 사진처럼 바닥에 닿으면 추출구가 상해 커피줄기가 갈라져 나와 커피잔에 튀기 때문에 오른쪽 그림처럼 추출구가 바닥에 닿지 않게 하여 사용한다.

(4) 탬퍼의 종류

탬퍼

탬퍼의 종류는 그라인더에 부착되어 있는 탬퍼, 플라스틱 탬퍼, 알루미늄 탬퍼, 스텐인리스스틸 탬퍼 등이 있다.

스테인리스스틸 탬퍼는 무게가 있기 때문에 적은 힘으로 탬핑을 할 수 있고, 플라스틱 탬퍼나 알루미늄 탬퍼는 스스로가 자기 탬핑하는 힘을 조절하며 사용할 수 있다는 장점이 있다.

바리스타는 많은 에스프레소 추출을 통해 자기만의 탬퍼를 선택하는 것이 매우 중요하다.

(5) 탬핑과 태핑

탬핑은 1차 탬핑과 2차 탬팅으로 나누며 1차, 2차 탬핑 사이에 태핑을 해주어야 한다. 1차 탬핑은 살짝 다져 주는 정도로 약 2~3kg의 힘으로 한다.

태핑모습

탬퍼는 항상 청결하게 보관된 것을 사용하고, 탬핑 시 필터 홀더에서 커피가 떨어지는 부분은 지저분한 곳에 닿지 않도록 주의한다.

1차 탬핑이 끝나면 태핑tapping을 하는데, 이는 필터 홀더 내벽에 붙어 있는 커피 가루를 떨어뜨리기 위함이다.

태핑의 세기는, 너무 약하면 가루가 떨어지지 않고, 너무 강하면 커피 표면에 균열이 일어나므로, 가루가 떨어질 정도로만 해 주어야 한다.

2차 탬핑은 자기 몸에 맞는 힘으로 누른다. 이때 주의할 점은 수평이 되도록 탬핑을 해야 한다는 것이다. 수평이 유지되지 못할 경우 잡맛이 강한 에스프레소가 추출되는데, 기울기가 내려간 쪽에서 과다 추출이 일어나기 때문이다.

(6) 탬퍼를 쥐는 방법

탬퍼를 잡는 방법은 각자가 편하게 잡는 것이 좋은데, 일반적으로 엄지와 검지손가락으로 탬퍼를 잡고 누르게 되면 손목에 무리없이 어깨 힘으로 강한 탬핑을 할 수 있다.

탬퍼를 쥐고 탬핑하는 방법은 오른쪽 사진과 같다.

탬퍼를 쥐고 탬핑하는 방법

04 에스프레소 추출 과정

1) 에스프레소 추출 순서

순서		내용
1	잔 점검	사용할 잔이 있는지, 잔이 뜨거운지 확인한다.
2	포터 필터 뽑기	몸 쪽에서 왼쪽으로 45도 정도 돌리면 그룹헤드에서 포타 필터가 분리된다.
3	물 흘려버리기	과열된 물을 흘려버리고 그룹 헤드 부위에 묻어 있는 찌꺼기를 청소하기 위해서 하는 동작으로 2~3초 정도면 충분하다.
4	필터 바스켓 닦기	물기나 찌꺼기의 유무에 관계없이 습관적으로 마른 행주를 이용해 닦는다.
5	그라인더 작동	그라인더 거치대에 포타 필터를 올리면서 그라인더를 작동한다.
6	커피 파우더 담기	레버를 규칙적으로 당겨 바스켓에 커피 파우더를 담는다.
	1차 탬핑(Tamping)	1차 고르게 눌러준다.
7	태핑(Tapping)	필터 홀더 위에 있는 커피파우더가 떨어지도록 탬퍼의 뒷면으로 가볍게 톡톡 쳐준다.
8	2차 탬핑(Tamping)	2차 고르게 힘을 주어 눌러준다.
9	필터 홀더 가장자리 청소하기	• 개스킷과 접촉하는 면을 손으로 쓸어서 청소한다. • 넉 박스 위에서 청소한다.
10	포타 필터 그룹에 장착하기	• 45도에서 몸 쪽으로 90도가 되도록 돌린다. • 뒤쪽을 접촉시킨 후 앞쪽으로 밀어 올리면 쉽다.
11	버튼 누르기	포타필터 장착 후 즉시 버튼을 누른다.
12	포터 필터 뽑기	• 커피 서빙이 끝난 후 첫 동작과 같게 뽑는다. • 바스켓 내부의 쿠키 상태를 점검한다.
13	쿠키 버리기	넉 박스 가운데 있는 봉에 포타 필터를 거꾸로 부딪혀 쿠키를 떨어낸다.
14	포타 필터에 물 흘려버리기	물 흘려버리기를 통해 포타필터의 찌꺼기를 제거한다.
15	필터 홀더 닦기	필터 홀더의 찌꺼기를 린넨(Linen)으로 닦아낸다.
16	포타 필터 장착해 두기	포타 필터는 항상 그룹헤드에 장착시켜두어야 온도가 유지되어 다음 커피추출에 좋은 영향을 준다.

2) 에스프레소 추출 과정 순서도

❶ 포타 필터를 뽑고 물 흘려버리기

❷ 포타 필터 닦기

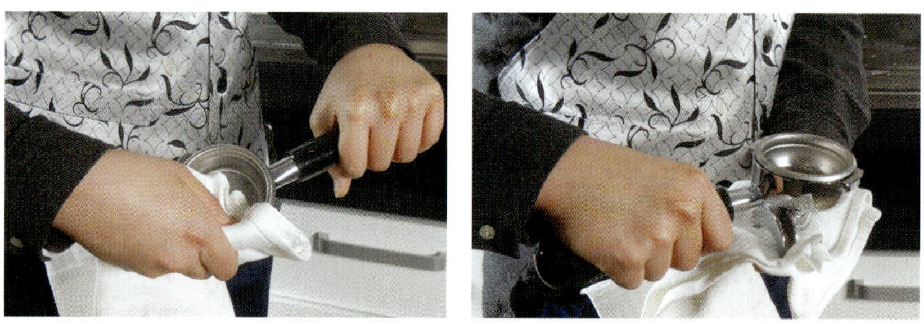

❸ 그라인더 작동시켜 분쇄커피 담아 고르기

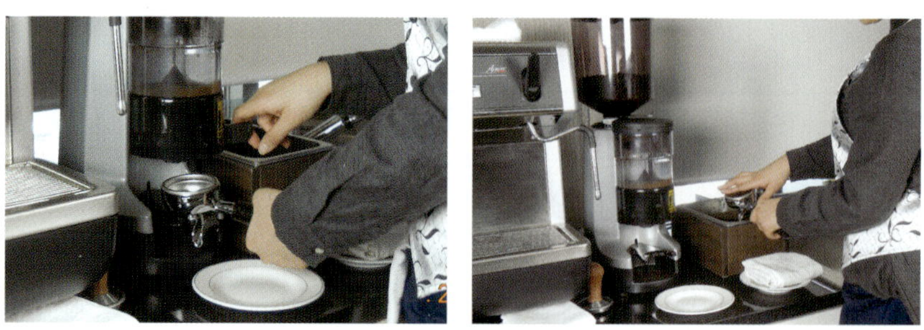

❹ 1차 탬핑하기

❺ 태핑하기

❻ 2차 탬핑(Tamping)

❼ 포타 필터 가장자리 손으로 청소하기

❽ 그룹에 장착하기 전 물 흘리기 : 과열방지 효과

❾ 그룹에 장착하기

⑩ 잔 놓고 버튼 누르기

⑪ 포타 필터 뽑기

⑫ 케이크 버리기

⑬ 물 흘려버리기

⑭ 포타 필터 닦기

⑮ 포타 필터 제자리 장착하기

Memo

제2장

커피의 식물학

Hot Tips

| 커피나무

다년생 쌍떡잎식물로 열대성 상록교목이며 10m 이상도 자라지만 나무의 키를 2~3m 정도로 유지해준다. 잎은 긴 타원형이고 두꺼우며 잎 표면은 짙은 녹색이며 광택이 난다.

| 꽃

꽃잎은 흰색이며 자스민(Jasmine) 향이 난다. 꽃잎은 아라비카 5장, 로부스타 5장이다.

| 커피체리(Cherry)

커피 꽃이 떨어지고 나면 그 자리에 열매를 맺게 되며 초기에 녹색이었다가 익으면 빨갛게 되는데 이를 체리(Cherry), 커피체리(Coffee cherry)라 부르며 길이는 15~18mm 정도이다.

외과피(Outer skin) : 맨 바깥의 겉껍질(외과피, Exocarp)
과육(pulp) : 단맛이 나는 과육 부분(중과피, Mesocarp)
파치먼트(Parchment) : 생두를 감싸고 있는 껍질(내과피, Endocarp)
은피(Silver skin) : 생두에 부착되어 있는 얇은 막
생두(Bean) : 녹색 커피 콩
센터 컷(Centercut) : 생두의 가운데 나 있는 홈

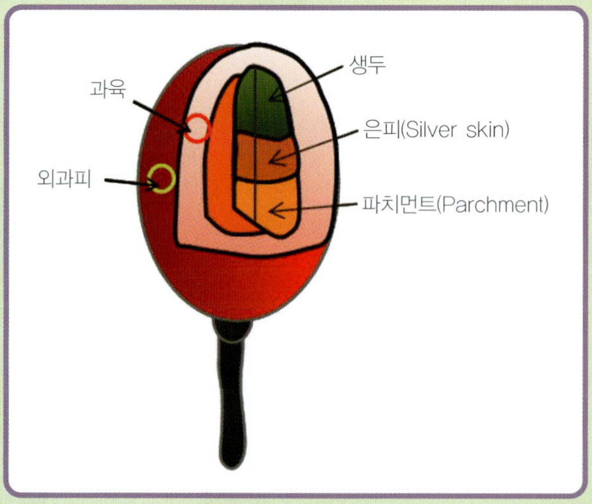

01 커피나무

커피는 식물학적으로 코페아Coffea속에 속하는 다년생 상록 쌍떡잎 식물로 분류되며, 원산지는 아프리카의 에티오피아로 추정된다.

상업적으로 재배되는 품종은 크게 2가지인데, 아라비카종Coffea Arabica과 카네포라종Coffea Canephora : Robusta이다. 일부 리베리카종Liberica도 재배되고 있으나 크게 상업적으로 가치가 있지는 않다.

나무의 키는 아라비카종은 5~6m이고, 로브스타종은 10~12m이다.

로브스타

아라비카

커피나무에는 체리라고 하는 빨간색 열매가 열린다. 그 안에는 2개의 씨앗이 마주보며 자리하고 있는데, 녹색을 띠며 생두Green Bean라고 한다.

생두를 불에 볶으면 시간이 경과함에 따라 검은색으로 변하고 부피가 커진다. 이 검게 변한 작은 알갱이가 원두Roasted Bean이며, 원두를 가늘게 분쇄한 후 여러 가지 추출 기구를 이용해 추출하면 한 잔의 커피가 된다.

고품질의 원두커피는 아라비카종의 생두를 주로 이용하고, 인스턴트 커피는 카네포라종 로부스타 생두를 이용한다.

02 커피열매 '체리'

커피 체리 껍질 벗긴 모양

커피의 열매는 체리라고 부르는데 가지에 총총히 착생되는 성숙한 과실은 색이나 형태가 앵두와 유사하여 'cherry' 혹은 'coffee cherry'라고 불린다.

체리의 크기는 약 1.5cm~1.8cm 정도의 크기로 동그라며 익기 전의 상태는 초록색이나 익으면서 빨간색으로 변한다.

모든 체리가 빨간 것은 아니고 브라질에서 처음 발견된 아라비카 카투아이 아마렐로Catuai Amarelo 종의 열매는 노란색을 띠기도 한다.

아라비카 카투아이 아마렐로(Catuai Amarelo)

한 나무에서도 체리가 익는 시기가 조금씩 달라서, 일반적으로 가지에서 가장 가까운 부분이 먼저 익고, 중간, 맨 끝 순으로 익어가기 시작한다.

수확한 체리 열매

과육은 당도가 비교적 높으나 두께가 약 0.1cm~0.2cm로 과육이 차지하는 부분이 적어 과일로 이용되고 있지는 않다.

다 익은 커피열매는 참 아름답다. 저 빨간 열매 하나에 로스트되기 전의 동글납작한 원두 두 개가 서로 마주보며 들어있다. 체리를 잘라 그 내부 구조를 살펴보면 다음의 그림과 같다.

체리의 가장 바깥쪽에는 껍질에 해당하는 ⑤ 외과피가 있다. 그 안에 ④ 과육 → ③ 파치먼트(내과피) → ② 실버스킨(은피) → ① 생두의 순으로 자리한다.

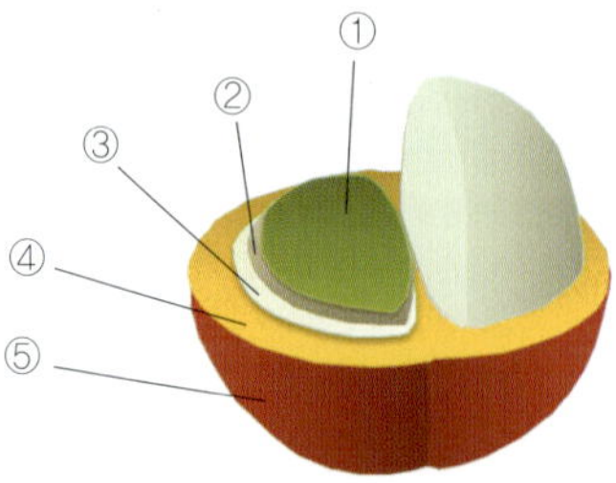

생두의 구조

03 생두

한 개의 체리에는 2개의 생두가 서로 마주보고 있는데, 마주보는 면은 평평하고 반대쪽은 둥글다.

생두는 '실버스킨silverskin' 이라는 은색의 얇은 막이 둘러싸고 있는데, 이것을 다시 노란색의 파치먼트껍질, parchment가 감싼다. 일반적으로 커피 씨앗을 땅에 심을 때에는 생두가 아니라 파치먼트 상태에서 심어야 싹이 난다.

갓 수확한 생두는 푸른색으로 강하고 매콤한 향기를 지니고 있다. 그러나 시간이 경과함에 따라 색깔은 점점 노란색으로 변하고 냄새도 약해진다. 따라서 신선한 생두와 오래 보관한 생두는 색깔과 향으로도 쉽게 구별할 수 있다.

하나의 체리에 항상 두개의 생두가 자리하는 것은 아니다. 가지의 끝쪽에 있는 체리에는 생두 하나만 들어있는 것을 발견할 수 있는데 이것을 피베리Peaberry, 또는 카라콜리로Caracolillo라고 한다. 모양이 아주 둥글어 쉽게 식별이 가능하다.

피베리

피베리는 일반생두보다 30% 정도 고가이다. 피베리는 대부분 영양분이 잘 공급되지 못하는 가지의 끝부분에서 생긴다. 정상적인 평평한 Bean은 Flat Bean이라고 한다.

04 잎사귀

잎사귀는 일반적으로 굵고 광택을 지녔고 모양은 아라비카종과 로부스타종이 약간 차이를 보인다. 아라비카종은 폭이 좁고 길이가 긴 타원형이고, 로부스타종은 둥글고 아라비카종에 비해 크기도 매우 크다. 아라비카종은 너비가 1cm, 길이는 4cm이고, 로브스타는 너비가 4cm, 길이가 10cm이다.

아라비카 잎

로브스타 잎

05 꽃

만발한 커피꽃

꽃은 흰색으로 재스민 향과 아카시아 향을 섞어 놓은 것 같은 묘한 매력을 지녔다. 꽃이 한창 만발했을 때의 커피 농장은 꼭 눈 덮인 설원 같아서 매우 낭만적이며 경이롭기까지 하다고 한다.

꽃잎은 아라비카종 5장, 로부스타종 5장, 리베리카종 7~9장이지만 개화하고 나서 2~3일 피고 바로 져버린다. 열매를 맺기 위해 수정을 하고 나면 바로 시들어 버린다. 아라비카종은 자가수정, 로부스타종은 타가수정, 리베리카종은 꽃가루가 바람에 발산하기 쉽도록 가볍게 되어 있으며 종류는 다양하다.

꽃이 피는 시기는 산지에 따라 상당히 차이가 있으며, 꽃이 시들고 수주 후에 작은 열매가 올라오는데, 개화한 후 6~8개월 사이에 천천히 과실이 커지고 이렇게 초록색의 원두열매가 맺히고 점차 부분적으로 빨갛게 익기 시작한다.

익기 시작한 커피체리

익어가는 체리

다 익은 커피체리

Memo

커피 품종

Hot Tips

생물학적 관점의 커피

커피는 쌍떡잎식물로 꼭두서니(Rubiaceae)과에 속한다.

커피의 종 중 Coffea Arabica, Coffea Canephora, Coffea Liberica를 삼대 원종이라고 하는데 오늘날은 Coffea Arabica, Coffea Canephora 두 종류만 주로 재배되고 있다.

커피의 품종 계통

Family	Genus	Sub-Genus	Species	Variety
과(科)	속(屬)	아속(亞屬)	종(種)	품종(品種)
Rubiaceae	Coffea	Eucoffea	Arabica	Typica
			Canephora	Robusta

아라비카와 로부스타

아라비카는 로부스타에 비해 향이 뛰어나며 신맛, 쓴맛, 단맛 등을 지니고 있는 반면, 로부스타는 향이 약하고 쓴맛이 강하고 카페인 함량도 많은 편이나 재배가 아리바카에 비해 용이하다.

	아라비카(Coffea Arabicca)	로부스타(Coffea Canephora)
원산지	에디오피아	콩고
기록연도	1753	1895
염색체 수	44개(2n)	22개(2n)
기온	15~24℃	24~30℃
고도	1000~2,000m	700m 이하
적정 강수량	1,500~2,000m	2,000~3,000mm
방충해	약함	비교적 강함
체리 숙성기간	6~9개월	9~11개월
카페인 함량	1.5% 내외	3.0% 내외
맛	향미가 우수, 신맛이 좋음	향미가 약함, 쓴맛이 강함
주요 생산국가	브라질, 콜롬비아, 코스타리카 등	베트남, 인도네시아, 인도 등
생산	75%	25%

커피의 과실은 식물학적으로 핵과核果이고, 중심부에 딱딱한 콩이 있다. 보통은 2개의 반원형의 생두가 서로 마주보는 형태로 들어 있고, 서로 마주보는 면이 평평하기 때문에 'flat bean플래트 빈' 이라 한다. 과실이 숙성함에 따라 2개의 배유胚乳는 서로 마주본 평면 부위가 접혀 내부로 들어간 모양이 되고, 평면부의 중앙에 'center cut센터컷' 라고 불리는 공간이 존재하게 된다. 가지의 끝에 둥근 생두 1개만이 달려있는 과실이 있는데, 이것을 'peaberry피베리' 라고 부른다.

피베리

커피의 3대 원종은 아라비카, 로부스타, 리베리카로 분류한다.

아라비카

로부스타

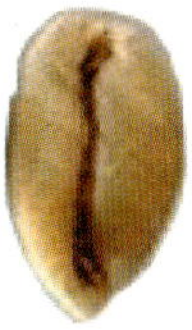

리베리카

01 아라비카종

에티오피아가 원산지로, 세계 커피 총 생산량의 약 75%를 차지한다.

연평균 기온 15~24℃, 연 강우량은 1,500~1,600mm, 해발 900~2,000m의 고지대에서만 생산 가능하다. 한편 토양도 제한적인데, 배수가 잘 되고 유기질이 풍부한 화산재 토양이며, 동쪽이나 동남쪽 방향으로 배수가 잘되는 완만한 경사를 가진 지역으로 1m 정도 되는 커피나무의 뿌리를 잘 지탱해 줄 수 있어야 한다. 따라서 커피벨트coffee belt 내에서도 저위도가 될수록 지표는 높은 곳이 좋다.

헥타르당 평균 생산량은 1,500~3,000kg으로, 2,300~4,000kg인 로부스타종과 비교하면 적고, 규칙적인 비, 충분한 햇빛을 필요로 한다.

생두의 모양은 평평한 타원형으로 길이가 길고 진한 녹색을 띤다. 고급 스페셜티 원두커피 제조 시 사용되는데, 부드럽고 달콤한 맛, 풍부한 향을 지녔고, 카페인 함량은 약 1.5% 정도이다.

아라비카

아라비카종은 '아라비아커피' 라고도 불린다. 세계각지에서 70종에 이르는 많은 재배변종을 생산하고 있다. 그 중 버본Bourbon과 티피카Typica종이 가장 오래 되고 널리 알려진 품종이지만, 전 세계로 퍼져 나가 재배되면서 카투라Catura, 카투아이Catuai, 문도노보Mundo Novo, 마라고지페Maragogype, 카티모르Catimor종 등의 변종이 생겨났다.

브라질, 콜롬비아, 자메이카, 멕시코, 과테말라, 케냐, 인도, 탄자니아, 코스타리카 등의 국가에서 재배된다.

| 아라비카 변종

1. Typica 타이피카(티피카)

지금까지 개발된 많은 품종들의 모태가 되는 품종이다. 아라비카 원종에 가장 가까운 품종으로 예멘에서 6세기 초에 아시아로 유입되었으며 1720년 카리브해 지역과 라틴아메리카에 전파되었다. 현재는 주로 중남미와 아시아에서 널리 재배된다. 콩의 모양은 길쭉하고 얇은 형태이며 나무는 원추형이고 가지는 거의 수평으로 성장하며 잎은 브론즈색을 띤다. 다 자라면 키가 3.5~4m에 달한다. 뛰어난 향과 신맛을 가지고 있으나 질병과 해충 취약해서 그늘재배를 해야 한다. 그래서 생산성이 매우 낮다. 타이피카는 콜롬비아, 중미(San Ramon), 카리브 해(Blue mountain), 파푸아뉴기니, 인도네시아(Java) 하와이(Kona) 등지에서 주로 재배된다.

좋은 향과 신맛을 가지고 있다. 블루마운틴과 하와이 코나가 대표적인 티피카 계통이다. 커피콩은 장방향의 둥근 모양으로, 품질이 우수하나 수확량이 적다. 향미의 특성은 꽃향기가 나며, 상큼하고 달콤하면서 뒷맛이 깨끗하다.

2. 버번 Bourbon – 타이피카의 돌연변이 종

마다가스카르 근처의 버번(지금의 Reunion섬)에서 1718년 처음 발견되었다. 그 후 중 남미 대륙에 퍼졌다. 품질은 타이피카와 비슷한 수준으로 강한 향과 감칠맛을 지니고 있는 것이 특징이다. 콩은 상대적으로 작고 둥글고 단단한 편이며 센터컷이 S자형이다. 체리는 빈틈없이 빽빽하게 열리고 빨리 숙성되나 강한 바람이나 비에 잘 떨어진다. 버번은 타이피카에 비해 가지가 많고 잎도 더 넓으며 잎의 가장자리는 파도 모양이다. 재배의 적정고도는 1,000~2,000m로 고지대에 적합하며 수확량은 타이피카 보다 20~30% 많으나 다른 품종에 비해 적은 편이다. 격년 수확으로 점차 타 품종으로 개량되고 있다. 콜롬비아, 중미, 서부아프리카, 브라질, 케냐(SI28), 탄자니아(N39) 등지에서 주로 재배되고 있다.

아라비카종 중 버본(Bourbon)과 타이피카(Typica)종이 가장 오래 되고 널리 알려진 품종으로 타이피카와 함께 2대 재배품종으로 알려져 있다.

상큼한 맛, 와인 맛과 달콤한 뒷맛이 특징이다. 고지대에서 재배한 커피콩은 꽃향기가 나며, 모양은 typica 종보다 작고 둥글다. 열매는 빨리 익지만 비나 바람에 의해 쉽게 떨어져 관리가 어렵다. 생두는 작고 둥근 직사각형의 형태이며 센터컷은 S자형으로 단단한 편이다.

3. 카투라 Catura

1937년 브라질에서 발견된 버번의 돌연변이종으로 질병과풍해에 강하게 개량되어 좋은 평가를 받는 중미 커피 생산국의 주요 품종이다. 생두는 버번과 닮았지만, 한쪽 끝이 조금 튀어나와 삼각형에 가까운 형태를 하고 있으며, 크기는 작고 단단하다.

콩의 크기는 소형으로 풍부한 신맛과 약간의 떫은맛을 지니고 있다. 잎과 열매의 특성은 버번과 유사하고 나무 키는 작으며(왜소종) 마디 사이가 짧다. 높은 생산성(2,000kg 이상/ha)을 가지고 있고 어떤 환경에서도 잘 자라난다. 하지만 버번종과 같이 모든 커피 질병과 해충에 취약하며 집중적인 관리가 필요하다. 3~4회 수확한 후 나타나는 과잉수확(overproduction) 현상과 견고하지 못한 특성 때문에 브라질에서는 환영 받지 못했다. 브라질보다는 콜롬비아와 코스타리카에서 더 환경에 잘 적응했으며 밀식(密植)이 가능하다(5000~10,000그루/ha). 재배에 적합한 조건은 고도450~1,700m 강우량 2,500~3,500mm 정도이다.

4.문도노보 Mundo Novo

버번과 티피카(수마트라)종의 자연교배종이며 환경적응력이 좋고 병충해에도 강하다. 신맛과 쓴맛의 밸런스가 좋아 이 품종이 처음 등장했을 때 장래성을 기대하여 문도노보(신세계)라는 이름이 붙여졌다.

1931년 브라질의 상파울로 지역에서 발견되었으며 1950년경부터 브라질 전역에서 재배되기 시작하여 현재는 카투아이와 함께 브라질의 주력 품종이다. 브라질 이외의 지역에서는 환경에 잘 적응하지 못했다.

현재는 카투라, 카투아이와 함께 브라질의 주력 상품이다. 콩의 크기는 다양한 편이며 신맛과 쓴맛의 밸런스가 좋아 맛이 재래종과 유사하다. 환경 적응력이 좋고 생산량은 버번 종보다 30% 이상 많으나 성숙기간이 오래 걸리는 단점이 있다. 나무의 키는 3m 이상으로 매년 가지치기를 해야 해서 재배밀도가 낮다. 재배의 적정조건은 고도 1,000~1,700m이며 강우량은 1,200~1,800mm정도이다. 잎과 체리의 특성은 타이피카와 버번의 중간 형태를 띤다.

5. 카투아이(Catuai)

문도노보와 카투라의 교배종으로 브라질 에서 1949년에 인공 개발된 종으로 중미의 주 생산품종으로 자리 잡았다. 현재 브라질재배 면적의 50%를 차지하고 있는 주요 품종으로 문도 노보에 비해 맛이 단조롭고 감칠맛이 약하다. 카투라의 왜소종 특성을 갖고 있으나 견고성과 생장력(vigor)은 문도 노보의 특성을 물려 받았다. 키가 작으나 카투라 보다는 크며 가지는 줄기에서 45도 각도로 성장하고 잎의 모양은 둥근 편이다. 강풍에 강하고 강한 비바람에도 체리가 잘 떨어지지 않는다. 하지만 주요한 커피 질병과 해충에 취약하다. 매년 생산이 가능하여 생산성은 높으나 생산 기간이 다른 품종에 비해 10여년 정도 짧은 것이 단점이며 집중적인 관리가 필요하다. 체리가 노란색 열매를 카투아이 아마렐로(Catuai Amarello), 붉은색 열매를 카투아이 베르멜호(CatuaiVermelho)라고 한다.

6. 켄트 Kent

인도 마이소르(Mysore) 지역 켄트(Kent) 농장에서 발견되었으며 타이피카의 변종으로인도의 고유품종이다. 생산성이 높고 병충해, 특히 커피잎 녹병(CLR)에 강하다.

7. HdT(Hibrido de Timor)

아라비카와 로부스타의 교배종으로 1978년 동티모르 지역에서 발견되어 1979년 아체 (Aceh) 지역에서 재배되기 시작했다.

인도네시아 지역에서는 '팀팀(Tim Tim)', '추리아(Churia)' 라고 부르기도 한다. 뿌리가 튼튼하여 가뭄에는 강하지만 생산성이 낮으며 변동이 심하고 커피의 품질은 떨어지는 편이다. 커피잎 녹병(CLR)에 강하고 콩크기가 큰 편이다.

8. 카티모르 Catimor

Hdt와 카투라의 교배종으로 1959년 포르투갈에서 아라비카와 로부스타의 교배종으로 개량된 종이다. 커피잎 녹병에 강하고 조기수확이 가능하며 높은 고도보다 중간 정도의 고도에서 많은 수확량을 보인다.

콩 크기가 큰 편이다. 성장성과 다수확을 할 수 있는 품종으로 콩의 크기는 큰 편이다. 나무의 높이는 비교적 낮으며 생두의 크기는 큰 편이다. 이 품종을 기초로 한 새로운 품종이많이 탄생되고 있다. T5175와 T8667 품종이 널리 보급되었다.

9. 마라고지페 Maragogipe

티피카의 돌연변이로 1870년 브라질 마라고지페(Maragogipe) 도시의 한 농장에서 발견되었다. 특별한 맛은 없으나 외견적 우수성으로 귀하게 여겨지기도 한다. 카페인 함량이 0.6%로 아주 낮다. 나무 마디가 길고 잎과 체리와 콩의 크기가 큰 품종으로 나무의 키가 크고 생산성은 낮다. 재배적정 고도는 600~750m 정도이며, 중미, 멕시코 등지에서 재배된다. 생두의 크기가 커 코끼리콩(elephant bean)으로 불리기도 한다.

신맛과 향기가 강하다. 이 품종은 과테말라와 멕시코 등지에서도 재배되며 미디엄 로스트로 볶아 사용한다. 가장 좋은 것은 배합용이나 인스턴트 커피를 만드는데 이용된다.

마라고지페 커피콩
– 땅콩 크기만 하다.

10. 블루마운틴(Blue Mountain) – 타이피카 계통

타이피카의 일종이며 커피베리병(Coffee berry disease)에 강하나 커피 녹병에는 취약하다. 고지대에서 잘 자라며 1730년부터 자메이카에서 경작되기 시작하여 자메이카와 하와이에서 재배되며 생산성은 보통 정도이다. 좋은 품질과 뛰어난 향으로 유명하나 다른 나라에서는 잘 자라지 못한다.

02 카네포라종(로부스타종)

세계 커피 생산의 약 25%를 차지하는 로부스타종은 정식으로 카네포라종의 변종 C. canephora var. robusta이지만, 일반적으로는 카네포라종의 대명사로 알려져 있다.

로부스타종의 발견은 1858년에 Burton과 Speke가 빅토리아호 가까이에서 본 것이 최초이다. 콩고 분지의 현지인은 과실을 채집해서 저장용이나 의식의 곡물로써 이용하고 있던 것에서 '콩고커피' 라고도 불려진다.

그 전 해에 가봉에서 같은 것을 발견한 프랑스의 식물학자 Pierre에 의해 C. canephora로 명명되어있던 것이 우선시되어 로부스타는 카테포라의 한 변종이 되었다. 그러나 그때에도 이미 로부스타종이라는 원예명이 일반적으로 통용되고 있었다. 카네포라종은 아라비카종에 비해 병충해와 추위에 강하고 성장이 빠르며 800m 이하의 고도에서도 무난하게 자랄 수 있고 로부스타종은 아라비카종과 리베리카종의 중간 성질을 가지고, 특히 곰팡이병에 저항성이 강하기 때문에 인도네시아 등지에서 넓게 재배되고 있다.

카네포라종(로부스타종)

이와 같이 까다롭지 않은 생육 조건으로 인해 농부들에게 인기를 끌었고, 20세기 초부터 급속도로 전 세계로 퍼져 나갔다. 로부스타종과 코닐론Conilon종이 대표적 품종이고, 코닐론종은 카메룬에서 인도네시아에 도입된 카네포라종의 변종이다.

생두의 모양은 동글동글하며 짧은 타원형이다. 로부스타종이 생산량의 대부분을 차지하므로 카네포라종이라는 명칭 대신 로부스타종으로 불린다.

나무의 높이는 약 10m 정도지만, 수확을 용이하게 하기 위해 항상 1.5m 가량으로 유지시킨다. 아라비카종에 비하여 풍미는 떨어지지만, 재배가 쉽고 수량도 많아서 블렌드용으로 사용되며, 특히 추출물의 함량이 많기 때문에 인스턴트 커피용으로 불가결한 품종으로 인스턴트 커피와 캔커피 제조에 사용된다.

카페인 함량은 3% 내외로, 거칠고 쓴맛이 강하며, 향은 밋밋하다. 마다카스카르, 우간다, 콩고, 카메룬, 코트디부아르, 인도, 인도네시아, 타이, 베트남 등에서 주로 재배된다.

03 리베리카종

세계의 커피 생산량의 1% 이하를 차지하는 리베리카종은 쓴맛이 강하고 향이 약해 품질이 떨어진다. 리베리카는 아프리카 서쪽 끝에 있는 리베리아라이베리아공화국에서 처음 발견되었다. 리베리카종은 1794년에 Afzelius애프젤리어스가 쉐라레오네에서 발견한 것이 최초로 1872년 그 종자가 런던의 왕립식물원에 보내져, 1874년에 Bull이 C.liberica라고 명명한 것이다. 리베리아, 앙도라 등 서부 열대 아프리카에 분포하는 저지성 고온, 다습에 내성이 강한 품종으로 '리베리아 커피'라고도 불려진다. 나무 높이 10m, 잎 길이 약 25cm이다. 곰팡이병에 시달린 자바에서 1873년에 리베리카종을 도입했지만 곰팡이병에 약했기 때문에 즉시 전면적으로 로부스타종으로 바뀌어졌다. 주요생산지는 수리남, 리베리아, 필리핀, 인도, 인도네시아 등에서 생산되며 현지 소비위주로 알려져 있다.

리베리카종

Memo

제4장

커피의 역사

Hot Tips

| 커피의 발견과 기원

커피의 발견은 여러 가지 설이 있으나 일반적으로 에티오피아의 목동인 "칼디(Kaldi)의 전설"이 가장 널리 알려져 있으며 아라비카 커피의 기원은 에티오피아의 고원지대인 카파(Kaffa) 지역이다.

| 커피의 발전

예멘(Yemen)에서 경작이 처음 시작되었으며 초기에는 약용, 식용으로 사용되다가 이슬람 문화권에 의해 음료로 발전(이슬람의 와인) 되었으며, 커피(Coffee)라는 말의 기원은 고대 아랍어 'Qahwah(카와 : 와인의 의미)' 에서 유래하여 터키어 'Kahveh(카베)' 를 거쳐 탄생했다고 전해진다. 인도 출신의 바바 부단(Baba Budan)이라는 이슬람 승려가 커피 씨앗을 훔쳐 인도의 마이소르(Mysore)지역에 커피를 심게 된다.

| 커피의 전파

유럽에 커피를 전한 사람은 터키인들이며, 이탈리아 베니스의 무역상들에 의해 커피가 처음 유럽에 소개되었으며, 네덜란드에 의해 1658년에 실론(현재의 스리랑카)에, 1690년에 인도네시아 자바에 유럽 국가 중 처음으로 커피를 경작하게 되었다.

1. 영국

1650년 영국 최초의 커피하우스가 유태인 야곱(Jacob)에 의해 오픈되었으며, 1652년 파스콰 로제(Pasqua Rosee)가 런던 최초의 커피하우스를 열었다.

2. 프랑스

프랑스 최초의 커피숍 프로코프(Cafe de Procope)는 1686년 프로코피오(Procopio)에 의해 문을 열었으며, 프랑스 해군 장교 클레외(Gabriel Mathieu de Clieu)가 1720년(1723년) 카리브 해에 있는 마르티니크(Martinique) 섬에 커피를 이식하였다.

3. 미국

1670년 영국 식민지 시대 최초의 커피숍 거트리지 커피하우스(Gutteridge coffeehouse)가 보스톤에 오픈하였으며, 1696년에 뉴욕 최초의 커피숍 더 킹스 암스(The King' s Aarms)가 문을 열었다.

4. 우리나라

1896년 아관파천 당시 고종황제가 러시아 공사 베베르(Karl Ivanovich Veber)를 통해 우리나라 최초로 커피를 마셨다고 전해지며, 그 후 고종은 정관헌(靜觀軒)이라는 서양식 건물에서 커피를 즐겼다고 한다. 당시 커피를 서양에서 들어 온 국물이라 하여 '양탕국' 이라 불렀으며, 우리나라 최초의 커피하우스는 손탁 호텔(Sontag Hotel)이다.

01 커피의 발견과 기원

전 세계적으로 석유 다음으로 물동량이 많은 것이 커피이다.

와인이 유대 기독교적 유럽문화에 기반을 둔 음료라면, 커피는 이슬람세계의 특징적 음료이다.

칼디와 흥분한 염소

에티오피아의 고원지대에 사는 칼디라는 목동이 염소에게 풀을 먹이다가 깜빡 잠이 들었다. 잠에서 깨어난 칼디는 염소들이 매우 흥분하여 뛰어다니는 것을 보았다. 이상하게 생각한 칼디는 주위를 살펴보다가 나무에 붉은 열매가 달린 것을 발견하였다. 염소들이 흥분한 원인이 그 열매에 있을 것으로 추측한 칼디는 자신이 그 열매를 직접 따먹은 후, 그 또한 흥분되어 염소들과 함께 춤을 추게 되었다.

이 광경을 마침 지나가던 수도승이 목격하여 신기하게 생각하고는 그 열매를 가지고 수도원으로 돌아갔다. 그러나 수도승은 이 붉은 열매가 혹시 악마의 것일지도 모른다는 두려움 때문에 불 속에다 던져버렸다. 잠시 후 커피열매가 불에 타면서 향기로운 냄새가 수도원을 감쌌다. 그래서 수도승은 무언가 좋은 일이 있을지도 모른다는 생각에 불에 타다 남은 열매를 가지고 많은 노력과 연구를 한 결과 뜨겁고 검은 음료를 만드는데 성공하였다. 이것을 마시면 기도할 때 졸음이 오는 것을 막아줄 뿐만 아니라 일상생활을 활기 있게 해준다는 것을 알았다.

또 다른 전설은 지금의 북 예멘의 이슬람교 수도자이며 의사인 세이크 오마르가 모카국 공주의 중병을 고치고 난 후 공주를 사랑하게 되고, 그 후 그것이 발각되어 오쟈브라는 지방으로 유배를 당해 배고픔 속에서 산 속을 헤매게 되었다. 우연히 한 마리의 새가 빨간 열매를 쪼아먹는 모습을 보고 죽지 않자 너무 배가 고파 그 열매를 따서 먹었더니 원기가 솟고 피로가 풀리는 것을 알게 되었다. 그 후 그 열매를 사용하여 많은 환자를 구제하는데 성공했고 결국 그 동안의 죄가 풀리고 모든 이가 이 열매의 발견을 칭찬하여 사원을 건립하여 성자가 되었다.

이 두 가지 이야기는, 커피에 관한 전설을 모은 이탈리아의 언어학자 나이로니Naironi, 1613~1707에 의해 1661년에 소개된 것이다.

커피가 처음으로 문헌에 나타난 것은 페르시아의 의사 라제스Rhazes 또는 Razi, 850~922의 저서이다. 그는 페르시아, 이집트, 인도, 유럽의 의학을 종합한 서적인 《의학집성하위》 가운데서 에티오피아 및 예멘에 자생하는 '본Bun과 그 추출액 반캄Bunchum'을 의약의 재료로써 서술하고 있다. '본Bun'은 아라비안에서는 커피나무나 열매를 호칭하고, 'Bunchum반캄'은 그 음료로 호칭되고 있다.

이슬람의 과학자 아비센나Avicenna, 908~1037도 저서 《의학법전카논》에서 의약으로써 본과 반캄을 거론하고 있다. 전자는 13세기에, 후자는 12세기에 라틴어로 번역되어 유럽에서는 17세기까지 의학 교과서로 사용되었다.

엘리스J.Ellis는 1774년에 저술한 《커피의 역사적 고찰》에서 15세기의 니에하벤딩이 쓴 아라비아어의 고문서를 인용해서 커피가 에티오피아 고원 아비시니아에서 예전부터 식용으로 공급되었다고 서술하고 있다. 사실 아비시니아에서는 예전부터 커피의 건조 과실을 씹어 먹기도 하고 그 분쇄물을 유지와 섞어서 환약처럼 만들어 여행 다닐 때 비상식품으로 사용하기도 하고, 혹은 과육을 이용하여 술을 제조했다고 전해지고 있다.

아랍의 대여행가 바토우다Ibn Battuta, 1304~1369는 1325~1353년의 약 30년간에 메카Mecca를 비롯한 중동지역, 인도, 중국, 아프리카, 이베리아반도를 여행하고 그 여행기 《도시의 불가사의와 여행의 경이를 본 자의 선물》 가운데에서 당시의 이슬람 사회의 모양을 자세히 서술하고 있지만 커피의 기술은 없다. 같은 시기에 중국의 각지를 여행하고 각지의 산물을 바친 마르코폴로Marco polo, 1254~1324의 《동방견문록》에도 차의 기록이 없기 때문에 바토우타의 여행기에 기록이 없는 것을 가지고 커피가 14세기에는 아직 보급되지 않았던 것으로 판정되지만, 적어도 메카에서는 아직 눈에 두드러질 정도로 커피가 음용되지는 않았던 것 같다.

16세기 중반 즈음부터 지중해 동해안의 레바토 지방을 여행한 유럽인, 독일인 L.Rauwolf 등의 여행기에 현지의 사람들이 태운 본Bun에서 제조한 '카와'라 불리어지는 검은 액체를 식용으로 사용하는 것이 소개되어 유럽인들에게 커피가 알려지게 되었다. 당시 북이탈리아의 베네치아 지역에서 Padva대학의 식물원 원장이었던 알피니는 카이로의 터키 사람의 정원에서 커피나무를 보고 이 나무의 '브나'라고 부르는 과실이 카베의 원료인 것을 알고 그 나무의 사진을 1592년에 발표한《이집트의 식물》중에서 소개하고 있다. 이들 사실에서 중국과 가까운 동부지역에 있어서 배전콩을 이용한 커피 음용의 시작은 14세기 이후라고 추측할 수 있다.

Wrigley는 그의 책《커피》의〈제1장 커피의 역사〉중에서 14~17세기 사이에 커피에 관해 아라비아어로 적혀진 몇몇의 고문서의 번역을 소개하고 있는데 그들에 따르면 커피의 음용은 예멘에서 14세기에 소개되었고, 15세기에는 아라비아의 이슬람 사원으로 전해졌다가 16세기에는 이집트에 전달되었다고 한다. 단지 초기에 커피가 생콩을 사용했을지 곡穀 : 하스크, 햇볕에 건조한 과실을 이용한 것인지 밝혀지지 않았지만 아마도 처음에는 곡穀을 이용했다고 생각되고 있다. 다시 말하면 술탄 커피는 터키 술탄의 할렘에서 선호한 음료로써 이것은 곡카페인을 포함한다을 냄비에 넣어 숯불로 가볍게 볶은 후, 찧어서 끓는 물에 넣어 삶아낸 것으로 황갈색의 쓴맛이 없는 섬세한 풍미를 가진 액체이다. 필요에 따라 계피나 생강, 설탕 등을 첨가하여 음용한다.

터키 술탄 커피볶는 모습

커피의 곡은 커피 재배지가 아니면 입수할 수 없고, 양도 적어서 현지에 사람들은 여름은 술탄 커피를 겨울에는 배전콩의 커피를 마신다고 한다. 아마도 14~15세기 초의 커피는 둘 다 음용되었을 것이다.

유명한 이슬람의 법률학자인 아덴관장인 게마레딘은 아비시니아를 여행하면서 현지 사람들이 배전한 커피를 약용으로 음용하고 있는 것을 알았다. 아덴에 돌아온 후에 건강이 나빠졌을 때 이것을 생각해내어 음용하여 건강을 회복하였으며 기분마저 상당히 좋아졌다고 한다. 그래서 밤을 지새우며 기도하는 수도자들에게 커피를 음용할 것을 권장하였는데 이것이 커피의 평가를 높이게 되어 순식간에 아덴 사람들에게 전파되었다.

02 커피 하우스의 역사

1880년 kaveh kanes(카베카네스)

커피의 어원은 에티오피아 남서부의 커피 생산지대인 카파에서 유래한다고 하는 설도 있지만 보통은 다음 설이 유력하다. 커피를 가리키는 아라비아어의 '카와'는 본래 와인을 가리키는 말이지만, 커피 등 흥분이나 흥분작용을 나타내는 음료도 '카와'라 불리어졌다. 그 사이에 와인은 사라지고 '커피' 이름이 정착되었다.

최초의 커피하우스는 기록에 의하면 15세기1475년 사우디아라비아 메카에 세워진 kaveh kanes카베카네스로 알려진 커피하우스로 처음에는 종교적인 목적으로 시작하였으나 차츰 체스, 노래와 춤, 잡담이 담긴 명소로 자리잡게 되었고 이를 시작으로 Aden, Medina 그리고 1510년 Cairo카이로 : 이집트 수도이며 아프리카 최대도시까지 퍼져나가게 되었다.

그 후 Constantinople콘스탄티노플 : 터키 이스탐블의 옛 명칭–동로마제국 수도에서 Damascus 다마스쿠스 : 시리아 수도–이슬람제국의 수도로, 1532년에는 Alepp시리아의 도시에도 세워졌으며 Damascus에서 가장 잘 알려진 커피하우스는 Café of the Roses와 Café of the Gate of Salvation이었다. 커피하우스가 사교적 상업적 만남의 장소에서 점차 정치적 토론의 장소로 자리잡아 가면서 중동지역과 유럽에서 큰 인기를 누리게 되었다.

예멘이 터키 지배하에 들어온 것은 1536년이지만 터키어로 카베라고 불러진 커피는 16세기말에는 터키 지배하의 발칸제국에도 넓혀져 헝가리에서는 Kave라 불렀다.

로마에는 1602년, 베네치아에는 1615년에 전해져 'Caffe'라 불렸고, 1645년 드디어 베네치아 상인들에 의해 커피하우스가 베네치아의 산마르코 광장에 상륙하게 된다. 커피가 이탈리아에서 처음 선을 보였을 때 몇몇 성직자들은 이를 악마의 음료라 하여 추방하려 하였다. 그러나 당시 교황 Clement 8세1592~1605는 자신이 직접 커피를 마셔보고 커피에게 세례를 주어 '진정한 기독교 음료로 만들어야 한다' 라고 했다.

1645년 이탈리아에서의 첫 커피하우스인 Bottega del Caffe 보테가 델 카페가 베니스에 문을 열었고, 1720년에는 세계에서 가장 비싼 커피하우스로 알려진 Caffe Florian까페 플로리안이 Floriano Francescan에 의해 San Marco광장에 세워졌다.

보테가 델 카페

1720년 카페 플로리안 당시모습

세계에서 가장 비싼 커피하우스 이탈리아 Caffe Florian (카페 플로리안) 커피숍

커피는 1616년에는 네덜란드에, 1641년에는 영국에, 1644년에는 마르세이유에, 1657년에는 파리로 전해져 'Cafe' 라 불렸다. 1659년에 파리에서 커피하우스가 오픈되었다.

영국에서의 첫 커피하우스는 1650년 유태인 Jacob야곱에 의해 옥스퍼드에 세워졌으며, 런던에서는 1652년 그리스 사람 Pasqua Rosee파스콰로제에 의해 설립되었으며 이 커피하우스는 뒤따라 설립되는 커피하우스들의 모델이 되었다.

런던에서 가장 유명한 커피하우스는 1688년 Edward Lloyd에드워드 로이드에 의해 Tower Street에 세워진 London Coffee House이다. 그는 그의 커피고객들에게 선박운송과 보험서비스를 하면서 오늘날의 세계 최고의 Lloyd 보험회사로까지 발전하게 되었다.

초기 London Coffee House(런던 커피하우스)

영국에서는 1715년에 런던의 커피하우스가 2000점8000점이라고도 한다에 달할 만큼 커피를 선호하였지만, 18세기 중반경부터 홍차를 음용하게 되어 해외 영국 식민지도 이것을 선호하였다. 당시 유럽 전쟁에서 지출되는 전쟁 비용에 고심한 영국 정부는 1767년 차Tea 수입에 심한 벌금을 부여하도록 하여 이것을 해외 식민지에 적용하였다. 이것에 반발한 아메리카인은 1773년 보스톤 항에서 차를 운반한 배를 습격하여 차를 바다에 던졌다고 하는 티Tea파티사건을 일으키고, 이것을 기점으로 미국 독립전쟁이 시작되었다. 이를 시작으로 아메리카 사람은 홍차에서 커피로 바꿨다.

런던의 커피하우스

프랑스의 커피 열풍은 1669년에 프랑스 궁정에 머물렀던 터키 대사 Suleyman Aga슐레이만 아가에서 시작되었다. 그는 고국에서 많은 커피를 가져와서 파리 사람들에게 터키식으로 끓인 커피를 대접했다고 한다. 파리에서는 유행에 민감한 사람들의 심리가 크게 작용을 했다고 볼 수 있다. 그리하여 파리에도 커피콩을 파는 여러 커피 가게가 생겼는데, 현존하는 프랑스 최초의 카페는 Café le Procope카페 르 프로코프이다.

프랑스 최초의 카페 Café le Procope(카페 르 프로코프)

프랑스 커피하우스

이탈리아 출신의 Procopio dei Coltelli프로코피오 데이 콜텔리가 1689년, 파리에 문을 연 이 카페는 당시의 프랑스 국립극장 Comédie Francaise코메디프랑세즈의 바로 맞은편에 있었다.

극작가들은 연극이 상영된 후 신문을 읽는 척 하며 카페 손님들의 반응을 살폈고, 배우와 소설가, 음악가들이 모이는 장소가 되었다. 그 외에도 사람들은 정치 현안을 두고 뜨거운 토론을 펼쳤다.

1670년에 독일에, 1674년에는 스웨덴에 전해졌고, 1675년에는 함부르크에 커피하우스가 오픈되었다. 1683년 오스만터키에 의한 제2차 빈 포위가 실패했을 때 유출되었던 커피 생콩을 사용하여 같은 해 빈에서 커피하우스가 오픈되었다.

북미에는 이민에 의해 1668년에 전해져 1696년에는 뉴욕에서 커피하우스가 오픈되었다. 미국에 커피가 첫 선을 보이게 된 것은 1668년으로 처음에는 설탕, 꿀, 계피가루를 넣어 함께 마시기도 했다.

1671년 Boston에 London Coffee House와 Gutteridge Coffee House가 처음으로 문을 열었

Exchance Coffee House, Boston, 1808년

으며, New York에서는 1683년 커피원두시장이 형성되어 오늘날에 이르기까지 커피선물시장Coffee Future Market으로 자리잡게 되었다. 1696년 뉴욕의 첫 커피하우스인 King's Arms가 문을 열었으며 커피가 미국인들의 아침식사에 반드시 들어가야 하는 음식으로 빠르게 자리잡게 되었다.

미국 텍사스 스타벅스

이렇게 하여 커피는 베네치아에 상륙 후 종교상의 제약이 없었던 유럽에서는 건강상의 피해나 정치적 혹은 경제적인 제약을 넘어서 100년 사이에 전 유럽으로 확산되었다. 또한 그때까지 사람들은 배전콩의 분말을 넣은 이브리크식의 터키 커피를 마시고 있었지만, 1711년 프랑스에서 프란넬드립이 고안되어 처음 투명한 커피를 즐기게 되었다.

일본에서는 1690년경 나가사키 섬의 네덜란드 상점을 방문한 소수의 사람들이 마신 것이 최초로 알려져, 1781~1788 나가사키에서 출판된 《홍모본초紅毛本草》에 처음으로 기재되어 있다.

일본 커피하우스 외부

초기에는 커피소비가 느리게 증가하였는데, 그 이유는 이미 전통적인 녹차를 마시고 있었던 것과 일본의 식문화에 커피 풍미가 익숙하지 않았던 것, 그리고 국민소득이 낮았던 것 등을 들 수 있으며, 커피는 일부 상류계층이나 레스토랑 음식점 등 특정 장소에 한정되었다. 나중에 식문화의 다양화와 국민소득의 증대에 따라 수입량은 급속하게 증가하였고, 명치 45년에는 8만 톤을 넘어, 명치 48년에는 13만 톤, 1990년에는 29만 톤 이상에 달했다.

우리나라에는 언제 커피가 들어왔는지 명확하지는 않지만 조선 말엽, 아관파천때에 고종황제가 러시아 공사관에 머물면서 커피를 마셨다는 기록이 있으며, 후에 정관헌靜觀軒이라는 서양식 건물에서 정관다헌이라는 다실을 만들어 커피를 즐겼다고 한다.

이후 일제시대에 접어들면서 다방 문화가 나타났는데, 시인 이상은 다방69에 얽힌 일화와 학 등 다방을 경영한 것으로 유명하다. 6.25후에는 미국과 일본의 커피문화가 들어와 어느 정도의 레귤러 커피문화가 형성되었으나, 경제적 · 문화적 사정에 의해 퇴조하고 인스턴트커피가 크게 자리 잡았다.

일본 커피하우스 내부

1990년 전후하여 경제적 · 문화적 발전과 함께 비로소 레귤러커피 문화가 새롭게 발전하기 시작하더니 21세기로 들어오면서 에스프레소 문화가 크게 자리 잡기 시작하였다.

Memo

제5장

세계 커피 원산지

Hot Tips

ㅣ 커피 벨트(Coffee Belt), 커피 존(Coffee Zone)

커피는 적도를 중심으로 남위 25도에서 북위 25도 사이의 열대, 아열대 지역에 속하는 나라에서 주로 생산된다. 벨트 모양처럼 위치하고 있다고 하여 이를 커피벨트(Coffee Belt) 또는 커피 존(Coffee Zone)이라고 하며, 약 60여 개국에서 생산되고 있다.

ㅣ 기후

아라비카 종은 까다로운 생육조건을 가지고 있는데 연간 평균 기온이 15~24℃ 정도이며 기온이 30℃를 넘거나 5℃ 이하로는 내려가지 않아야 하고 서리가 내리지 않는 지역이어야 한다. 강한 바람이 불지 않아야 하고 또한 연간 총 강우량보다 월별 평균 강우량이 중요하며 지나치게 강한 햇빛과 열에 약해 이를 가려주기 위해 다른 나무를 같이 심기도 한다.

ㅣ 지형과 고도

평지나 약간 경사진 언덕으로 표토 층이 깊고 물 보유 능력이 좋은 지역이 적합하며 고지대에서 생산된 커피는 단단하고 밀도가 높으며 향과 플레이버(Flavor)가 더 풍부하고 맛이 좋고 더 진한 청록색의 빛을 띤다.

ㅣ 토양

커피 경작에 적합한 토양은 용암, 응회암, 화산재 등이 좋다. 표토 층이 깊고 투과성이 좋으며 약산성(pH5~6)이고 뿌리가 쉽게 뻗을 수 있는 다공질의 토양은 배수능력도 좋아 커피 경작에 적합하다.

ㅣ 번식(Propagation)

발아(Germination) : 커피는 일반적으로 파치먼트를 상태로 심게 되는데 씨앗을 묘판(Seed bed)에 심거나 흙, 퇴비와 비료를 혼합하여 폴리백(Polybag)에 채워 심는다.

ㅣ 모판(Nursery)

커피를 심어 묘목을 키우는 곳을 모판(Nursery)이라고 하는데 물 공급이 용이하고 해충의 피해가 없는 곳에 나무기둥을 세우고 그 위를 그물망이나 야자수 잎 등으로 지붕을 만들어 반그늘(Semi-shade)을 만들어 준다.

ㅣ 이식(Plantation)

이식은 우기가 시작되기 전에 하며, 커피나무는 심은 지 2년 정도가 되면 1.5~2m 정도까지 성장하며 첫 번째 꽃을 피우게 되고 3년 정도가 지나면 수확이 가능하게 된다. 커피나무의 경제적인 수령은 약 30년 정도이다.

01 커피 벨트(Coffee Belt), 커피 존(Coffee Zone)

커피나무는 북회귀선23.5℃과 남회귀선23.5℃ 사이의 온화한 기후 지역에서만 자라는데, 이 지역을 커피벨트coffee belt 또는 커피존coffee zone이라고 부른다. 좋은 커피를 생산하기 위해서 가장 중요한 것은 기후, 고도, 토양이다.

커피생산 국가들은 아래 그림에서와 같이 남북회귀선 사이의 열대, 아열대 지역에 속하는 나라에서 주로 생산되며, 그러나 주요 품종인 아라비카종에 적당한 재배조건은 연평균 기온 20℃ 정도, 연 강우량은 1,500~1,600mm, 유기질이 풍부한 화산성 토양으로 동쪽이나 동남쪽 방향으로 배수가 잘되는 완만한 경사를 가진 지역이다. 따라서 커피벨트coffee belt 내에서도 저위도가 될수록 지표는 높은 곳이 좋다.

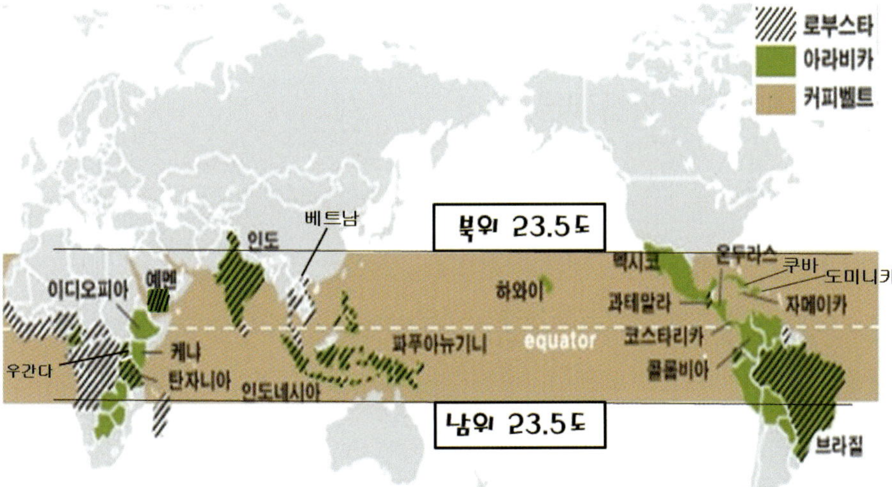

커피 존(Coffee Zone)

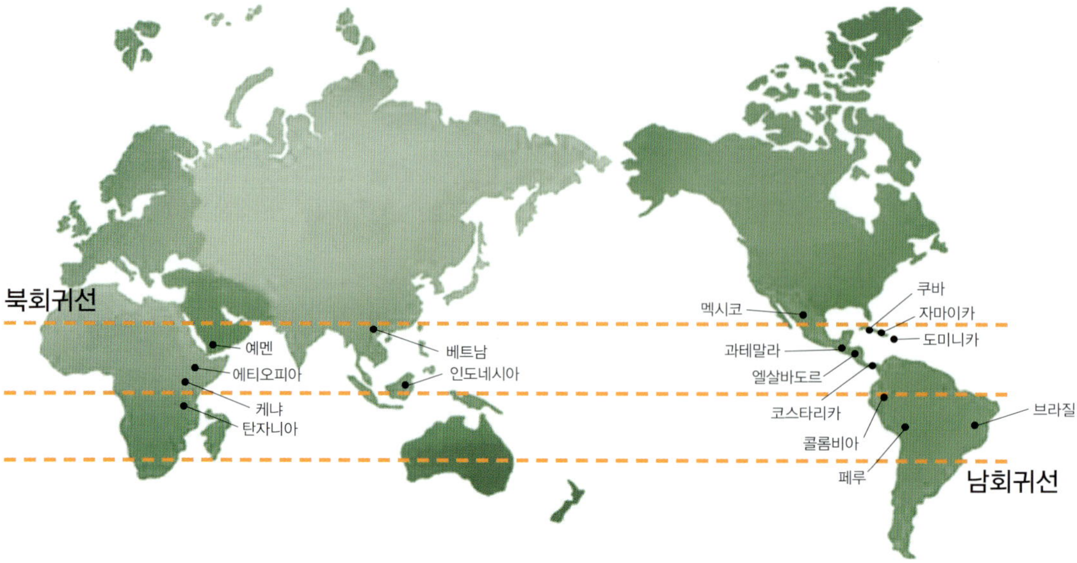

02 주요 커피 산지와 커피특성

1) 남미

(1) 브라질

세계 최대 커피생산국으로 세계 커피 생산량의 약 30%를 차지하고 있다. 아라비카종의 주 생산지 중의 하나이다. 양에 치우친 생산증대 정책의 결과 오늘날의 브라질 커피는 중 · 저급의 아라비카 커피로 평가되고 있다.

다른 나라들에 비해 비교적 낮은 고도의 대규모 농장에서 경작되어서 생두의 밀도는 비교적 낮은 편이며 코닐론이라는 로부스타 커피가 생산되고 있다.

브라질은 커피 재배에 적당한 테라로사terra rossa라 하는 토양으로 되어 있고 남미의 약 절반의 면적을 차지하고 있다. 평균기온 25℃이며, 적당한 비가 내리는 조건이면서 세계 제1의 커피 생산량을 갖고 있다. 브라질산 커피는 거의 Natural 자연건조방식 아라비카종이다.브라질 이외에서 생산되는 아라비카를 총칭해서 마일드커피라고 말한다 브라질 산토스, 브라질 리오, 버번 산토스가 유명하며, 특히 산토스는 치우치지 않는 맛으로 어느 콩과 배합해도 잘 어우러진다.

브라질 전통커피인 카페징요는 냄비에 물과 설탕을 넣고 가열하여 끓기 시작하면 커피를 넣고 잘 저은 다음 여과 천에 걸러서 마신다. 강하게 배전하여 진하게 추출한 커피가 가장대중적이며 설탕만 넣어 데미타스잔에 따라 마신다.

브라질 국민은 하루 평균 10잔 정도의 커피를 마신다. 브라질 커피의 대부분은 상파울루의 산토스(Santos) 항구로 집결되어 수출된다. 그래서 브라질 커피를 흔히 '산토스' 라고 부르고 있다.

(2) 콜롬비아

브라질 다음의 세계 제3위의 커피 생산국으로 Washed세척건조방식 아라비카종으로는 세계 1위의 고급커피이다. 열대지방의 중앙에 위치하고 연간 기온 15~25℃로 강우량도 많고 특히 안데스산맥의 고지 표고 3500~6000피트약 1000~1800m의 지대는 양질의 커피를 생산되고 있다.

콜롬비아커피는 마일드커피의 대표격 생두로 적당한 산미가 있고 구수한 맛, 향기, 풍미의 균형이 좋으며 다음과 같은 것들이 있다.

- **메델린** : 콜롬비아의 최고급품으로 알려져 있다.
- **보고타** : 메델린과 나란히 1급품
- **마니잘레스** : 메델린 및 보고타 다음의 콩
- **부카라망가** : 농후한 커피로 평가됨
- **아르메니아** : 산미가 좋다.

콜롬비아는 수출을 위한 표준 커피를 '엑셀소' 라고 말하고, 엄선된 최고급품을 '수프레모' 라고 부른다.

최고급 커피생산을 정책으로 하고 있으며 커피에 대한 자부심이 대단하다.

엑셀소는 굵기가 15~17 사이즈에 해당하는 약간 불균일한 커피들이다.

수프리모(Supremo)는 굵기가 18사이즈 이상으로한 종류의 크기로 균일화된 커피이다. 크기가 균일하다는 것은 맛이 들쭉날쭉하지 않고 정선되어 있다는 것을 의미한다. 수프리모는 주로 다른 커피와 섞지 않고 그 자체를 즐기는 스트레이트용 커피로 사용된다.

콜롬비아틴토는 뜨거운 물속에 흑설탕을 넣고 끓여서 녹인 후 불을 끄고 커피가루를 넣고 저은 뒤 가루가 모두 가라앉을 때까지 5분쯤 두었다가 말은 커피만을 마시는 것을 말한다.

콜롬비아에는 대형 커피농장이 별로 없으며 '카페테로(cafetero)' 라고 불리는 농부들의 중소규모 자영농장에서 생산되고 있다. 중소규모의 자영농장에서 생산되기 때문에 그 품질이 더 우수하다.

안데스 산맥의 지형은 차가 다니기에는 불편한 점이 많아 수확된 커피의 많은 양이 아직도 대부분 당나귀로 수송된다. 당나귀와 커피를 수송하는 '카페테로' 가 콜롬비아 커피의 트레이드 마크가 된 것이다. 이름하여 '당나귀와 후안 발데스 아저씨' 라고 불린다.

Café de Colombia

(3) 베네수엘라

콜롬비아와는 안데스산으로 연결되어 있고 양질의 생두가 생산된다. 커피 생산지는 1000~5000피트에 위치하고 맛은 부드러운 풍미와 향기를 가지고 있다.

(4) 페루

페루는 안데스 산맥이 전 국토의 대부분을 차지하고 있는 산악국가로 아라비카 커피만을 생산하며 남아메리카 유기농 커피의 리더로 빠르게 부상하고 있는 나라이다.

아직은 불순물과 결점있는 생두가 많이 섞여 있는 커피를 생산하고 있어 어떤 커피들은 거칠다는 평도 받고 있으나 산뜻하면서도 깊이 있는 맛과 향이 있다는 것이 일반적인 평가다.

치우치지 않는 맛의 커피이다. 안데스산지에서 재배되는 Washed세척건조방식 아라비카종이다.

2) 중미

중미제국은 모두 태평양 연안의 산악지대에 있고, 강우량도 풍부하고 커피 재배에 적당한 토지로 되어 있다.

(1) 멕시코

1790년경부터 커피의 경작을 시작하였으며 화산지대가 형성되어 있는 남부지방에서만 커피가 생산되고 있다.

세계 4위의 커피생산국이며 지난 날의 저급 커피이미지를 벗어나지 못하고 있다. 유기농법과 그늘 경작법으로 생산하고, 9월부터 3월까지 습식 방법으로 가공한다.

예멘의 커피가 적포도주에 비교될 때 멕시코 커피는 백포도주를 연상시킨다는 평을 받고있다.

멕시코 마라고지페라는 특별한 커피도 있는데 마라고지페란 기형적으로 큰 원두를 말하며 코끼리 원두라고 부른다. 타파출라는 치아파스 지역의 한 도시이름으로 유기농 방법으로 재배되는 멕시코 유명 커피브랜드이다.

해발이 1700미터 이상의 고원지대를 뜻하는 알투라(Altura)는 최고 등급을 뜻한다. 크기는 17/18이며, 달콤하고 향기로운 맛의 풍미를 자랑한다. 향은 오래 지속되며 산도는 강하고 바디감은 좋다.

(2) 과테말라

과테말라 커피 중 대부분은 시에라마드레 산맥의 고원지대에서 생산되고 있다. 이 산맥의 태평양 연안 경사면 지역에는 무려 33개나 되는 화산이 있다.

화산들로 인해 고급 스모크 커피가 생산되는데, 이 스모크 커피의 대명사는 '안티구아(Antiqua)' 이다.

안티구아 커피는 쏘는 듯한 스모크 향과 깊고 풍부한 맛, 살며시 느껴지는 초콜릿 맛이 일품인 과테말라의 대표커피이다.

과테말라에서는 다른 나라에 비해 전형적인 커피 품종인 타이피카종과 버본종이 주로 경작되고 있다.

상당부분 그늘에서 경작되는 그늘 경작법인 셰이드 그로운(Shade Grown)으로, 대형 농장과 소규모 농장들 모두 이 그늘 경작법을 많이 사용하고 있다.

(3) 코스타리카

중미 최남단에 위치하고 고지의 화산 회토분에서 재배되어 깊이와 산미를 가진 양질의 콩이 생산되고 있다.

코스타리카 커피를 대표하는 커피는 타라주(Tarrazu)다. 유기농법으로 경작되어 생두의 크기는 크지 않으나 맛과 향은 최고급으로 평가된다. 타라주 중에서도 라 미니다' 농장의 커피가 최고급으로 알려져 있다. 신맛 · 감칠맛 · 와인 맛이 특징이며 완벽한 맛과 향이 조화를 이루는 커피이다.

코스타리카는 열대 우림 지역으로 활화산이 여기저기에 있는 고지대 화산지형 이라는 지형조건만으로도 그 품질이 으뜸인 명품 커피를 기대할 수 있는 곳이다.

로부스타커피의 경작을 불법행위로 규정하는 등 엄격하고 효율적인 커피산업정책으로도 유명하다.

(4) 엘살바도르

천혜의 자연조건으로 엘살바도르의 커피는 중급 이상의 마일드 커피로 평가되고 있으며, 생두는 모두 습식가공으로 처리되고 대부분의 커피는 그늘 경작법으로 생산되고 있다. 엘살바도르의 커피는 주로 미국과 독일로 수출되고 있다.

경작법이나 가공법이 세련되지 못하고, 정부차원의 커피경작 교육이 제대로 이루어지지 않아 지역마다 그 맛과 향에서 많은 차이를 보이고 있다. 유명 커피로는 '엘살바도르 SHG' 와 '파카마라' , '피필(Pipil)' 등이 있다.

(5) 온두라스(Honduras)

우수한 자연적인 경작조건을 갖추고 있음에도 불구하고 열악한 산업정책과 인프라구조로 인하여 커피산업을 제대로 발전시키지 못하고 있다.

커피산업 지원정책이나 가공시설과 운송시설 등이 거의 없어서 제법 괜찮은 고급 커피가 생산되고 있음에도 불구하고 제대로 대접받지 못하는 실정이다.

부드러운 신맛과 달콤한 캐러멜 향이 곁들여진 쓴맛이 조화를 이룬다는 높은 평가에도 불구하고 마케팅 전략의 미비와 열악한 인프라 구조로 인하여 품질에 상응하는 가격을 못받고있다.

유명 커피로는 '온두라스 SHG' 와 '온두라스 HG' 가 있다.

(6) 파나마(Panarna)

파나마커피의 상당량은 SHB급의 고급마일드커피이다. 무게는 가벼우나 달콤하고 알맞은 신맛, 균형잡힌 깊고 풍부한 맛과 향을 가진 고급 커피로 평가되고 있으나 생산량은그리 많지 않다.

파나마 커피 중에서도 진짜 고급커피는 '보케태(Boquete)' 커피인데, 소규모농가들에서 생산되는 타이피카 품종이다.

파나마는 아라비카 커피만을 생산하며 생두의 가공은 거의 습식법으로 이루어지고 있다. 저지대의 커피도 제법 생산되는데 이는 거의 다 미국시장에서 소화되고 있다.

(7) 니카라과(Nicaragua)

니카라과 커피는 생산량은 많지 않으나 고급으로 평가되는 커피다. 진한 맛과 깨끗한 향 조화로운 맛으로 고전적인 커피 맛이라고도 표현된다.

니카라과 커피의 특징은 다른 중앙아메리카의 많은 고원지대 커피와는 달리 날카로운 신맛이 거의 없다는 데 있다.

아쉬운 것은 실제 커피 시장에서는 이러한 높은 품질이 인정되면서도 가격은 이에 못 미친다는 것이다.

3) 서인도제도

카리브해에 위치한 서인도제도는 18세기 초 마르티니크 섬에 최초로 커피 수목이 이식된 이래, 이것이 인접 제도에서 남미, 중미를 걸쳐 커피가 재배되는 모체로 되었으며 서인도제도 전체가 재배적지로 알려져 있다.

(1) 자메이카

천상의 맛으로 불리는 블루 마운틴은 자메이카 동쪽에 위치한 1 ,100m 이상의 산에서 수확되는 품종을 말한다. 이 커피는 희소가치가 매우 높으며 최상의 향과 부드럽고 깨끗한 맛을 가지고 있어 단일 품종으로서는 가장 잘 조화된 맛을 지닌 최고등급의 커피로 가장 훌륭한 커피라고 인정받고 있는 세계 최고수준의 고품격 고가격 커피이다.

세계의 커피 시장은 블루 마운틴에서 생산된 자메이카 커피를 '커피의 황제' 라고 부르기 시작하였다.

블루 산맥의 고지대는 연중 짙은 안개가 덮여 있다. 이 짙은 안개는 강렬한 햇볕이 커피나무에 직접 내리찍지 못하게 하는 일종의 차단막 역할을 하면서 커피나무의 성장을 더디게 조절한다. 그 결과 블루 마운틴 커피는 같은 고도의 타 지역보다 높은 밀도의 커피로 생산될 수 있다.

블루 마운틴은 블랜딩이 필요없을 정도로 맛과 향에서 조화로운 원두로 알려져 있다. 신맛과 쓴맛이 균형을 이루고 향이 부드럽고 풍부하다. 생산량이 적어 커피원두 중에서 세계 최고 가격으로 거래된다.

블루 마운틴은 강하게 로스팅하면 향미가 줄어들고 맛의 균형이 깨지기 때문에 로스팅의 적절한 포인트는 중배전인 '하이' 에서 '시티' 정도가 적당하다.

자메이카 커피는 주로 4가지로 분류된다.

- **자메이카 블루 마운틴** : 해발 1 ,100m 이상에서 생산
- **하이 마운틴** : 해발 1 ,100m 이하에서 생산
- **프라임 워시드** : 중 · 저급의 저지대 커피
- **프라임 베리** : 저지대 생산 커피

자메이카의 블루 마운틴을 로스팅하여 포장까지 마친 완제품을 자블럼커피라고한다. 자블럼커피는 자메이카의 블루 마운틴 커피 재배 농가 중 MBCFMavis Bank Central

Factory에서 생산하는 커피이다. 수확은 8월~9월경이고 습식법으로 가공한다. 전문 로스트 마스터에 의해 수작업으로 로스팅되는데 시티City와 풀시티 로스팅 중간 정도가 일반적이다. 깊고 풍부한 향을 갖고 있으며 강하지 않은 신맛과 단맛이 조화롭게 어우러져 있다.

(2) 쿠바

한때 세계 최고급 커피인 '터퀴노(Turquino)'를 생산하면서 1830년대에는 2000개가 넘는 커피 농장을 보유한 카리브해의 커피 강국이었다. 오늘날에는 정치적 문제로 인해 커피산업이 상당히 위축되어 있는 상태다.

비록 생산량은 많지 않으나 그래도 '터퀴노'는 아직도 유명하며 자메이가 블루마운틴과 비교될 정도의 고급커피이다.

(3) 아이티

히스파뇰라 섬의 서쪽 절반 가까이가 아이티공화국이고, 동쪽 절반 이상은 도미니카공화국이다. 푸른 맛이 들어 있는 콩으로 '아이티' 이름으로 불리고 있다.

(4) 도미니카

1725년경부터 커피를 경작한 도미니카공화국의 커피는 카리브해의 커피 중 가장 부드럽고 깔끔한 것으로 알려져 있다.

도미니카의 커피는 주로 미국에서 많이 소비되며 '산토도밍고바니'라는 상표로 유명하다.

(5) 푸에르토 리코(Puerto Rico)

미국의 52번째 자치주인 푸에르토리코 커피는 1980년대 후반 하버드출신의 마케팅 전문가에 의해 최고급의 스페셜티 커피로 부활하게 된다.

푸에르토리코를 대표하는 커피는 '야우코 셀렉토(Yauco Select)이다. 부드러우면서도 거친 듯 과실의 달콤함으로 카리브해 최고의 커피로 평가되고 있다. 일부에서는 자메이카 블루마운틴보다 못할 것이 없다는 평가를 듣기도 한다.

4) 아프리카

(1) 에티오피아

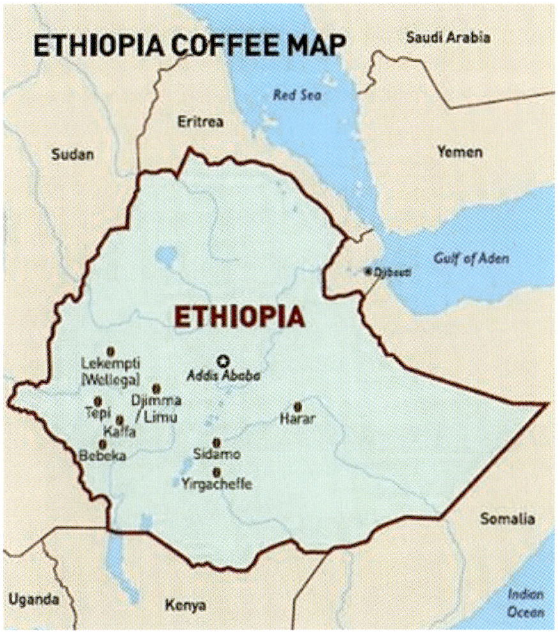

에티오피아는 아라비카종의 발원지가 된 지역이다. 솔로몬왕과 시바여왕의 사이에 태어난 메네릭1세기원전 1000년경에 의해 건국되었다고 전해지는 아프리카 최고의 독립국이다. 수도는 아디스 아바바. 북부의 에리토리아주는 홍해에 접해 있다. 국토의 대부분은 고원이고 표고 2000~3000m, 북동부에는 다나키루 저지가 펼쳐져 있다. 고원지대는 커피 재배에 적당한 기후와 토양이 풍부하고 지금도 야생 커피나무가 많이 보인다. 동부 에피오피아의 산맥지대 하라지방에서 얻어지는 커피는 하라커피로써 알려져 있다.

모카 맛에 가까운 것은 '하라모카' 라든가 '모카하라' 라고도 불리고, 또한 모카콩에 비해서 입자가 길기 때문에 '롱하라' 라든가 '롱베리모카' 라고도 불리고 있다. 그 이외에 1500~2000m 커피 생산지인 짐마, 시다모의 콩이 있다.

이 지방의 콩은 예전에는 '아비시니안' 이라고 불렸다. 에티오피아에서는 커피가 다양한 의식으로도 이용되고 있으며, 에티오피아산도 '모카' 라고만 지칭되어 취급되는 경우도 있지만, 예멘산의 모카커피와는 별개인 것을 알아둘 필요가 있다.

에피오피아커피는 에티오피아 사람들의 생활이며 총 수출의 절반 이상을 차지하는 주요 수출품으로써 나라 경제의 근간이다. 그러나 열악한 사회간접자본, 낙후된 경작법과 가공처리시설 등으로 인하여 커피 산업 인구에 비해 그 생산량은 상대적으로 적은 편이다.

거의 대부분의 커피가 전통적인 유기농법과 그늘 경작법으로 재배되고 있다. 고유한 본래의 아라비카 품종만이 생산되고 있으며, 몇몇 고급 수출용 커피를 제외하고는 거의 건식법으로 생두가 가공되고 있다.

연간 약 26만 톤의 커피를 생산 이 중 약 90% 정도의 커피가 '가든 커피' 라고 불리는 소규모 커피 농가에서 생산되며 총 생산량의 절반 가까운 양이 내수용으로 소비된다.

에티오피아는 천혜의 커피 재배조건을 갖추고 있으면서도 열악한 경제 사정으로 인해 효율적인 커피 생산을 하지 못하고 있는 형편이다. 에티오피아 정부도 커피산업의 진흥정책을 통한 양과 질의 향상에 크게 노력을 하고 있다.

❶ 하라

'에티오피아의 축복' 이라고 불려지는 에티오피아를 대표하는 정통 커피다. 예멘의 모카 커피와 함께 세계 최고급의 커피 중보기 드물게 햇볕에 말리는 자연건조방식Natural을 사용한 건식가공 커피다.

거친 듯 깊고 중후한 향미 감미로운 와인과 과실의 오묘한 산뜻한 단맛 상쾌한 흙 냄새 등이 어우러진 최고의 커피 중 하나로 평가되고 있다.

다크초코, 캐러멜, 송진, 적삼목, 감초 등과 같은 다양하고 풍부한 향미를 즐길 수 있는 커피다.

결점두불량콩가 많이 섞여 있어 G-4Grade-4 낮은 등급이 일반적이다.

❷ 이르가체페

하라의 커피가 다소 투박하고 와일드하다면, 이르가체페의 커피는 에티오피아의 가장 세련되고 매끄러운 최고급 커피다.

습식법으로 가공되어서 건식으로 가공된 하라 커피에 비하여 향미는 부드러워졌고 과실의 상쾌한 신맛과 초콜릿의 달콤한 꽃과 와인에 비유되는 향미와 깊은 맛을 가졌다고 평가된다.

❸ 시다모

시다모는 에티오피아 최상급 커피이다. 이 지역의 커피는 이르가체프와 산미와 향미가 비슷하여 구별하기가 쉽지 않으나 이가체프 커피는 자몽과 오렌지 느낌의 밝은 산미를 가졌다면, 시다모 지역의 커피는 단맛이 풍부한 제주 감귤류의 부드럽고 묵직한 산미를 느끼는 것이 특징이다.

이가체프와 시다모 커피는 로스팅하는 강도에 따라 다른 향미를 즐길 수 있다. 약하게 로스팅 하면 맨드라미, 인동초, 사루비아, 로즈힙등과 같은 은은한 꽃향을 느낄 수 있고, 강하게 로스팅하면 군고구마, 헤이즐럿, 캐러멜, 호박엿과 같은 응축된 견과류의 향을 느낄 수 있다.

④ 짐마(Jimmah)

하라 이르가체페의 커피와 흡사하다고 평가되는 커피들이다. 짐마 커피는 그 크기가 작은 것으로도 널리 알려져 있다.

에티오피아에서 수출되는 대표적인 커머셜 커피로 전체 수출량의 50%를 차지한다. 강한 산미와 묵직한 바디를 가지고 있어 에스프레소 블렌딩용으로 많이 쓰인다. 포레스트 커피가 대부분이며, 가공방식도 내추럴을 이용하다 보니 값이 싸고 저렴해서 주로 커머셜 커피로 팔려 나갔다. 그러나 최근 워시드 커피를 만들어 보자는 스페셜티 프로젝트가 진행되면서 짐마 커피에 대한 관심이 높아지고 있다.

⑤ 리무(Limmu)

리무는 중후한 맛이 있다고 한다. 행정구역상 짐마에 속해 있는 작은 지역이여서 그런지 많은 사람들에게 에티오피아 커피 산지로 잘 알려져 있지 않다. 그러나 이 커피는 짐마 커피와는 완전히 다른 특징을 가지고 있는데, 향신료 같으면서 잘 성숙된 와인의 뒷맛이 느껴지는 풍미가 특징이다. 워시드로 가공한다.

(2) 케냐

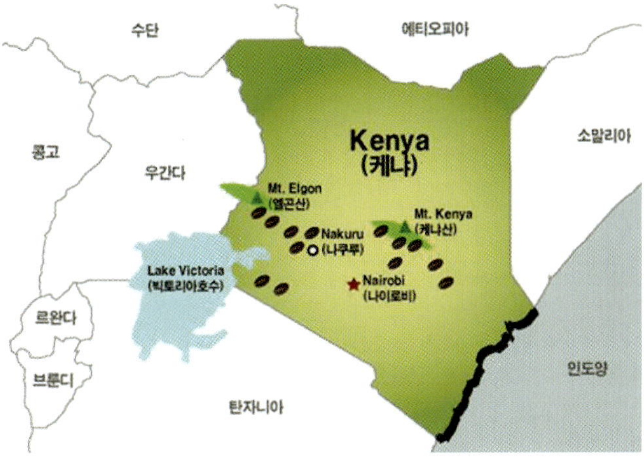

1893년 에티오피아를 통해 커피를 도입한 케냐는 1963년 말 영국으로부터 독립을 쟁취한 후 커피를 주요 수출품목으로 육성하면서 빠르게 커피 산업구조를 구축하였다.

미래지향적인 연구개발과 마케팅 전략, 농가지원정책과 기술교육을 통하여 오늘날 세계 최고의 가장 신뢰받는 커피 생산국의 자리를 확고히 하고 있다.

에티오피아와 국경을 접하고 있으며, 커피콩의 품질 관리가 뛰어나서 고급 아라비카 커피를 수출한다. 커피콩이 크고, 아름다운 청록색이며, 물세척법으로 가공한다. 신맛이 강하고 향기가 풍부하며 과실향과 꽃향기가 난다. 품질등급은 AA, AB, C로 나뉜다. 영화 '아웃 오브 아프리카' 의 무대이기도 하다.

전국의 모든 커피는 수도인 나이로비로 집결되고 이곳에서 생산 LOT별로 경매를 통해 판매가 된다. 그늘 경작법은 거의 사용되고 있지 않으나 농약이나 제초제, 화학비료 등도 거의 사용되지 않고 있으며 습식가공법으로 아라비카 커피만을 생산한다.

케냐의 커피는 강하면서도 상큼한 커피다. 짙은 향미와 강한 신맛, 과실의 달콤함과 와인과 딸기의 향미를 가진 커피라고 평가한다.

(3) 탄자니아

1893년부터 경작을 시작하였지만 커피산업도 아직도 후진성을 면하지 못하고 있고 생산량은 좀처럼 늘어나지 못하며 품질개선 또한 요원한 일이다.

천혜의 자연조건을 갖추고 있으면서도 경작방법을 제대로 알지 못하는 농부들은 토양의 성질을 모른 채 아무 곳에나 커피나무를 심는다. 그런 중에서도 '탄자니아 킬리만자로' 는 세계 명품 커피의 자리를 유지하고 있다.

탄자니아에서는 최고급의 아라비카로부터 로부스타 커피까지 경작되고 있다. 대부분의 커피는 탄자니아인들의 식량인 바나나 나무와 함께 경작되어 자연스러운 그늘경작이 이루어지고 있다.

커피나무는 적지 않은 현금을 만질 수 있는 환금 작물로써 식량농사에 끼워서 재배되고 있는 모습이다.

탄자니아를 대표하는 킬리만자로 커피는 깔

끔하면서도 기품 있고 섬세하면서도 와일드하며 풍부한 맛과 향 날카로운 신맛을 지닌 아프리카다운 커피로 "케냐 AA와 구별하기 힘들다"고도 하며 에티오피아의 수세건조커피를 떠올리게 하는 맛이라고도 한다.

(4) 레위니옹 섬

화산성의 원추형의 섬으로 도시나 촌락은 좁은 해안 평야에 있다. 현재는 프랑스의 해외현으로 전 섬주민이 프랑스의 시민권을 갖고 있다. 1513년에 포르투갈에 의해 발견되었지만 1643년 프랑스 동인도회사의 마다가스칼 대표가 루이13세의 이름으로 점령하고 섬 이름을 1649년에 부루봉이라고 개정했다. 일시적으로 영국에 귀속하여 1848년에 레위니옹 섬으로 명명되었다. 버본종의 원산지이다. 작은 입자이지만 향기가 좋은 우량품으로 브라질에 이식되어 버본 커피로써 유명하게 되었다.

(5) 아이보리코스트

아프리카 대륙의 서부, 기니아만에 접하고 있는 나라이다. 로부스타종으로써 세계 유수의 생산국이며 남동부의 고도 100~400m 토지에서 재배되고 있다. 개화기는 2월경이며, 최근에는 병충해에도 강하고, 맛도 좋은 품종을 만들기 위해 아라비카종과 로부스타종을 교배한 아라부스타종의 연구가 진행되고 있다.

(6) 리베리아

리베리아는 북서가 시에라리온, 북쪽이 기니아, 동쪽의 코트디부와르와 국경을 접하고 대서양에 접해 있는 나라이다. 코페아 리베리카 발원지로써 유명하다.

(7) 우간다

중앙아프리카의 우간다는 로부스타 커피의 생산으로 유명한 나라다. 그러나 많은 양은 아니지만 소규모의 시골 농가에서 생산되는 고급 아라비카 커피가 있어세계의 커피 애호가들을 즐겁게 해주는 나라이기도하다.

케냐와의 접경지역인 엘곤산지역에서 '부기수'라는 고급커피가 생산되며, 와인과 과실의 맛 깊은 향미를지닌 아프리카의 전형적인 커피로서 케냐 커피와 비슷하나 조금 더 거친 느낌 이라는 평가를 받는다.

5) 아시아 · 태평양

(1) 예멘(아라비아)

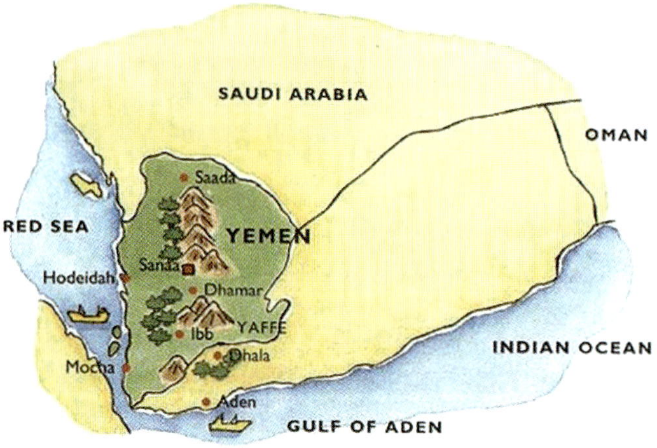

세계 최초로 커피가 경작되었으며 한때 세계 최대의 커피 무역항이었던 모카가 있는 그래서 이 모카항을 통해 수출되었던 모든 커피를 모카라고 불리게 하였던 나라다.

아라비카라는 예멘의 커피에서 유래되었으며, 에티오피아에서 발견된 커피를 전 세계로 전파시킨 나라다. 예멘에서는 자연 건조된 커피 열매를 씨앗을 발라낸 후 통째로 가루로 빻아 그 가루를 뜨거운 물에 넣어 홍차같이 옅은 색깔의 커피를 주로 마신다.

우리가 마시는 생두를 로스팅하고 그것을 분쇄하여 추출한 커피를 마시기도 하지만 이런 커피는 주로 아침에만 마신다. 생두의 모양도 작고 불규칙하며 한마디로 제각기 못 생긴 타입이고, 생두의 가공 수준도 세련되지 못해 생두를 로스팅해 놓으면 원두의 색깔도 제 각각이다.

커피의 겉모양을 가지고 커피를 판단하는 "아이-커퍼(Eye-Cupper)"들에게는 눈에 들지 못하는 커피다. 그런데 이렇게 못난 커피가 맛은 일품이다. 예멘의 커피는 상당한 고지대의 커피로 당연히 생두의 밀도는 높고 깊고 풍부한 맛과 향이 있다.

예멘의 커피는 에티오피아의 하라 커피보다 한층 더 강한 맛의 커피로 아마도 전 세계에서 가장 뚜렷한 개성을 가진 커피일 것이다.

커피의 품종은 전통적인 타이피카와 버본뿐만 아니라 각 지역마다 수 많은 개량 변종도 있으며 이러한 변종 커피 중에서 유명한 것으로 마타리 이스마일리가 있다.

❶ 이스마일리

커피는 초콜릿과 과일의 향미가 두드러지면서도 마타리보다 부드러운 커피로 평가받고 있다.

❷ 마타리

수도 사나의 바로 서쪽에 위치한 베니 마타르 지방에서 생산되는 커피로 예멘 최고의 커피다.

❸ 하나지

신맛과 과실 맛이 강하면서 마타리보다 부드럽고 가벼운 맛을 지녔다고 평가된다.

❹ 사나니

다른 커피들에 비해 약하고 부드러우나 균형잡힌 맛과 향이 있다고 평가된다.

(2) 인도

인도는 1585년에 이슬람의 순례자인 바바부탄이 메카로부터 커피 씨앗을 몰래 가져와서 커피 경작이 시작되어 오래된 커피 역사를 가진 나라다. 커피가 본격적인 경제작물로 생산되고 수출된 것은 1840년 이후부터다.

현재 인도는 아라비카 커피와 로부스타 커피가 모두 생산되고 있지만 전체 커피 생산량의 약 60% 정도를 로부스타가 차지하고 있다. 인도의 아라비카는 깊으면서도 부드럽고 달콤한 맛 낮은 산도와 향신료나 초콜릿의 맛이 있다고 평가되며, 이러한 짙은 바디와 달콤함으로 에스프레소 커피의 블랜딩에 많이 사용되고 있다.

생두의 가공에는 습식법과 건식법이 모두 사용되고 있으며 습식법으로 가공된 아라비카 커피를 '플렌테이션 아라비카, 습식법으로 가공된 로부스타 커피는 '파치먼트 로부스타' 라고 부른다.

인도는 고급 로부스타 커피가 생산되는 것으로도 유명한데 습식법으로 가공된 로부스타

'카피로얄Kaapi Royale' 이 유명하다. 현재 인도 커피 중 가장 유명한 것은 몬순 커피인 '몬수니드 말라바르' 또는 '몬수닝 말라바르' 이다.

약 3~4개월 동안 몬순 바람에 건조시킨 커피로 노르스름한 색을 띠고 있으며 신맛이 줄어 들고 무게도 가벼워진 커피이다.

(3) 실론(스리랑카)

실론은 현재에는 스리랑카로 알려지고, 예전에는 커피 재배가 번성했지만 1869 년에 곰팡이병으로 전멸하여 그 후 차의 재배지로 유명하게 되었다.

(4) 인도네시아

인도네시아는 아시아 최고의 커피 생산국으로 커피 산업은 1696년 네덜란드인에 의해 커피나무가 이식되면서 시작되어 1706년에는 자바커피가 유럽으로 수출을 시작하게 된다.

1877년 이후부터 병충해에 강한 로부스타가 경작되면서 오늘날 인도네시아 커피의 90% 이상은 로부스타이고 질 좋은 아라비카는 그저 5~8% 정도에 머물고 있지만, 이 소량의 커피가 모두 세계적인 고급 커피로 평가되고 있다. 인도네시아커피 생산지는 자바, 수마트라, 술라웨시, 발리, 티모르와 같이 섬단위로 구분되고 있다.

❶ 자바(Java)

타 지역의 커피에 비해 보다 철저한 습식 가공법으로 생두를 가공하며 유명한 '모카 자바 블랜드' 를 탄생시킨 자바 커피의 생산지다.

옅은 신맛과 짙은바디 초콜릿의 달콤함과 흙냄새 등이 어우러진 조금은 거칠고도 쓴 듯한 고급 커피로 유명하다. 너트나 초컬릿향이 강한 모카와 강한 바디를 가진 자바가 잘 어울렸다.

모카자바는 세기의 히트작으로서, 오늘날까지도 인기 커피로 자리잡고 있다. 모카자바는 상업적으로 커피를 볶아서 파는게 성행하기 전까지 일반적으로 커피는 한가지의 종류를 볶아서 마시는 것이 일반적이었다.

1800년대 중반에 들면서 일부 선구적인 커피 로스터들이 여러 커피를 섞어보는 실험을 하게 되었다. 그 최초의 상업적인 블렌딩 성공작이 예멘의 모카커피와, 자바섬의 커피를 섞은 모카자바이다.

수확한 생두를 창고에 2~3년 숙성시키면 엷은 갈색으로 변화된다. 이것을 숙성커피라 하는데 자바섬에서 생산된 숙성커피를 '올드자바' 라한다.

올드 자바Old Java는 산도Acidity는 낮고 바디Body가 강한 것이 특징이다. 올드 자바Old Java는 신맛 대신 단맛을 높인 숙성 커피Aged Coffee이다.

❷ 수마트라(Sumatra)

야생의 이미지를 풍기며 원시의 낭만을 느끼게 하는 커피로 매끈하고도 통통한 원두의 모양과 함께 짙은 바디와 깊은 맛과 향으로 특히 유럽 사람들이 좋아하는 고급 커피다.

유명 커피로는 '만델링Mandheling', '린통lintong', '가요 마운틴Gayo Moun- tainn', '코피루왁KopiLuwak' 이 있다.

❸ 술라웨시(Sulawesi)

술라웨시 역시 고급커피이며, 토라자Toraja 지방에서 주로 생산된다 하여 '술라웨시 토라자' 라는 이름으로 불린다.

과거 셀레베스 칼로시Celebes kalasi' 라고 불렀지만 네덜란드 식민지 시대의 명칭이며 현재는 더 이상 사용되지 않는다. 진한 향과 감칠맛 초콜릿 맛이 조화를 이루고 있다고 평가된다.

(5) 파퓨아뉴기니(Papua New Guiea)

제일 큰 섬인 뉴기니 섬에는 빌헬름산이 있고, 이 산을 중심으로 한고원지대에서 파푸아뉴기니PNG 커피가 생산되고 있다.

아라비카 커피와 로부스타 커피가 모두 생산되고 있으며 연평균 약 7만 톤 정도의 커피가 생산된다.

파푸아뉴기니PNG 커피는 대부분은 북아메리카에서 소비 되고 있으며, 아직은 고급 커피의 반열에 오르지 못하고 있으나 인접한 인도네시아의 커피와는 달리 부드럽고 달콤한 맛과 향을 지닌 깔끔한 커피로 알려져 있다.

하겐산을 중심으로한 서부 하이랜드 지역의 '시그리' 커피와 동부 하이랜드 지역의 '아로나' 커피가 유명하다.

(6) 하와이

하와이는 세계적인 최고급 커피의 하나인 '코나Kona' 커피의 생산지로 태평양 연안 기늙에 자리한 소규모 농장들에서 세계의 유명 커피인 코나가 생산되고 있다.

코나는 철저히 손으로 한알한알 수확하여 습식가공으로 생산하는 타이피카 품종의 커피이다. 규칙적인 비와 배수가 잘되는 화산재 토양 그리고 적절한 기온 덕분에 비교적 낮은 고도에서 경작됨에도 불구하고 고지대에서와 같은 고급품질의 커피가 생산되고 있다.

단맛과 신맛 그리고 산뜻하고도 조화로운 맛과 향을가진 부드러운 커피로 평가받고 있다. 진하며 깊고 풍부한 맛의 커피를 즐기는 사람들에게는 오히려 너무 부드러워 가벼운 커피라는 느낌을 주기도 한다. 하와이에는 코나 커피만 있는 것은 아니라 키우아이, 몰로카이, 오아후, 마우이 섬에서도 모두 다 커피가 생산되고 있다. 이들 커피는 아직 코나의 명성에는 미치지 못한다.

'카우아이 이스테이트' 라고 하는 카우아이 커피는 신맛이 적으면서 바디가 짙은 커피로 알려져 있고, 몰로카이 섬에서는 '마루아니 이스테이트' 와 '몰로카이 무레스키너' 라는 커피가 알려져 있다.

03 주요 커피 생산국의 커피 생산량

세계 국가별 커피 생산량 현황(2006년~2011년)

(단위 : 60kg/1Bag)

종류	품종	수확시기	2006	2007	2008	2009	2010	2011
앙골라	R	Apr/Mar	35	36	38	13	35	50
볼리비아	A	Apr/Mar	164	133	135	142	129	150
브라질	A/R	Apr/Mar	42,512	36,070	45,992	39,470	48,095	43,484
브룬디	A	Apr/Mar	499	133	412	112	347	217
카메룬	R/A	Oct/Sep	818	795	750	750	600	700
중앙아프리카	R	Oct/Sep	114	43	60	93	96	120
콜롬비아	A	Oct/Sep	12,541	12,504	8,664	8,098	8,523	8,500
콩고	R/A	Oct/Sep	378	416	422	346	301	350
코스타리카	A	Oct/Sep	1,580	1,791	1,320	1,450	1,588	1,576
코트디브와르	R	Oct/Sep	2,177	2,317	2,397	1,795	999	1,600
쿠바	A	Jul/Jun	51	7	12	22	26	108
도미티카	A	Jul/Jun	387	465	645	352	378	500
에콰도르	A/R	Apr/Mar	1,167	1,110	691	813	854	875
엘살바도르	A	Oct/Sep	1,252	1,505	1,450	1,065	1,859	1,450
에디오피아	A	Oct/Sep	5,551	5,967	4,949	6,931	7,500	9,804
가봉	R	Oct/Sep	1	0	1	1	1	2
가나	R	Oct/Sep	29	31	27	32	29	35
과테말라	A/R	Oct/Sep	3,950	4,100	3,785	3,835	3,950	3,450
기니	R	Oct/Sep	473	323	505	502	360	450
아이티	A	Jul/Jun	362	359	359	351	349	300
온두라스	A	Oct/Sep	3,461	3,842	3,450	3,575	4,326	4,300
인도	R/A	Oct/Sep	4,563	4,319	3,950	4,764	5,033	5,370
인도네시아	R/A	Apr/Mar	7,483	4,474	9,612	11,380	9,129	8,750
자메이카	A	Oct/Sep	40	20	32	25	21	30
케냐	A	Oct/Sep	826	652	541	630	658	750

종류	품종	수확시기	2006	2007	2008	2009	2010	2011
리베리아	R	Oct/Sep	7	7	14	8	8	10
마다가스카르	R	Apr/Mar	587	614	728	457	525	575
말라위	A	Apr/Mar	17	19	21	17	16	15
멕시코	A	Oct/Sep	4,200	4,150	4,651	4,200	4,850	4,500
니콰라구아	A	Oct/Sep	1,425	1,903	1,442	1,831	1,804	1,850
나이지리아	R	Oct/Sep	51	42	50	34	42	50
파나마	A	Oct/Sep	173	176	149	138	108	120
파푸아뉴기니아	A/R	Apr/Mar	807	968	1,028	1,038	867	1,000
파라과이	A	Apr/Mar	20	28	21	20	20	20
페루	A	Apr/Mar	4,319	3,063	3,872	3,286	3,976	5,000
필리핀	R/A	Jul/Jun	441	446	587	730	189	350
르완다	A	Apr/Mar	351	224	369	258	305	433
시에라레온	R	Oct/Sep	31	40	86	91	30	70
탄자니아	A/R	Jul/Jun	822	810	1,186	709	800	750
태국	R	Oct/Sep	766	650	376	470	579	850
동티모르	A	Apr/Mar	46	36	48	47	72	133
토고	R	Oct/Sep	134	125	138	204	161	200
우간다	R/A	Oct/Sep	2,700	3,250	3,197	2,797	3,290	3,300
베네주엘라	A	Oct/Sep	1,571	1,520	932	1,214	1,205	1,000
베트남	R	Oct/Sep	19,340	16,467	18,500	18,200	19,467	18,500
예멘	A	Oct/Sep	207	165	188	110	144	200
잠비아	A	Jul/Jun	56	61	35	28	13	13
잠바브웨	A	Apr/Mar	45	31	24	21	12	15
기타			440	442	451	480	488	525

제6장

커피의 수확과 가공

Hot Tips

| 수확(Harvesting)

커피열매는 성숙되면 녹색에서 점차 붉은 색으로 바뀌게 되며 사람에 의한 수확(Manual Harvesting)과 기계에 의한 수확방법(Mechanical Harvesting)이 있는데 사람에 의한 수확은 스트리핑(Stripping)과 핸드피킹(Hand Picking, Selective Harvesting)의 두 가지 방법이 있다.

| 가공과정(Processing)

가공이란 체리에서 생두를 분리해 내는 것이다.

건식법 : 자연 건조방식(Natural)과 펄프드 내추럴(Pulped Natural) 방식이 있다.
습식법 : 세척 방식(Washed)과 세미 워시드(Semi-washed) 방식이 있다.

가공 방식의 비교

	건조식	수세식
과정	이물질제거-분리-건조	분리-펄핑-점액질제거-세척-건조
장점	생산단가가 싸고 친환경적	질이 높고 균일
단점	품질이 낮고 균일하지 않음	환경 오염 문제
맛의 특성	단맛, 강한 바디	신맛
나라	브라질, 에티오피아, 인도네시아 대부분의 로부스타 생산국	대부분의 아라비카 생산국

| 건조(Dry)

커피는 60~65%에 달하는 수분 함량을 12%로 낮추기 위해 건조과정을 거친다.

| 햇빛 건조(Sun Dry)

1. 파티오(Patio) 건조

콘크리트나 아스팔트, 타일로 된 건조장을 파티오라고 하며 체리나 파치먼트를 펼쳐 놓은 후 30~40분마다 갈퀴(rake)로 뒤집어 골고루 건조가 되도록 한다. 파치먼트는 7~15일, 체리는 12~21일 정도 걸리게 된다.

2. Table Dry 방식

건조대 위에 커피를 펼쳐서 건조하는 방식으로 파치먼트 건조에 주로 사용되며 건조에는 5~10일 정도 걸리게 된다. 건조시간을 단축시키고 흙과의 접촉을 통한 오염을 막아 줄 수 있으나 보다 많은 노동력을 필요로 한다.

| 기계건조(Mechanical Dry)

커피가 딱딱해지고 검은 색으로 변하는 단계인 수분함량이 20% 이하가 되면 수평의 커다란 드럼으로 된 기계건조기나 수직으로 된 타워형 건조기에서 40℃ 정도의 온도로 건조하게 된다.

01 수확

체리가 다 익고 나면 수확기가 시작되는데, 수확을 하는 방식은 농장의 상황에 따라 몇 가지로 분류된다.

첫째는, 핸드피킹hand-picking이라고 하는데 잘 익은 것을 선별하는 것으로, 손으로 직접 골라서 따는 방식이다.

보통 수확하는 사람들이 허리에 바구니를 차고 잘 익은 체리만 따서 넣는다. 수확한 체리에 바람이 잘 통할 수 있도록 바구니는 대부분 나무로 엮어서 만든다.

또 다른 방법으로, 나무 밑에 커다란 천을 깔아 놓고 익은 체리를 따서 떨어뜨린 후 한꺼번에 수거하기도 한다. 안 익은 체리는 남겨 두었다가 다 익으면 따는데, 보통 1주일 간격으로 작업이 이루어진다.

이 기간 중에는 남녀노소 할 것 없이 농장의 인력은 모두 동원되고, 손이 모자랄 경우 사람 따로 고용하여 수확하기도 한다. 노동력 손실과 인건비가 많이 든다는 단점이 있지만, 다 익은 체리만 선별하여 수확하기 때문에 고품질의 커피를 생산할 수 있다.

둘째는, 스트리핑stripping이다. 손으로 수확하기는 하나 체리를 하나씩 따는 것이 아니라 가지 전체를 훑어 내는 방식이다. 따라서 체리와 함께 잎사귀, 나뭇가지들도 떨어져 나오게 된다. 보통 나무 밑에 천을 깔아 놓고 떨어진 체리를 한꺼번에 수거한다.

핸드 피킹에 비해서는 손이 덜 가지만, 익지 않은 체리도 함께 수확하기 때문에 커피 맛에 안 좋은 영향을 줄 수 있다.

셋째는, 메커니컬 피킹Mechanical picking이라고 한다.

기계를 이용하여 수확하는 방식으로, 기계는 커피나무 전체를 감쌀 수 있을 정도의 크기로, 높이 2.5m, 폭 1.5m 정도이다. 일반적으로 기계와 수확된 체리를 담을 수 있는 켄테이너가 한 조를 이루어 같이 움직인다. 먼저 기계에 달려 있는 수십 개의 봉들이 나뭇가지를 털어 주면, 체리가 자동적으로 수확되어 기계의 일부인 관을 타고 컨테이너에 담기게 된다. 보통 브라질의 대규모 농장들에서 많이 사용하는데, 사람 손으로 일일이 수확이 어렵기 때문이다.

수확은 한 가지에 열려 있는 체리가 약 70% 정도 익었을 때 시작된다. 노동력 손실이 적기는 하나, 스트리핑과 마찬가지로 안 익은 체리들까지 한꺼번에 수확되어 커피 맛에 부정적인 영향을 미치기도 한다.

02 불순물 제거 과정

수확이 끝나면 체리와 같이 떨어져 나온 나뭇가지, 잎사귀 등을 제거해야 한다. 커다란 체에 체리를 올려 놓고 키질을 하며 제거하는데, 매우 고되고 힘든 과정 중 하나이다.

03 가공과정(Processing)

가공이란 체리에서 생두를 분리해 내는 것을 뜻한다. 이 과정은 건식법乾式法과 습식법濕式法으로 크게 구분된다.

가공하는 방식은 농장의 상황에 따라 몇 가지로 분류되는데, 일반적으로 특별한 가공 시설을 필요로 한다.

체리를 수확한 후에는 이 시설로 옮기는 것이 바람직하며, 늦어도 2시간 내에는 가공 과정이 이루어질 수 있도록 해야 한다. 시간이 늦어지면 체리가 공기와 접촉하는 시간이 길어져 커피 맛에 악영향을 미치며 고품질 커피의 생산이 불가능하기 때문이다.

1) 건식법(dry method, unwashed natural)

옛날부터 전해져오는 방법으로 물의 공급이 어려운 브라질의 대부분 지역과 인도네시아, 에피오피아, 예멘 등의 소규모 농원에서 사용되며, 주로 로부스타종에 많이 사용된다.

체리를 수확한 후 펄프를 제거하지 않고 체리를 그대로 건조시키는 방법으로 물이 부족하고 햇빛이 좋은 지역에서 주로 이용하는 전통적인 방법으로 이물질 제거-분리-건조 세 과정으로 구분된다. 건식법으로 생산된 커피를 내추럴 커피Natural coffee라 한다.

수확한 과실을 건조장에 평평하게 넓히고, 수분이 20% 이하로 될 때까지 햇볕에 건조한다. 건조 일수는 숙도熟度에 따라 다르고, 완숙完熟된 검은 색의 과실은 1~3일, 붉은 과실은 5~6일, 미숙未熟의 녹색 과실은 1~2주간을 필요로 한다.

수확한 체리

건조를 촉진시키고, 균일하게 건조되도록 하며, 건조 과정 중 발효를 방지하기 위하여 매일 여러 번 뒤집어 주어야 하며, 야간에는 습기를 피하기 위하여 동일 장소에 모아서 시트를 이용하여 덮어주어야 한다. 건조 중에 산화효소의 작용으로 과실이 흑색으로 변하고, 외피나 과육이 검고 딱딱한 곡물husk, hull이 되어 분리되어 떨어지게 되는데, 이것을 건과dry cherry라고 부른다. 일광건조日光乾燥에서는 기후의 영향을 받기 쉽기 때문에 50℃의 열풍에서 약 3일간 건조하는 기계건조機械乾燥도 함께 진행된다. 건과乾果를 정제공장에서 탈곡기를 이용하여 곡물穀物 : 外皮, 果肉, 內果皮, 銀皮 등을 제거하는 탈곡husking, hulling과정을 거치게 되면 생콩生豆이 된다.

이와 같은 과정을 요약하면, 생두를 수분 12~13%까지 건조하여, 생두를 크기별로 나누고size grading 사람 손이나 선별기選別機에서 이물질異物質이나 변색된 불량 생두를 제거하는 선별選別, sorting과정을 거친 후 각 생산국 별로 품질검사 빛 등급기준에 의해 규격을 지어 보통 60kg의 마대麻袋에 포장한다.

(1) 자연 건조 방식(Natural Coffee)

가장 전통적인 가공 방식이다.

세계에서 제일 처음 커피 재배를 시작한 예멘에서는 커피 열매를 따지 않고 햇볕에서 계속 건조시킨 후 수분이 다 날라가면 그때 일률적으로 수확하는 방법을 사용했다고 한다. 현재도 예멘과 에티오피아의 일부 지역에서 계속 사용되고 있다고는 하나, 대부분은 체리를 수확하여 물로 가볍게 세척한 후 콘크리트나 벽돌로 된 넓은 땅에 펼쳐 놓고 말린다. 농장에 따라서는 나무로 직사각형의 긴 틀을 만들고 네 모서리에 그물을 걸어 땅과 약 1m 정도의 높이를 유지시킨 후 그 위에 놓고 말리기도 한다.

수확한 체리의 자연건조 장면

파티오에서의 써레질 장면

건조 기간 중에 특별히 주의를 기울여야 하는 것은 규칙적인 써레질이다. 농장마다 나무로 만들어진 전용 기구가 따로 있는데, 이것을 이용하여 밑에 있는 체리를 위로, 위에 있는 체리는 밑으로 써레질해 주어야 한다. 균일하게 건조하는 것은 매우 중요하다. 제대로 건조되지 않은 체리의 경우 썩거나 부분적으로 곰팡이가 생겨 커피 맛에 악영향을 미치기 때문이다. 다른 하나는 비나 새벽 이슬을 직접 맞지 않도록 보호하는 것이다. 건조 중인 체리가 비를 맞게 되면 곰팡이가 생기고 역시 피해를 입게 되기 때문이다.

건조는 수분 함유량이 약 11~13% 될 때까지 하는데, 보통 5~10일 정도가 소요된다. 수분이 11~13%까지 감소하게 되면 크기는 많이 줄고 껍질은 딱딱해지며 진한 갈색을 띠게 된다. 심지어 체리 속의 생두가 '달그락' 거리는 소리가 들리기도 한다.

그런 상태가 되면 체리들은 나무로 짜여진 컨테이너에 옮겨 약 4개월간 보관한다. 숙성 과정이라고 불리는데, 모든 체리의 수분을 11~13%로 균일하게 맞춰 주고 안정적이며 부드러운 맛을 얻기 위해서이다. 숙성 과정을 거치는 것은 스페셜티 커피에 한정되며 숙성 뒤에는 아로마와 플레이버가 풍성해진다.

자연 건조 방식을 채택하는 국가는 브라질, 에티오피아, 인도네시아 등으로, 물이 부족하거나 햇볕이 좋은 지역이 대부분이다.

커피에서 생산지의 토질감을 느낄 수 있고, 체리의 과육pulp이 생두에 흡수되어 달콤한 맛이 더 느껴지며, 바디body가 풍부한 것이 특징이다.

브라질의 경우, 건조 기간 동안 수분 측정계를 이용하여 체리 내의 수분을 규칙적으로 측정한다. 한편 대규모 농장의 경우에는 건조 기계를 이용해 말리기도 한다.

(2) 펄프드 내추럴 방식(Pulped Natural Coffee)

브라질에서 많이 사용하는 방식이다. 수확 후 체리를 물에 가볍게 씻고 껍질을 파치먼트로부터 분리시킨다. 과육이 남아 있는 파치먼트를 넓은 땅이나 그물망에 올려 두고 수분이 11~13%가 될 때까지 말린다.

건식법과 습식법의 중간적인 형태인데, 세미 워시드 방식과의 차이는 과육이 파치먼트에 붙어 있는 상태에서 건조한다는 것이다. 자연 건조 방식으로 가공된 커피보다는 바디나 단맛이 덜하지만 경쾌하면서도 향이 풍부한 커피를 얻을 수 있다는 장점이 있다.

체리를 물에 가볍게 씻는 장면

지금까지 각기 다른 가공 방식에 대해 알아봤다. 같은 나무에서 수확된 체리라 할지라도 가공 방식을 다르게 하면 서로 다른 맛을 낸다. 즉, 가공 방식은 커피 맛에 지대한 영향을 미치는 요인 중 하나라고 할 수 있다.

2) 습식법(Wet Method, Washed)

브라질 이외의 물이 풍부한 중남미中南美에서 아라비카종에 이용되며, 외관이 좋고 품질도 균일한 상품가치가 높은 생콩이 얻어진다. 수확한 과실을 수조水槽에 약 24시간 침수시키고, 수면水面으로 뜨는 미숙과未熟果를 제거한다.

침전된 완숙과는 과육제거기pulper에서 외피와 과육을 제거한 후, 발효조에 보내어 24~34시간 동안 발효시켜 남은 과육과 점질물을 분해한다.

이 발효 처리 과정은 생콩의 품질에 많은 영향을 미치기 때문에 수중에 가라앉는다. 처음에는 점질 중에 펙틴 분해효소와 증식된 효모의 펙틴 분해효소의 작용으로 펙틴질이 분해되어 이른바 효소제를 첨가하는 경우도 있다. 그 후 세균에 의한 발효로 인하여 주로 acetic acid어씨틱 에씨드 : 신맛, lactic acid래틱 에씨드 : 젖맛, 소량의 propionic acid프로피아닉 에씨드가 생성되어 pH가 3.8~4로 저하된다. 장시간 발효가 계속되면 이상발효異狀醱酵에 의하여 이취異臭 및 변색한

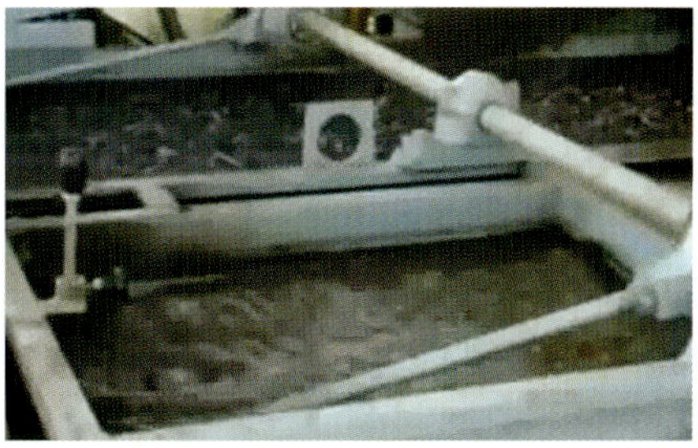

체리의 침수 장면

불량콩이 만들어진다. 발효 종료 후, 물을 바꾸면서 24시간 동안 여러 번 수세水洗, washing 한 후, 햇빛 또는 건조기에서 수분이 약 12%로 되도록 건조하면 'pachyment coffee' 파치먼트 : 内果皮가 함유된 콩가 얻어진다.

파치먼트를 파티오에서 자연건조 장면

파치먼트

정제공장의 탈곡기에서 마쇄(磨碎)한 생콩

이것을 정제공장의 탈곡기에서 마쇄磨碎하면 생콩生豆이 생산되는데, 이를 사별篩別, sizing, 선별選別, selecting 및 품질검사를 통하여 규격에 따라 60kg 마대麻袋에 담는다.

생콩의 수분 14%이면, 보존 중에 미생물이 증식하기 때문에 생콩의 수분 13%이하이어야 한다. 건식법에 의한 center cut가 갈색을 띠고 있지만, 습식법의 생콩에는 그렇지 않다.

(1) 세척 방식(Washed Coffee)

체리에서 펄프과육를 벗겨내는 작업인데 pulping을 한 후 파치먼트에 달라붙어 있는 끈적 끈적한 점액질Mucilage을 제거하는 과정으로 전통적인 방법인 발효과정을 이용한 방법으로 발효시간은 12~36시간 정도이다.

발효탱크 안에 있는 파치먼트

가공 과정은 먼저 체리를 가볍게 씻는다. 그 후 물이 담겨 있는 시멘트나 철로 된 탱크에 넣고 껍질을 제거한다. 탱크 내에는 분리시킬 수 있는 장치가 되어 있다

껍질이 제거되면 과육mucilage이 남아 있는 것을 알 수 있다. 물이 가득 담긴 발효 탱크로 옮기고, 12~36시간 정도 두면서 깨끗한 물로 3~5회 갈아 준다. 물에 의해 파치먼트에 붙어 있는 과육이 완전히 제거되고 동시에 발효가 일어난다.

발효는 세척 방식의 핵심으로, 발효되는 과정에서 깨끗한 맛과 과일 향을 얻게 된다. 12~36시간 경과 후 만져 보면 조약돌과 같은 느낌이 나는데, 그 후에도 몇 차례 물로 헹궈 준다. 모든 과정이 끝나고 수분 함유량을 측정해 보면 약 57%이다. 그 후 땅이나 그물에 펼쳐 놓고 수분이 11~13%가 될 때까지 건조하거나 건조 기계에 말리기도 한다.

건조 후 자연 건조 방식과 마찬가지로 나무로 된 컨테이너에 넣어 4개월 간 보관한다. 일반적으로 수확된 체리를 처음 물에 담갔을 때는 pH가 7 정도이나, 약24시간이 경과한 후에는 약 4.3으로 떨어진다.

세척 방식으로 가공된 커피는 밝고 깨끗한 맛을 느낄 수 있다는 장점이 있다. 그러나 발효 과정에서 사용된 물은 제대로 정화하지 않고 버렸을 경우 주변환경을 오염시킬 수 있으므로 각별히 주의해야 한다.

(2) 세미 워시드 방식(Semi-washed Coffee)

브라질에서 많이 사용하는 방식인데 Pulped Natural과 다른 방식으로 체리껍질을 벗긴 후 과육과 점액질까지 완전히 물에 씻거나 제거해 버린 후 파치먼트 상태에서 넓은 땅이나 그물에 두고 수분이 11~13%가 될 때까지 건조시키는 방법으로 영세한 농장에서 사용되며 지금은 별로 이용되고 있지 않다.

점액질까지 완전히 물에 씻는 장면

워시드 커피와는 달리 발효 과정이 일어나지 않지만 깔끔한 맛을 느낄 수 있다.

04 파치먼트 제거와 생두 선별

건조 과정이 끝나면 파치먼트를 제거한다.

브라질의 대규모 농장에서는 현대식 기계를 사용한다. 그러나 아프리카나 아시아의 열악한 소규모 농장에서는 아직도 재래 방식인 절구를 이용하여 빻아 제거한다.

파치먼트를 제거 후에는 선별 과정이 뒤따른다. 생두는 가공이나 건조 과정에서 곰팡이가 생겼거나 썩었을 수도 있고, 돌이나 나뭇가지 등이 섞여 들어와 있을 수도 있다.

정상적이지 않은 생두나 이물질이 섞인 생두를 결점두라고 부르는데, 결점두를 제거하고 상품 가치가 있는 생두만을 골라 내는 것을 선별 과정이라 부른다.

소규모 농장에서는 결점두를 사람이 일일이 손으로 골라 낸다. 숙련된 사람들의 경우 쉽게 골라낼 수 있으나, 초보자의 경우는 시간이 많이 소요되고 피곤한 작업이다.

한편 브라질이나 콜롬비아의 대규모 농장에서는 기계를 사용하여 결점두를 제거한다.

생두는 크기와 상관없이 밀도가 1.1~1.3g/cc이다. 따라서 기계를 이용하여 생두의 밀도를 측정한 후 위의 밀도와 같은 것은 생두로 간주하고, 나머지는 결점두로 분류하여 제거하는 것이다. 생두 크기의 작은 돌도 이 과정에서 제거될 수 있다.

생두의 분류 및 등급 책정

Hot Tips

전 세계 커피 생산량은 60kg을 백으로 환산하여 1억 2,278만 백이며, 지역별로 남아메리카가 전체의 약 50% 정도를 차지하고, 그 다음이 아시아와 태평양 지역, 중미, 아프리카 순이다. 브라질(4,251만 백)이 세계 커피 생산의 약 30%를 차지하고 있으며 그 다음이 베트남(1,550만 백), 콜롬비아(1,200만 백)순이다.(2006년기준)

국가별 분류 기준

결점두		크기(스크린 사이즈)		생산고도	
나라	분류내용 / 산지명(상표명)	나라	분류내용 / 산지명(상표명)	나라	분류내용 / 산지명(상표명)
브라질	NO.2~NO.6	콜롬비아	Supremo, Excelso	코스타리카	SHB, HB
	Santos, Cerrado		Medellin, Armenia		Tarrazu
인도네시아	Grade 1~Grade 6	케냐	AA, AB, C	과테말라	SHB, FHB, HB
	Mandhelling		Kenya AA		Antigua
에티오피아	Grade 1~Grade 8	탄자니아	AA, A, B, C, PB	멕시코	SHG
	Yirgacheffe Harrar, Sidamo		Kilimanjaro		Oaxaca
예멘	–	하와이	Kona Extra Fancy Kona Fancy Kona Prime	자메이카	Blue Mt, High Mt, PW
	Mattari, Sanani		Kona		Blue Mountain

| 결점두 수에 따른 분류

인도네시아와 에티오피아에서는 생두 내의 결점두 수에 따라 등급을 책정하는데, 결점두 수가 적을수록 높은 등급으로 분류된다.

| 생두 크기에 따른 분류

콜롬비아, 코스타리카, 자메이카, 케냐 등의 국가에서는 생두의 크기에 따라 등급을 책정하는데, 크기가 클수록 높은 등급으로 분류된다.

| 재배 고도에 따른 분류

과테말라, 온두라스, 멕시코와 같은 나라에서는 고지대에서 생산된 생두일수록 높은 등급으로 분류한다.

01 등급 책정

결점두가 제거되고 상품성 있는 생두만 남게 되면 다시 등급별로 분류해야 한다. 분류 목적은 생산자와 수입업자 간의 의사 소통을 용이하게 하기 위한 것으로 기준은 국가에 따라 차이가 있다.

생두

1) 생두 크기에 따른 분류

콜롬비아, 케냐, 탄자니아, 하와이 등의 국가에서는 생두의 크기에 따라 등급을 책정하는데, 크기가 클수록 높은 등급으로 분류된다. 단, 생두의 크기와 맛이 꼭 비례하지는 않는다. 생두 크기에 따른 등급의 책정을 이해하기 위해서는 먼저 스크린 사이즈에 대해 알아야 할 필요가 있다.

케냐 AA

콜롬비아 수프리모

(1) 스크린 사이즈

스크리너는 13개가 한 세트로 각각의 스크리너에는 스크린 사이즈 20~8까지의 번호가 새겨져 있다.

모양은 직사각형의 나무틀 내에는 철판이 깔려 있는데, 철판 안에는 수십 개의 구멍이 뚫려 있다. 구멍의 크기는 스크리너마다 다른데, 번호가 큰 스크리너의 구멍이 가장 크고, 번호가 내려갈수록 크기는 작아진다.

스크리너 모습

생두의 크기를 분류할 때에는 가장 작은 번호의 스크리너를 맨 밑바닥에 두고 번호 순대로 쌓아 올린다.

그렇게 되면 번호가 가장 큰 스크리너가 제일 위로 가게 된다. 그런 다음 생두를 붓고 흔들면 작은 생두는 밑으로 빠지고 큰 생두는 판 위에 남는다.

생두의 크기는 스크린 사이즈Screen size로 분류된다. 1스크린 사이즈는 1/64인치로 약 0.4mm이다. 그러면 스크린 사이즈 17에 해당하는 생두의 크기는 어느 정도일까? 보통 생두의 크기는 생두의 '폭'을 기준으로 한다.

1스크린=1/64인치=0.4mm이므로 스크린 사이즈 17=17/64 인치=6.74mm가 된다.

생두 사이즈 분류

스크린 No.	크기 (mm)	English	Spanish	colombia	Kenya
20	7.94	Very Large Bean	–	–	
19	7.54	Extra Large Bean			
18	7.14	Large Bean	Superior	Supremo	AA
17	6.75	Bold Bean			
16	6.35	Good Bean	Segunda	Excelso	AB
15	5.95	Medium Bean			
14	5.55	Small Bean	Tercera	U.G.O (Usual Good Quality)	C
13	5.16	Peaberry	Caracol		PB (Peaberry)
12	4.76				
11	4.30		Caracoli		
10	3.97				
9	3.57		Caracolillo		
8	3.17				

외관상 입자 크기에서 결정된 등급은 둥근 구멍이 있는 스크리너에 담아 분류하는데 No.14~20번 까지는 평평한 콩플래트 빈이고, No.8~13번 까지는 둥근콩피베리으로 분류된다. 피베리는 전체의 10% 이내이다.

(2) 커피 생두의 등급

① 아프리카, 인도 : AA(최상품), AB(중품), PB(피베리)

② 콜롬비아 : 수프리모(최상급), 엣셀소(상업용 등급), U.G.O

2) 재배 고도에 따른 분류

과테말라, 온두라스, 멕시코와 같은 나라에서는 고지대에서 생산된 생두일수록 높은 등급으로 분류한다. 생두의 밀도와 관련이 깊기 때문인데, 그 이유는 다음과 같다. 일반적으로 지대가 높으면 일교차가 심하다. 햇볕이 뜨거운 낮에는 생두가 커지기 위해 팽창하고, 밤이 되어 기온이 급강하하면 수축한다. 이와 같은 현상이 반복되다 보면 생두의 밀도가 높아지고 단단해진다. 실제로 고밀도의 생두는 저밀도에 비해 추출했을 때 맛과 향이 훨씬 풍부한 것을 느낄 수 있다.

생산 고도에 따른 분류

나라	분류	산지명(상표명)	생산고도
코스타리카	SHB	Tarrazu	1200~1650m
	GHB		1100~1250m
	HB		950~1100m
	MHB		600~1200m
과테말라	SHB	Antigua	1600~1700m
	FHB		1500~1600m
	HB		1350~1500m
	SH		1200~1350m
자메이카	Blue Mt	Blue Mountain	
	High Mt		
	PW		
멕시코	SHG	Oaxaca	1700m 이상
	HG		1000~1600m

나라	분류	산지명(상표명)	생산고도
온두라스	SHG		1500~1700m
	HG		1000~1500m
니콰라과	SHG		1500~2000m
	HG		1300~1500m

에티오피아 이가체프

3) 결점두 수에 따른 분류

인도네시아와 에티오피아에서는 생두 내의 결점두 수에 따라 등급을 책정하는데, 결점두 수가 적을수록 높은 등급으로 분류된다.

예를 들면 브라질의 경우 300g의 콩에 포함된 혼입물의 종류와 수량에 대비하여 결점 수가 정해진다.

(1) 에티오피아 분류법

분 류	결점 수	비 고
Grade 1	0~3	U.G.Q(Usual Good Quality) 등급
Grade 2	4~12	
Grade 3	13~25	
Grade 4	20~45	
Grade 5	46~100	
Grade 6	101~153	
Grade 7	154~340	
Grade 8	340 이상	수출금지등급

(2) 각 나라 분류법

Type No	브라질	뉴욕	프랑스
2	결점 4	결점 6	결점 8
2/3	결점 8	결점 9	결점 12.5
3	결점 12	결점 13	결점 17
3/4	결점 19	결점 21	결점 23.5
4	결점 26	결점 30	결점 30
4/5	결점 36	결점 45	결점 58.5

Type No	브라질	뉴욕	프랑스
5	결점 46	결점 60	결점 87
5/6	결점 64		결점 123
6	결점 86		결점 158

기계를 이용해 결점두를 제거하는 장면

(3) 커피 규격 결정표(견본 300g 중에 포함된 것)

혼입물	개수	결점	비고
검은색 입자	1	1	
껍질붙은 입자	1	1	
아르지드	1	1	변질 콩(사와커피)
마리에이로	2	1	Parchyment커피
콘샤(조개껍질 콩)	3	1	조개껍질 모양으로 갈라진 콩
예르디	5	1	미성숙 콩(은피가 녹색인 콩)
분쇄입자	5	1	
쇼쇼	5	1	미성숙 콩(성징이 부족한 콩)
브롯카식입자	5	1	
작은돌, 흙덩이(대)	1	5	
작은돌, 흙덩이(중)	1	2	
작은돌, 흙덩이(소)	1	1	
가지부스러기(대)	1	5	
가지부스러기(중)	1	2	
가지부스러기(소)	1	1	

4) 맛에 따른 분류

최근 브라질을 비롯한 여러 나라에서는 SCAA 기준법에 따라 생두의 등급을 책정한다.

맛에 따른 분류는 커피 취급에 따라 원래 중요한 것이다.

브라질에서는 결점두에 의한 기준 외에 여러 가지로 분류하는데 맛Taste에 따른 분류는 브라질에서는 6단계로 분류되어 있다.

맛에 따른 분류

분류	내용
Strictly Soft	매우 부드럽고 단맛이 느껴짐(very mild, sweet)
Soft	부드럽고 단맛이 느껴짐(mild sweet)
Softish	약간 부드러움(slight mild)
Hard, Hardish	거친 맛이 느껴짐
Rioy	발효된 맛이 느껴짐
Rio	암모니아 향, 발효된 맛이 느껴짐

Soft까지는 좋고, Hard는 조금 혀에 맛이 남는다. Rio는 약품 냄새가 강한 것이다.

5) SCA A(Specialty Coffee Association of America), 미국스페셜티커피협회 기준법

이상에서 살펴본 바와 같이, 생두의 등급을 책정하는 기준은 국가별로 다양하다.

하와이와 뉴욕 커피거래소NYBT에서는 결점두 수와 크기를 같이 고려하여 등급을 책정하기도 한다.

미국스페셜티커피협회에서는 이런 다양한 방법들을 모두 고려하여 국제적으로 사용할 수 있는 합리적인 등급 체계를 구축했다. 평가 기준은 다음과 같다.

먼저 가공 과정이 끝난 생두를 350g 샘플링한다. 스크린 사이즈크기, 무게, 비율, 함수율을 검사한 다음, 원두 100g을 샘플링하여 커핑 테스트Cupping Test를 통해 맛과 향까지 평가한다.

SCAA의 분류기준에 따른 스페셜티커피 분류기준

항목	내용
샘플 중량	• 생두 : 350g • 원두 : 100g
수분 함유량	• 워시드 방식 : 10~12% 이내 • 내추럴 방식 : 10~13% 이내
콩의 크기	• 편차가 5% 이내일 것
냄새	• 외부의 오염된 냄새(Foreign ordor)가 없을 것
로스팅의 균일성	• Specialty coffee : Quaker는 허용되지 않음 • Premium coffee : Quaker는 3개까지 허용됨 ※ Quaker : 로스팅 시 충분히 익지 않아 색깔이 다른 콩과 구별되는 덜 익은 콩
향미 특성	• 커핑을 통해 샘플은 Fragrance/Aroma, Flavor, Acidity, Body After taste의 부분에서 각기 독특한 특성이 있을 것 • 향미 결점이 없어야 한다.(no fault & taint)

(1) SCAA의 분류기준에 따른 생두의 등급기준

미국스페셜티커피협회 생두 350g의 결점두 기준법

등급	등급 명칭	결점두 수
Class 1	Specialty Grade	0~5
Class 2	Premium Grade	0~8
Class 3	Exchange Grade	9~23
Class 4	Below Grade	24~86
Class 5	Off Grade	86 이상

(2) SCAA의 분류기준에 따른 원두의 Cupping Test 등급기준

SCAA는 미국스페셜티커피협회에서 사용되는 기준으로 Cupping Test의 등급 분류기준은 절차에 의해 준비된 커피를 아래 10개 항목으로 평가하여 최저 10점~최대 100점 총점에 Defect결점두 합산 점수를 뺀 후 최종 점수를 산출하여 Cupping Test 등급을 나눈다.

- 향기(Fragrance/Aroma) : 1~10점
- 향미(Flavor) : 1~10점
- 뒷맛(Aftertaste) : 1~10점
- 크린컵(Clean cup) : 1~10점
- 평가자의 견해(Overall) : 1~10점
- 상큼한 맛(Acidity) : 1~10점
- 중후함(Body) : 1~10점
- 균형감(Balance) : 1~10점
- 동일성(Uniformity) : 1~10점
- 단맛(Sweetness) : 1~10점
- 결점두(Defect) 점수(두 항목 테인트와 폴트를 합산한 것)를 빼서 종합평가 점수를 Cupping Test에 기록한다.

미국스페셜티커피협회 기준법

등급	등급 명칭	결점두 수	Cupping Test
Class 1	Specialty Grade	0~5	90점 이상
Class 2	Premium Grade	0~8	80~89점
Class 3	Exchange Grade	9~23	70~79점
Class 4	Below Grade	24~86	60~69점
Class 5	Off Grade	86 이상	50~59점

(3) SCAA의 분류기준에 따른 결점두(Defect Bean)의 종류

SCAA 기준 Defect Bean

종류	발생원인	종류	발생원인
Black Bean	너무 늦게 수확되거나 흙과 접촉하여 발효	Hull / Husk	잘못된 탈곡이나 선별과정
Dride Cherry / Pods	잘못된 펄핑이나 탈곡	Fungus Damaged	곰팡이 발생
Foreign matter	이물질을 제거하지 못한 경우	Parchment	불완전한 탈곡
Insect Damage	해충이 파고 들어가 알을 낳은 경우	Broken Chipped/Cut	잘못 조정된 장비 또는 과도한 마찰력
Floater	부적당한 보관이나 건조	Withered Bean	발육 기간 동안 수분 부족
Immature /Unripe	미성숙한 상태에서 수확	Shell	유전적 원인
Sour Bean	• 너무 익은 체리, 땅에 떨어진 체리 수확과 발효 • 정제 과정에서의 오염된 물 사용		

검게 변한 생두
(Black Bean : 블랙빈)

깨진 생두
(Broken Bean : 브로큰 빈)

조개껍데기 모양으로 깨진 생두
(Shell : 쉘)

하얗거나 색이 바랜 콩
(Floater : 플로우터)

벌레먹은 생두(Insect Demige
Bean : 인섹트 데미지 빈)

냄새나는 생두
Stinker(스틴컬)

발효된 콩으로 자르면 식초냄새가
난다.(Sour Bean : 사워빈)

곰팡이에 의해 변질된 콩
(Fungus : 펑거스)

짙은색을 띤 마른 펄프조각
(Hull : 헐 / Husk : 허스크)

건포도처럼 주름지고 작은 기형콩
(Withered Bean : 위덜드 빈)

일부 혹은 전부가 마른 껍질에 싸여 있는 콩
(Dried Cherry : 드라이드체리 / Pod : 파드)

덜 성숙한 생두
(Unripe bean : 언라입 빈)

Parchiment(파치먼트)

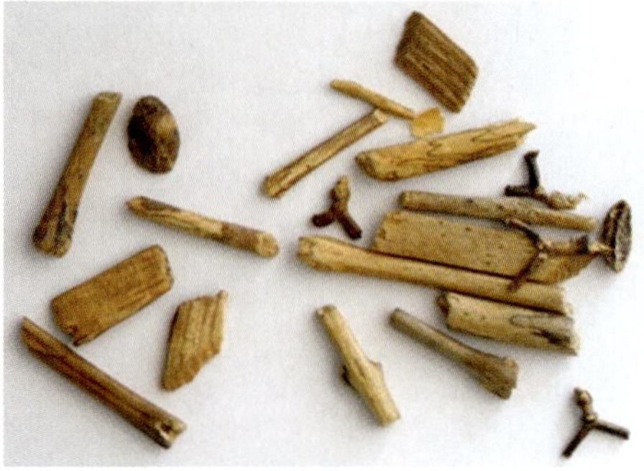

이물질(Foreign Matter : 포린 매터)

(4) SCAA의 분류기준에 따른 Full defect(풀 디펙트) 환산표

Full defect 환산표는 결점두 마다 커피품질Coffee quality에 미치는 영향이 다르므로 단지 산술적인 개수로 판단하기 어려워 이를 점수로 환산한 표이다. 먼저 결점두를 크게 두 그룹으로 분류하는데 영향이 강한 결점두인 프라이마리 디펙트Primary defect와 영향이 적은 결점두인 세컨더리 디펙트Secondary defect로 분류한다.

그리고 각 결점두마다 풀 디펙트Full defect로 환산한다.

예를 들어 Full Black의 경우 맛에 영향을 많이 끼침으로 프라이머리 디펙트로 분류되며 1개가 풀디펙트 1점이 되고 Partial Black의 경우 풀블랙에 비해 맛에 끼치는 영향이 상대적으로 적으므로 세컨더리 디펙트로 분류되며 파셜 3개당 1점으로 계산한다. 즉 Full defect의 숫자가 작을수록 결점이 강하다는 의미이다.

Full Defect 환산표

Primary Defects	갯수	Full defect	Secondary Defects	갯수	Full defect
Full Black	1	1	Partial Black	3	1
Full Sour	1	1	Partial Sour	3	1
Dried Cherry/Pod	1	1	Parchment/Pergamino	5	1
Fungus Damaged	1	1	Floater	5	1
Severe Insect Damaged	5	1	Immature/Unripe	5	1
Foreign Matter	1	1	Withered	5	1
			Shell	5	1
			Broken/Chipped/Cut	5	1
			Hull/Husk	5	1
			Slight Insect Damaged	10	1

(5) SCAA의 각 등급기준

❶ Specialty grade(스페셜티 그레이드)

생두는 350g 당 Primary Defects가 허용되지 않으며 full defect결점두로 환산하여 풀 디펙트는 5점을 넘지 않아야 한다.

원두는 100g 당 quaker퀘이커 : 덜 포스팅된 콩는 단 하나도 허용되지 않는다.

수분함량은 9~13% 이내여야 한다.

❷ Premium grade(프리미엄 그레이드)

Primary Defects가 허용되며 full defect로 환산하며 생두는 350g 당 풀 디펙트는 8점을 넘지 않아야 한다. 원두는 100g 당 quaker는 3개까지만 허용한다. 수분함량은 9~13% 이내여야 한다.

❸ Exchange grade(익스체인지 그레이드)

풀 디펙트는 9~23점 이내여야 한다. 원두는 100g 당 quaker는 최대 5개까지 허용된다. 수분함량은 9~13% 이내여야 한다.

❹ Below standard grade(빌로우 스텐다드 그레이드)

풀 디펙트는 24~86점 이내여야 하며, 수분함량은 9~13% 이내여야 한다.

❺ off grade(어프 그레이드)

풀 디펙트가 86점 이상인 경우이다.

02 Packing

생두가 기준에 따라 등급이 책정되면 황마나 사이잘삼멕시코나 중미에 서식하는 용설란의 일종으로 만들어진 자루에 넣어 보관한다. 황마나 사이잘삼을 이용하여 자루를 만드는 이유는 통기성이 좋아 장기간 보관에 유리하기 때문이다. 보통 한 자루에 생두가 약 60kg이 들어가는데, 몇몇 국가에서는 50kg 또는 45kg 넣기도 한다.

03 보관

생두를 보관하는 창고의 통풍 · 습도 · 온도 조절에 주의를 기울여야 한다. 보관이 제대로 이루어지지 않으면 고품질의 생두라 하더라도 쉽게 변질되기 때문이다. 온도는 20℃, 습도는 40~50%, 빛이 안 들고 통풍이 잘 되는 장소가 바람직하다. 또한 벽에 붙이지 않고 약 20㎝ 정도 띄워 놓고 보관해야 하며, 바닥에는 나무 등을 깔아 자루가 바닥에 직접 닿지 않도록 한다.

여름 장마철에는 습도가 높으므로 각별한 주의가 요구되며, 보관 기간은 1년이 넘지 않도록 한다.

04 커피 생두의 선도

커피는 농작물이기 때문에 종류에 따라 다를 수도 있으나 많은 경우는 일년 1회의 수확을 한다. 전 세계에서 같은 시기에 수확을 하는 것이 아니라 각 나라지역에 따라 수확 시기는 바뀐다.

우리가 주식으로 하는 쌀에도 묵은쌀, 햅쌀이 있듯이 커피 생두 역시도 선도가 있다.

1) New Crop(뉴 크롭)

커피의 수확으로부터 1년 이내 것으로 금년 것의 커피콩을 지칭한다. 함수량이 높고 성분이 아직 많이 빠지지 않기 때문에 커피의 적정한 배전에 의해 향기가 풍부한 커피가 된다.

한편 수분, 유지성분이 풍부하기 때문에 커피의 배전은 힘들고 높은 기술을 필요로 한다. 제대로 볶지 못하면 커피 표면에 얼룩이 지며 커피의 맛이 신맛이 무척 강하며 커피의 속까지 태우지 못하는 경우에는 잡맛이 나는 경우도 많다.

통상 뉴크롭은 이론적으로 강배전에 어울린다고 한다. 커피 생두의 색상은 푸른 청색이다.

2) Passed Crop(패스트 크롭)

수확으로부터 1년이 경과, 전년에 수확된 커피 생두이다. 뉴크롭과 비교하여 함수량이 저하되는데 따라 볶은 커피의 향기도 떨어진다. 수분이 빠져있는 것으로 뉴크롭에 비해 커피의 배전은 쉽다. 다만 신맛이나 향기 성분이 적고 커피의 풍미가 문안해지는 커피라 말할 수 있다.

패스트 크롭의 경우 커피의 배전도는 이론적으로 중배전 정도가 어울린다고 한다. 커피 생두의 색상은 녹색이다.

3) Old Crop(올드 크롭)

커피의 수확으로부터 2년 이상 경과된 커피 생두이다. 함수량도 현저하게 저하돼 커피의 풍미의 성분이 희박하게 된 것이라 말할 수 있다.

커피 생두의 수분율이나 모든 성분이 저하된 상태이므로 어떠한 배전에도 향기가 풍부한 커피를 만들 수는 없다.

Memo

제8장

특수커피 & 최고급커피

C·o·f·f·e·e B·a·r·i·s·t·a

01 특수커피

1) 디카페인 커피(Decaffeinated coffee)

카페인은 커피의 특성성분 중 하나이다. 카페인 함유량은 품종과 산지에 따라 다르나 원두 기준으로 아라비카는 약 1%이고 로부스타는 약 2%이다. 디카페인 커피란 카페인 성분을 제거한 커피로 카페인에 대한 부정적인 시각으로 인해 고안되었다. 1819년 독일의 화학자 룽게Friedrich Ferdinand Runge에 의해 최초로 카페인 제거 기술이 개발되었으나 상업적 규모의 카페인 제거기술은 로셀리우스Ludwing Roselius에 의해 1903년 개발되었다.

카페인 제거방법은 다양한 기술이 개발되어 왔지만 여전히 품질, 카페인 제거율 향상을 위해 연구가 진행 중이다. 그 주요한 방법은 유기용매에 의한 추출법, 물에 의한 추출법, 또한 새로운 초임계 탄산가스에 의한 추출법 등이 있다. 어느 쪽의 방법도 생콩의 단계에서 카페인을 제거하는 것이 일반적이다. 카페인 잔류량은 EEC국가에서는 0.1%, 인스턴트 커피에서는 0.3% 이하로 정해져 있고 표시가 의무화되어 있다.

디카페인 커피(Decaffeinated coffee) 제조공정

종류	공 정	특 성
용매 추출법	벤젠, 클로로포롬, 디클로로메탄, 트리클로로에틸렌 등의 유기 용매로 카페인 추출	• 용매의 잔류에 의한 안전성 문제 • 카페인의 용해성 • 낮은 비등점과 용매제거의 문제 • 97~99%의 카페인 제거
물 추출법	생콩에 물을 통과시켜 카페인을 제거	• 추출속도가 빨라 회수 카페인의 순도가 높다. • 유기용매가 직접 생콩에 접촉하지 않아 안전하고 경제적이다. • 가장 많이 사용된다.
초임계 추출법	초임계 상태(탄산가스를 고압 상태에 둔 것)에서 CO_2는 액체상태가 되며 생두에 침투해 카페인을 제거	• 유해물질의 잔류문제가 없고 카페인의 선택적 추출이 가능 • 설비에 따른 비용이 많이 드는 단점 • 카페인의 함량은 0.02% 이하

2) 술탄 커피

커피가 약용으로 사용되던 무렵에는 콩은 자연의 불을 이용하여 건조된 것을 돌 같은 기구를 이용하여 분쇄하여 물에 담군 후 추출하기도 하고 끓인 물에 넣어 추출하여 마시기도 하였다. 처음에는 콩만 아니라 체리 전체를 이용하여 추출하여 사용한 듯하다.

술탄 커피는 터키 술탄의 할렘에서 선호한 음료로써 이것은 커피체리를 갈아서 냄비에 넣어 숯불로 가볍게 볶은 후 끓는 물에 넣어 삶아낸 것으로 황갈색의 쓴 맛이 없는 섬세한 풍미를 가진 커피이다. 필요에 따라 계피나 생강, 설탕 등을 첨가하여 이용된다.

| 술탄 커피 제조과정

1 생콩을 볶는다.

2 볶은 후 식힌다.

3 절구에 찧는다.

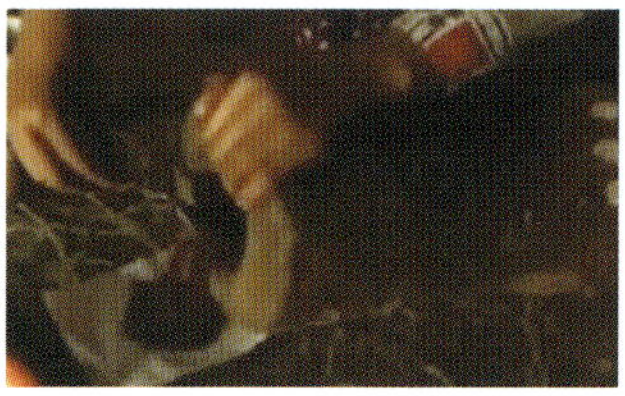

4 분쇄한 커피가루를 옮긴다.

5 분쇄커피와 물을 넣고 끓인다.

6 커피잔에 따른다.

3) 코피루왁(Kopi Luwak)

코피Kopi는 인도네시아어로 커피를 뜻하며 사향고양이 루왁에 의해 생산된 커피라는 뜻이다.

인도네시아 자바와 수마트라섬에 사는 꼬리 긴 사향고양이 루왁의 배설물에서 채취한 생두를 볶은 커피를 일컫는다. 루왁은 보통 커피나무에서 잘 익은 체리만을 골라서 먹는다.

이때 체리의 과육은 소화되고 파치먼트에 둘러싼 생두는 딱딱하여 소화되지 않고 배설된다. 파치먼트에 둘러싸인 생두는 침, 위액 등에 의해 소화과정을 거치면서 발효되어 깊은 맛과 독특한 향을 내는 것이 특징이다. 극소량만 생산되어 매우 귀한 커피로 중국에서는 한 잔에 10만 원에 판매하는 곳도 있다 한다.

4) 오가닉 커피(Organic Coffee)

커피는 화학 비료를 많이 사용하는 농산물 중 하나이다. 그런데 이 오가닉 커피 즉 유기농 커피는 화학 비료나 농약을 사용하지 않고 재배한 커피로 웰빙이라는 트랜드에 힘입어 소비가 급격히 늘어나고 있는 추세이다. 유기농 커피를 생산하기 위해서는 먼저 그늘을 만들어 줄 수 있는 작물, 예를 들면 바나나 나무같이 잎이 넓은 작물과 함께 심는다. 그늘이 만들어지면 새나 다람쥐 등이 햇볕을 피해 보금자리를 만들고 살기도 한다. 따라서 버드프랜들리 커피Bird-Friendly coffe라고 불린다.

한편 화학 비료를 사용하는 커피는 잎이 넓은 나무들과 같이 심어서는 안 된다. 비료를 뿌릴 때에는 다른 나무들이 있으면 안 되므로 커피나무만 뙤약볕에서 재배한다. 전자의 방식으로 재배된 커피를 shade grown coffee, 후자의 경우는 sun grown coffee라고 불린다. 사실 유기농 커피라고 해서 맛이 더 좋은 것은 아니다. 일반적인 유기농 제품과 같이 가격이 높게 책정되고 있다. 유기농 인증을 받기 위해서는 까다로운 절차를 거쳐야 하고 아직까지는 공식적인 기관이 없어 아시아나 아프리카의 소작농들은 유기농 방식의 커피를 재배하고도 인증을 받지 못해 제대로 된 가격을 받지 못하고 있다. 유기농 커피 심사를 하는 대표적인 기관은 미국의 OCIA와 OCBA, 그리고 유럽의 Demeter 등이 있다.

5) 페어트레이드 커피(Fair-Trade Coffee)

최근 들어 유럽, 미국, 호주, 일본 등의 70여 개국을 중심으로 페어트레이드 운동이 확산되고 있다. 중간 상인들이 큰 폭리를 취하기 때문에 제3세계 생산자들은 노동력만 착취당하고 빈곤은 계속된다. 따라서 이와 같은 잘못된 구조를 개선하고자 시작된 것이 페어트레이드 운동이다. 공정한 거래 즉 생산자와 소비자와의 직거래, 최저 가격 보장, 장기간의 거래 등을 통해 생산자를 돕자는 취지이다. 그 대표적인 품목 중의 하나가 커피이다. 현재는 3,000~5,000원짜리 커피 한 잔을 마셔도 생산자에게는 10원이 채 안 되는 돈이 돌아간다고 한다. 석유 다음으로 국제 교역량이 많은 커피지만 그 생산자들은 계속하여 경제기반을 잃어가는 현실을 놓고 볼 때 안타까운 일이 아닐 수 없다.

세계적인 브랜드인 스타벅스에서는 이미 페어트레이드 커피를 판매하고 있으며 국내에서 판매되고 있다.

6) 쿠바 크리스탈 마운틴(Cuba Crysta l Mt.)

카리브해에 위치한 쿠바는 1,500개의 작은 섬으로 되어 있다. 최상급 커피는 Turquino 투르끼노 : screen 17와 Extra Turruino엑스트라 투르끼노 : screen 18 등급으로 최고 좋은 커피는 섬의 중앙부나 동부지역에서 나온다. Crystal Mt. 커피는 자메이카 블루마운틴과 흡사한 맛과 향을 지니고 있어서 자칫 혼돈되는 경우가 있다.

7) 더치커피(Dutch Coffee)

Dutch Coffee는 네덜란드 식민지였던 자바섬에서 찬물로 커피를 내리는 방식으로 워터드립커피라 한다. 더치 커피의 기원은 네덜란드 상인들이 인도네시아에서 커피를 운반해 가는 과정에서 오랫동안 커피를 보관해서 마실 수 없을까 하는 생각에 의해 고안된 추출법이라 한다. 커피의 눈물이라고도 하는데 찬 물방울이 오랜 시간 커피를 여과하여 만들어지기 때문에 붙여졌다. 또는 커피의 와인이라고도 하는데 더치기구에서 4시간 이상 12시간까지 내리므로 카페인이 거의 없고 와인과 같은 아로마가 있으며 발효된 듯한 독특하고 깊은 맛이 있다.

8) 향 커피(Flavored coffee)

향 커피Flavored coffee란 커피 본연의 맛을 즐길 수 있는 커피가 아니라 인공적인 강한 향을 커피에 입혀 향미를 느끼게 한 커피이다.

향커피에 쓰이는 커피는 향이 날라가도록 오래 묵히거나 향미가 떨어지는 저급커피를 사용한다. 향 커피를 만들게 된 배경도 유통과정이 오래되어 쓸 수없게된 커피를 재가공하여 유통시키려는 목적으로 시작되었다고 한다.

또한 인공향이 커피원두 표면에 부착되는 과정상, 건강상 문제가 되는 화학적 변화가 발생될 것을 염려해서인지 미국 FDA에서는 아직도 향 물질에 대해 승인을 해주지 않고 있다. 향 커피는 헤이즐럿, 아이리쉬 크림, 라즈베리쵸코, 바닐라 캐러멜, 버터토피 등 사용된 향 물질의 이름을 따서 커피명이 만들어진다.

헤이즐럿 커피의 헤이즐럿을 커피의 한 종류로 알고 있는 사람이 많다. 그러나 헤이즐럿 커피의 헤이즐럿이란 개암나무 열매를 의미한다. 헤이즐럿 커피의 향도 천연 개암나무 열매의 향이 아니라 인공적으로 생산된 화학향기를 입힌 경우가 대부분이다.

9) 숙성 커피(Aged Coffee)

전통적으로 숙성 커피는 희귀한 것으로 3년에서 10년 동안 창고 안에서 보관되고 단맛과 결점에 가깝지만 나쁘지 않은 풍부함, 깔끔한 시럽의 향의 특징이 있다.

단기간 숙성이 인도네시아에서 행해지고 있는데, 인도의 몬순커피와 비슷하게 습한 공기에 고의적으로 노출시킨다. 이렇게 숙성된 커피는 산미는 낮아지고 바디감은 높아지면서 자극적인 향미도 얻게 된다.

일반 생두

숙성 커피

02 최고급 커피 구르메(Goumet)

구르메 커피는 자메이카의 블루마운틴 커피, 하와이의 코나커피, 콜롬비아산의 어거스틴, 뽀빠이안, 브라질의 버본 산토스, 예멘의 모카 등 전 세계적으로 유명한 산지에서 생산되는 최고 등급 커피로 만들어져 그 향과 맛이 독특한 것이 특징이다. 현재 미국의 구르메 커피 시장 규모는 연간 약 20억 불을 상회하고 있다.

고메이는 구루메의 또 다른 발음에서 나온 같은 단어이다. 세계 최대의 커피 소비시장인 미국에서는 '구루메gourmet' 라고 불리는 희귀 커피에 대한 수요가 폭발적으로 늘고 있다.

최근 들어 매일 커피를 마시는 18세 이상 성인을 대상으로 커피소비성향을 조사한 결과 음용자의 46%가 고메이 커피를 마신다는 통계보고가 있다. 구르메 커피의 구루메Gourmet, 고메이/고르메란 미식가를 뜻하는 프랑스 말로서 주로 미식가들이 마시는 커피로 불려지고 있다.

커피맛이 부드럽고 깊을 뿐만 아니라 밀크, 향시럽 등을 많이 배합하여 미국 사람들의 입맛에 맞게 개발되어 카푸치노나 카페라테로 만들었을 때에도 풍미가 좋다.

1) 블루마운틴

블루마운틴 커피는 카리브해가 내려다보이는 블루마운틴 산맥의 고산지역에서 재배되는데 이곳에는 아트란타, 실버힐, 마비스 뱅크, 웨렌포드 농장 등이 있다. 이들 농장은 200년 동안 대를 이어 커피를 재배해 왔지만 소량 재배를 고수하고 있어 이 지역에서 가장 큰 농장이라고 해도 국제표준농장 규격보다 규모가 적다.

농장들이 위치한 지역은 기후가 서늘하고 안개가 끼며, 비가 자주 오고 땅은 빗물을 잘 투과시키는 천혜의 토질인데, 지리적인 여건상 커피 재배는 수작업이 일반적이며 이러한 여건은 좋은 커피를 얻는 데 최적의 조건이라 할만하다. 이들 농장 중에서 특히 국내에 알려진 웨렌포드 농장은 실제 농장이 있는 것이 아니고 정부 산하기관으로서 소작농들의 커피를 수거하여 제품을 만든다고 한다.

엘리자베스 여왕이 즐겨 마신다는 블루마운틴 커피는 옅은 신맛과 와인과 같이 쌉쌀한 맛, 부드러운 쓴맛, 단맛과 스모크한 맛까지 각 커피가 지니는 맛들을 골고루 지니고 있는데, 그 맛들은 어느 한곳으로 치우침 없이 조화를 이루고 있다고 한다.

물론 이 맛은 원두커피의 특성과 맛에 익숙한 몇몇 소수의 평가이며 블루마운틴 커피를 처음 맛보는 전문가들의 대체적인 반응은 '별로' 이다. 그도 그럴 것이 이렇다할 맛의 특징을 발견하기 어렵고 전체적으로 부드러워 오히려 밍밍하게 느껴지는 향미가 여느 커피의 독특한 특성과 구별되기 때문이다. 또한 비싼 가격 때문에 꾸준히 마셔볼 만한 여건도 아니어서 지명도에 비해 맛의 평가가 제대로 이루어지지 않고 있는 실정이다. 국내에서 블루마운틴 커피를 맛보기란 그리 쉬운 일이 아니며, 커피 전문점에서조차 이 커피를 취급하는 곳은 손에 꼽을 수 있을 정도이며 그나마 사시사철 있는 것도 아니고 값도 상상을 초월한다.

그런데 어찌 된 일인지 블루마운틴 커피가 커피숍 메뉴에 적혀 있는 걸 자주 발견하게 되는데, 99.9%는 가짜라고 보면 된다. 정말 오리지널 블루마운틴 커피의 경우에는 우리나라에 거의 없을뿐더러 가격을 따지자면 100g에 10만 원 이상을 호가한다. 오리지널 블루마운틴을 제대로 우려내면 진한 홍차와 같은 색이 나온다고 한다. 향도 대단히 독특하다. 실제 우리나라에서 2~3만 원에 파는 블루마운틴은 다른 커피에 블루마운틴을 조금 섞었거나 아예 다른 커피를 블루마운틴 맛이 나게 가공한 것이다.

정식 명칭은 '자마이카 블루마운틴 커피' 이다. 자마이카의 블루마운틴 산악 지역에서 경작되는 커피이며 부드럽고 향기로운 풍기로 유명하다.

2) 버본 산토스

아라비카의 오래된 품종 중 하나로 브라질 산 최상급 커피이다.

3) 셀레베스 토라자

과거 셀레베스로 불리던 말레이 반도의 술라웨시 섬에서 생산되는 최상급 커피이다.

산도는 낮지만 대지의 기운이 감돌고 달콤한 풍미를 내는 것으로 유명하다.

4) 짐마

에티오피아 산 야생 아라비카 생산품이다. 일명 '에티오피아 모카' 라고도 한다. 쓴맛이 강한 특징이 있지만 와이니한 산미와 블루베리의 향이 어우러지는 풍미를 낸다.

5) 엑셀소

콜롬비아 산 상급 커피인데 빈이 아주 작다. 맛은 상큼하면서도 가뿐하기 때문에 모닝커피로 적합하다.

6) 과테말라

과테말라 커피는 전체적으로 쌉쌀한 맛을 내는 경향이 있다. 따라서 오전보다는 오후에 마시기에 적합하다. 유명한 브랜드로는 'Antigua안티구아', 'Coban코반', 'Huehue-tenango우에우에테낭고' 등이 있다.

7) 하라

에티오피아 산 상급 커피이다. 블루베리의 향미가 감돌며 잘 익은 포도의 풍미가 있고 산미를 낸다. 예멘 모카 커피의 원종으로 '에티오피아 모카'라 하며 많이 팔리고 있다.

8) 하와이안 코나

하와이안 코나는 트로피칼한 좋은 향기 가운데 예민한 신맛이 있는 완성도 높은 커피이다. 그 중 가장 큰 알맹이로 결점두가 적은 것을 Extra Fancy라 분류한다. 오리지날 코나 커피는 Mauna Loa언덕에서 작은 농장들에 의해 생산되고 있는데 커피나무들은 오후 시간이면 구름으로 햇볕이 가려져 자연의 그늘 속Automatic Shade에 들어가게 된다. Kona Blend 커피 역시 코나 커피는 5% 정도 밖에 들어 있지 않은 커피가 대부분이다. 하와이정부의 권장사항은 Kona라는 이름을 쓰기 위하여 적어도 코나 커피를 51% 이상 blend하기를 바라나 지켜지지 않고 있다.

코나 커피는 근래에 전문가들로부터 블루마운틴보다 더 낫다는 평가를 받고 있다. 맛은 코스타리카 커피의 특성인 생생한 산미에 탄탄한 바디와 달콤하고 풍성한 풍미를 더욱 뚜렷하게 드러내고, 풍부한 바디에 부드러우며 향기로운 풍미를 가지고 있다.

9) 올드 자바

인도네시아 자바 섬에서 생산되는 고급 아라비카 커피를 말한다. 잘 알려진 커피로는 생두를 2~3년간 창고에 묵혔다가 생산하는 Aged Coffee인 '올드 자바'가 있다. 특징은 산도가 떨어지고 바디는 더 풍성해지며 더욱 달콤한 풍미를 갖는다.

10) 이스테이트 케냐(Estate Kenya)

케냐 산 커피는 포도향의 아로마에 그 풍미가 감도는 산미를 자랑한다. 최상급은 '이스테이트 케냐Estate Kenya' 이다.

11) 예멘 모카커피

모카하면 커피의 대명사이자 실질적인 커피의 발상지라고 할 수 있는 곳이다.

1400년대의 중반 커피의 음용이 모카에 살고있는 사람들에게 퍼져나가기 시작하고, 곧 이어 그 유행이 메카, 메디나, 카이로, 콘스탄티노플로 전파되었다.

1536년 오스만 터키제국이 점령하고 난 뒤 모카는 커피를 수출하는 커피항구가 되었다. 그로부터 모카에서 선적하여 유럽으로 가는 커피를 모카라고 불렀다. 현재는 모카가 워낙 생산이 적어 희귀종의 커피가 되었으나 원종인 이디오피아의 하라커피가 이디오피안 모카라 하여 많이 팔리고 있다.

오리지날 예멘 모카는 마타리Matari, 사나니Sanani 등이 미국의 스페셜티 로스터들에 의해 팔리는데 원래 모카의 수확방법은 커피열매가 나무에 달린채로 말라 쭈그러들면 그제서야 나무를 흔들거나 두드려 열매를 떨어뜨리고 바닥에 모아 몇 일간 더 말린 다음 깍지를 까서 사용했다고 한다. 오리지날 모카의 특징은 모양이나 크기가 일정하지 않고 가늘고 길며 좀 못생긴 것인데 못생긴데 비해 맛은 정말 좋다.

모카 커피 원두는 작고 둥글둥글하여 외모는 마치 피베리와 비슷하며, 케냐 커피와 같이 산뜻한 맛에 강한 신맛을 가지고 표현하기 어려운 자극적이고 이국적인 풍미가 있다. 향은 초콜릿 향이 있으며 독특한 개성이 있다. 예멘 모카커피는 원두에 카페인이 적게 함유되어 있으며 풍부한 향을 지닌 개성적인 커피로 알려져 있다.

특별히 초콜릿과 같은 맛이 있어 오늘날 카페모카가 초콜릿을 넣는 커피가 되었다.

12) 몬순 말라바르 커피(Monsooned Malabar Coffee)

인도 커피의 특산품으로서 정식 명칭은 '인디안 몬순 말라바르'이다. 자연건조법으로 가

바바부단(Baba Budan)

공한 생두를 창고를 열어두어 계절풍을 쏘여 생산하는 것이다. 바디가 묵직하고 발효된 것처럼 달콤한 맥아의 풍미를 낸다. 인도 커피의 역사는 약 400여 년 전 바바부단Baba Budan이라는 승려가 예멘에서 7개의 파치먼트를 몰래 밀반입하여 남부의 마이소르산Mysore Mt.에 심은 것으로부터 시작된다.

그 후 인도에서 생산된 생두들이 유럽에 수출되었는데 유럽으로 가는 배에 선적되기 위해 항구에서 해풍을 맞고 아프리카로 돌아가는 중 또 다시 해풍에 노출되어 유럽으로 가는 약 6개월 동안 많이 발효되었다. 따라서 산도는 줄어들고 묵은 맛과 향이 나는 독특한 커피가 탄생되었던 것이다.

그러나 후에 유럽으로 가는 항로가 많이 단축되면서 커피 본연의 맛을 찾을 수는 있었지만, 해풍에 노출되어 발효된 맛을 그리워하는 사람들에 의해 인위적으로 탄생된 것이 몬순커피이다.

수확된 생두들이 몬순시즌 동안 서부 해안의 창고에서 6~7주간 해풍을 쏘여준다. 그렇게 되면 생두들은 습기를 머금게 되어 크기가 커지고 빛깔은 노란색으로 변화되는데 벌레에 의해 손상되는 것을 방지하기 위하여 훈증한다. 이러한 과정을 거치면 산도는 낮으나 묵직하고 묵은 향과 맛이 살짝 감도는 말라바르가 탄생되는 것이다.

13) 마라고지페

아라비카 돌연변이종의 명칭으로 빈이 아주 커서 일명 엘레펀트빈코끼리빈이라고도 한다. 주로 멕시코와 나카라과, 브라질 등지에서 생산된다. 부드럽고 아로마가 풍부해서 모닝커피로 적합하다.

14) 마이소레

인도 커피의 80%가 생산되고 있는 카르나타카 지역의 과거 명칭이다. 마이소레 커피는 다른 커피에 비해 카페인이 현저하게 적다고 한다. 과테말라 커피의 특징에다 독특한 향신료의 풍미가 조화를 이루고 있다.

15) 시다모

에티오피아 산 최상급 커피로 아프리카 커피의 특징인 과일향의 아로마가 풍성하고 박하향의 산미를 갖고 있는 커피로 유명하다.

16) 시그리

파푸아뉴기니아 산 최상급 커피이다. 자마이카에서 블루마운틴을 생산하는 품종을 이식해와 생산하는 것으로 향미가 풍부하면서도 초콜릿의 풍미를 낸다. 파푸아뉴기니아에서는 일반적인 커피에 '뉴기니안' 이라는 마켓 브랜드를 붙여서 생산하기 때문에 보통 '시그리 뉴기니' 라고도 부른다.

17) 수마트라

인도네시아 커피 생산량의 반 이상을 재배하는 섬이며 또 세계 최상급의 커피가 생산되는 지역 명칭이다. 가장 유명한 브랜드는 '만델링Mandheling' 과 '안콜라Ankola', '가요Gayo' 등이다.

18) 수프레모

콜롬비아 산 최상급 커피를 말한다. 산미가 강해 생생하며 부드럽고 향기로운 맛으로 유명하다.

19) 타파출라

멕시코 산 상급 커피이다. 과테말라 커피의 특징과 유사하여 산도가 높고 초콜릿 또는 캐러멜 향의 풍미를 낸다. 유기농 방법으로 재배되는 커피로 유명하다.

20) 타라주

코스타리카 산 최상급 커피이다. 생기발랄한 산미에 탄탄한 바디와 달콤하고 풍부한 풍미를 자랑한다.

21) 이가체프

시다모와 마찬가지로 에티오피아 산 최상급 커피이다. 바디는 가볍지만 과일의 향미와 어우러져 우아한 풍미를 자아낸다.

22) 모카자바

최초의 상업적인 블랜딩 성공작이 모카자바이다. 예멘의 모카 커피와 자바 섬의 커피를 섞은 블랜딩 커피이다. 너트나 초콜릿 향이 강한 예멘 모카 커피와 강한 바디를 가진 자바 커피가 잘 어울린다. 모카자바는 세기의 히트작으로 오늘날까지도 인기 커피이다.

제9장

로스팅(Roasting)과 블렌딩(Blending)

Hot Tips

| 로스팅의 의미

로스팅은 복잡한 물리 화학적 과정이 연속적으로 일어나며 이 과정 중에 색상, 맛, 향미 성분이 형성되며 커피콩은 건조해지며 부서지기 쉬운 구조로 변한다.

수분이 증발하고 이산화탄소와 휘발성 향미 물질이 방출되어 무게는 감소하고 부피는 증가하므로 밀도는 감소한다.

로스팅의 물리적 변화

반응	Yellow단계 1차 Crack 2차 Crack						
	흡열반응			발열반응			
색깔	Green	Yellow	Cinnamon	Light brown	Medium brown	Dark brown	Black
맛	로스팅이 진행될수록 신맛은 감소, 쓴맛은 증가						
형태	생두	수축		팽창		지속적 팽창	팽창 멈춤
중량감소				12~14%		15~17%	18~25%

| 크랙(Crack)

커피를 로스팅하면 두 번의 크랙(Crack)이 발생하는데 1차 크랙은 콩의 세포내부 안에 있는 수분이 증발하면서 나타나는 내부압력에 의해 발생하며, 2차 크랙은 주로 이산화탄소의 생성에 의한 팽창으로 발생한다.

| 로스팅 머신

사용하는 열원에 따라 : 가스, 전기, 오일, 숯

로스팅 방식에 따라 : 직화식(直火式), 반열풍식(半熱風式), 열풍식(熱風式)

샘플러(Sampler, Trier : 트라이어) : 로스팅 도중 로스팅 진행상황을 확인할 수 있는 장치

댐퍼(Damper) : 드럼 내부의 공기 흐름과 열량을 조절하는 장치.

01 로스팅의 개념

1) 로스팅이란

커피 생두를 볶아서 원두로 만드는 것을 로스팅이라 한다. 로스팅Roasting은 커피가 지니고 있는 진정한 맛과 향을 표현하는 가장 중요한 부분이다. 커피는 산지에 따라, 품종에 따라, 재배 고도에 따라, 가공 방법에 따라, 보관상태에 따라 다양한 맛과 향을 지닌다. 이러한 다양한 맛과 향은 로스팅이란 과정을 거침으로써 숨은 매력을 발산하는 것이다. 로스팅은 크게 두 가지 의미를 가지고 있다고 할 수 있는데 다음과 같다.

첫째, 생두가 가지고 있는 수분을 로스팅 정도에 맞게 최대한 방출시키는 과정이다. 산지에서 수확된 생두는 건조 과정을 거쳐 10~13% 정도의 수분을 함유하고 있고 촉촉함을 느낄 수 있다. 수분 감소는 로스팅 정도에 따라 달라지지만, 대개 중간 정도의 로스팅을 하면 4~5%로 감소하게 된다.

둘째, 생두의 조직을 최대한 벌어지게 만드는 과정이다. 즉, 무수히 많은 구멍으로 이루어진 조직을 확장시킴으로써 커피 고유의 맛과 향을 표현할 수 있는 것이다.

제대로 로스팅된 커피는 쉽게 부서지며 수분의 함량이 적어 가벼운 느낌이며, 일정한 높이에서 떨어뜨리면 맑은 소리가 나는 것을 확인할 수 있다. 또한 분쇄한 후 추출하여 마셔보면 만족할 수 있는 맛과 향을 느낄 수 있다.

2) 로스팅 머신

로스팅에 사용되는 기구는 수세기를 거쳐 다양하고 편리하게 발전되어 현재의 기계화된 형태에 이르게 되었다. 그 유래는 여러 가지 추정설이 있으나, 아라비아 지역에서 아주 원시적인 방법을 통해 로스팅되어 마셨을 거라는 설이 가장 유력하다. 아마도 누군가에 의해 아주 우연한 기회에 발견되어 세상에 알려지게 되었을 것으로 추정된다. 그 후 보다 편리하고 균일한 맛과 향을 얻기 위해 기계의 개발과 기술의 발전이 일어나게 된 것이다.

현재 개발되어 보편화된 로스팅 방식은 크게 직화식, 반열풍식, 열풍식으로 나누어진다.

(1) 수망로스터

수망로스터

가정에서 쉽게 볶아서 신선한 커피 맛과 향을 즐길 수 있는 간편한 수망 로스터손잡이가 있는 미세한 망으로 만들어진 로스팅 기구는 커피 매니아 사이에 호평받는 기구이다. 여러 번 반복해서 연습하면 균일한 원두의 색깔을 얻을 수 있고 조직을 잘 벌어지게 할 수 있다. 단, 숙달되지 않은 경우 색깔의 불균형, 탄 맛의 증가, 비린 맛 등이 나기도 한다.

(2) 가스 직화 로스터

가스LNG, LPG를 이용하여 드럼 표면에 직접 열을 전달하는 방식이다. 드럼 외부 표면에 미세한 구멍이 균일하게 나 있어 점화된 버너의 열량이 드럼 외부를 통해 내부로 100% 전달된다. 열량이 직접 공급됨으로써 개성적인 커피 맛과 향을 기대할 수 있는 반면, 자칫하면 원두 표면을 태울 수 있는 단점이 있으므로 세심한 주의가 필요하다.

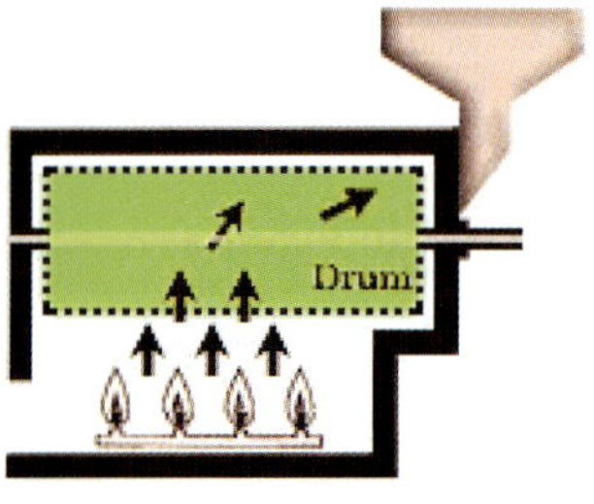

불이 직접 콩에 닿는 구조이므로 맛의 편차가 생기기 쉽고 로스트가 어려워진다. 그러나 일반적으로 생콩의 개성을 철저하게 표현하기에는 좋은 가열법이라고 할 수 있다. 직접적인 맛의 변화가 있고 개성이 강하게 느껴지기 때문이다. 한편 생콩에 대한 더 깊은 지식과 판단력, 로스트의 테크닉이 요구된다. 생콩의 상태를 보고 수분 함유량을 예측하고 적정한 화력을 설정하는 기술이 요구된다. 그것은 초보자에게는 처음에는 어렵다고 할 수 있다. 잘못된 케이스로 보면, 표면은 볶아졌으나 안쪽까지 불기가 통하지 않는 등의 볶음 상태의 편차가 발생한다든지, 안쪽까지 잘 볶여지도록 하기 위하여 표면이 타는 현상이 발생하는 등을 생각해볼 수 있다. 특히 소형 가마에서는 뉴크롭을 로스트 하는 경우, 생콩이 딱딱하고 속까지 균일하게 로스트 하는 것은 어렵다고 할 수 있다.

그러므로 지금까지 일본에서는 조금은 시든 듯한 콩을 원했던 이유 중 하나가 이것이다. 로스트를 실패하면 떫은맛과 신맛이 갑자기 생기기도 하고 맛의 밸런스가 깨지게 된다. 잘하면 신맛과 쓴맛, 단맛이 조화를 이룬 커피가 가능해질 것이다. 단 강배전에 대해서는 타는 것이나 연기로 인한 손상이 생기기 쉬운 경우도 적지 않다.

(3) 가스 반열풍식

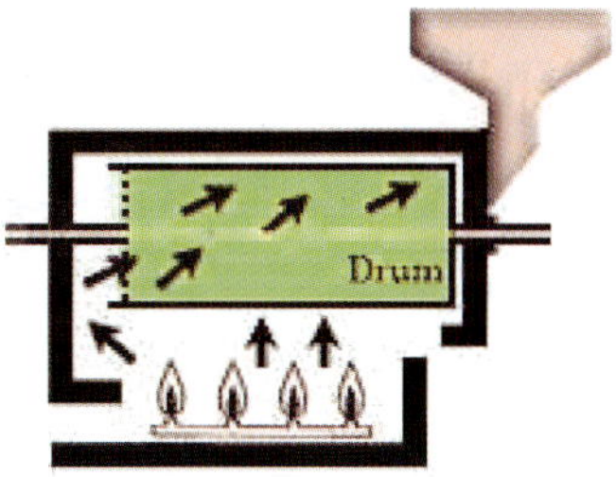

반열풍식은 드럼 표면에 직접 열량을 공급함과 동시에 드럼 후면에 있는 미세한 구멍을 통해 뜨거운 열풍도 같이 전달한다. 다시 말해, 드럼을 통한 열량 전달과 드럼 후면부를 통한 열풍 공급이 균일하게 이루어진다는 뜻이다. 따라서 직화식과는 달리, 안정적인 커피 맛과 향을 표현할 수 있으며, 균일한 원두의 색을 만들 수 있다. 철판 위에서 볶는 것 같은 형태이며, 맛이 부드럽고, 순하다. 그러나 화력, 시간의 밸런스에 따라 맛이 상당히 변하게 되므로 강한 개성은 감소한다. 초보자도 무리 없이 안정된 로스트가 가능하다. 콩도 팽창되고, 볶음 상태가 깔끔하지만, 터지는 소리가 작으므로 주의가 필요하다.

(4) 열풍식

드럼 내 · 외부에 직접 화력이 공급되지 않고 고온의 열풍만을 사용하여 드럼 내부로 주입하는 방식이다. 순수한 열풍만을 이용함으로써 균일한 로스팅을 할 수 있으며, 대량 생산 공정에 주로 사용된다. 단, 개성적인 커피 맛을 표현하기는 조금 어렵다는 단점이 있으나, 균일한 커피 맛을 표현하기는 용이하다. 고칼로리 열풍을 가해서 순환시키는 구조이다. 단시간에 로스트가 가능하다. 기본적으로는 대형 가마를 이용하며 대량생산용이다. 배기온도가 높고 콩이 곧바로 팽창되어서 맛을 잃어버리기 쉽다. 안정된 맛은 가능하지만, 맛이 평범하고 특색 없는 맛으로 될 가능성이 있다.

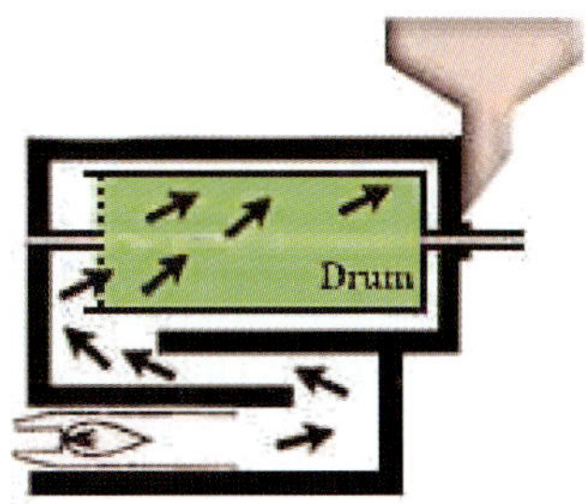

맛의 차이는 가마의 종류 외에도 가마의 크기에도 좌우된다. 3~10kg 정도까지의 소형 가마는, 비교적 맛 컨트롤이 가능하지만, 그 이상이 되면 가마에 의하여 제약될 확률이 높아진다. 자신이 이미지하는 맛을 만들려고 의식하기보다는 가마가 제멋대로 맛을 만들어낸다. 델리케이트한 맛의 표현보다 안정된 맛을 만들고자 할 때 적합하다. 어떠한 조작 방법을 사용하든 간에 가마가 창출해내는 본질의 맛은 변화시킬 수 없다.

3) 로스팅 방법

	저온 · 장시간 로스팅	고온 · 단시간 로스팅
로스터의 종류	드럼형	유동층형
커피콩의 온도	200~240℃	230~250℃
시간	8~20분	1.5~3분
밀도	상대적으로 팽창이 적어 밀도가 큼	상대적으로 팽창이 커 밀도가 작음
향미	신맛이 약하고 뒷맛이 텁텁하나 중후함이 강하고 향기가 풍부	신맛이 강하고 뒷맛이 깨끗하나 중후함과 향기가 부족
가용성 성분	적게 추출	10~20% 더 추출
경제성	유동층 로스팅이 한 잔당 커피사용량을 10~20% 덜 쓰게 되어 경제적이다.	

4) 블렌딩(Blending)

커피의 특성이 서로 다른 커피를 혼합하여 새로운 맛을 창조하는 것을 말하며 블렌딩을 하기 위해서는 단종별로 커피의 특성을 제대로 이해하고 있어야 한다.

블렌딩 방식

	단종블렌딩(Blending After Roasting)	혼합블렌딩(Blending Before Roasting
방법	각각의 생두를 따로 로스팅을 하고 난 후 블렌딩을 하는 방법	정해진 블렌딩 비율에 따라 생두를 미리 혼합한 후 로스팅 하는 방법
특성	생두의 특성을 최대한 발휘 로스팅 횟수가 많고 재고관리가 어렵다. 항상 균일한 맛을 내기가 어렵다. 로스팅 칼라가 불균일하다.	한번만 로스팅을 하므로 편리 로스팅 컬러가 균일하다. 재고부담이 적다. 균일한 커피 맛을 낼 수 있다.

5) 원두색에 따른 분류

미국 스페셜티 커피 협회Specialty Coffee Association of America에 의해 고안된 색상 분류집이다.

로스팅된 정도에 따라 원두의 색을 8단계로 분류하였고, 각각의 색상마다 디스크를 만들어 번호를 부여하였다. 로스팅 단계의 식별이 용이하며, 객관적인 근거를 만들었다는 점에서 의미가 있다.

로스팅 단계별 명칭이나 정의는 일정치 않고 나라나 지역마다 달라 혼동을 주는데 SCAA에는 명칭이 아니라 원두 칼라의 밝기에 따라 Agtron에그트론 No 25~95까지 총 8단계로 분류하고 있다. 또한 로스팅 단계를 원두의 밝기를 명도L값으로도 표시할 수 있다.

SCAA

명도(L값)	#95	#85	#75	#65	#55	#45	#35	#25
로스팅 단계	Very Light	Light	Moderately Light	Light Medium	Medium	Moderately Dark	Dark	Very Dark

로스팅 포인트	Light	Cinnamon	Medium	High	City	Fullcity	French	Italian
	1차시작	1차진행	1차완료	2차직전	2차시작	2차중간	2차종반	2차이후

Agtron No(에그트론) - 커피로스팅 기준

SCAA Agtron 색도 #95(very light)부터 #25(very dark)까지 8단계 맛의 분류

Level	Agtron	Features
Light Roast	#95	강하고 얼얼한 신맛
Cinnamon Roast	#85	강한 신맛, 미미한 바디
Medium Roast	#75	강하고 산뜻한 신맛
High Roast	#65	산뜻한 신맛
City Roast	#55	약한 신맛, 바디
Full City Roast	#45	미미한 신맛, 강한 바디
French Roast	#35	강한 단맛, 강한 쓴맛
Italian Roast	#25	약한 단맛, 쓴맛, 탄맛

6) 로스팅된 정도에 따른 맛의 기준

라이트	신맛이 강하게 남아 있다. 콩의 개성에 의한 것이라기보다는 얕게 볶은 것으로 인한 향미에 지배를 받고 있다.	1차 크랙이 있기 전 중간까지
시나몬	로스트가 얕고 연한 갈색을 띠며 강한 신맛이 난다. 맛이 깊지 않다.	1차 크랙 바로 전단계
미듐	쓴맛보다 신맛이 더 느껴진다. 점점 커피다운 맛이 되긴 했지만, 탁한 느낌이 있다. 중배전 영역이다.	1차 크랙 종료 직후
하이	쓴맛과 신맛의 조화가 이루어진 영역. 약간 감칠맛도 있고, 순하지만 신맛이 느껴진다. 맛의 질이 깔끔해지는 중배전 영역이다.	콩이 늘어나고 향이 변하기전
시티	감칠맛이 있고, 약간 쓴맛이 느껴진다. 신맛도 남아 있지만, 그것보다는 쓴맛이나 감칠맛이 나오는 영역에 속한다. 강배전의 향미가 느껴지는 영역에 속함. 이 부분에서부터의 로스트는 생콩의 신선도의 좋고 나쁨에 관련이 있다.	향이 변한 후부터 2차 크랙까지
풀시티	약간 강한 로스팅으로 신맛은 거의 없고 진한 쓴맛이 커피맛의 정점에 있다.	2차 크랙후 진 밤색을 띠기까지 단계로 지방이 나오기 시작하고 향미가 좋으며 단맛과 신맛의 조화가 있다.
프렌치	쓴맛으로 질은 무거운 느낌이지만 부드럽다. 약간 그을린 듯한 느낌과 연기 같은 향미에 지배되는데 혀에는 남지 않는다. 달콤한 향기가 느껴지는 듯하며, 초콜릿이나 바닐라 향이 느껴진다. 양질의 콩이라면, 각각의 향미의 뉘앙스를 느낄 수 있다. 어딘지 모르게 신맛이 느껴지는 콩이 상태가 좋은 것이며, 설탕을 넣으면 단맛과 함께 어우러져서 뛰어난 맛을 형성한다. 생콩의 자질(특징)을 표현하는 것이 가능한 유일한 콩이다.	진 밤색에서 초코릿 색으로 변하기까지 단계로 지방이 가득 나오고 에스프레소에 적합
이탈리안	쓴맛의 질이 강하고 자극적이며 혀에도 남는다. 탄 것 같은 향미가 있고, 그을린 듯한 맛도 느껴진다. 로스트의 상한으로써 이 이상 볶으면 향미를 잃는다. 생콩 그 자체의 향미가 아니고, 로스트에 의한 향미가 나와버린다. 스모크하고 자극적이며 농후한 맛을 지닌다.	갈색기운이 사라지고 검은 빛 코팅이 가득하기까지

02 로스팅 실전

로스팅을 시작하기 전, 다음과 같은 준비 작업이 필요하다. 충분한 준비와 검토 후 실행해야 좋은 결과를 가져다 주기 때문이다.

먼저 로스팅하고자 하는 생두의 특징, 로스팅 머신의 방식, 장·단점 등을 파악한다. 그런 다음 로스팅 포인트를 결정하고 머신을 점화한다.

1) 로스팅 전 주의해야 할 사항들

(1) 로스팅 머신의 용량

본인이 사용해야 할 머신의 용량과 이상적인 생두 투입량 등을 사전에 검토할 필요가 있다. 로스팅 순서는 다음과 같다.

첫째, 충분히 예열시킨다. 생두 투입량은 1kg 머신을 기준으로

- 첫 번째 투입량(1st Batch : 배치) 약 50%(생두 투입량 500g)
- 두 번째 투입량(2nd Batch) 약 50%(생두 투입량 500g)
- 세 번째 투입량(3rd Batch) 약 80%(생두 투입량 800g)의 순서대로 투입한다.

위와 같이 투입량이 다른 이유는 드럼의 내부와 외부의 열량을 균일하게 만들기 위해서이다. 즉, 30분 이상 충분히 예열된 로스팅 머신의 경우에도 전원을 끈 상태에서 장시간 사용하지 않게 되면, 드럼 내·외부의 열량 불균형으로 표현하고자 하는 커피 맛을 얻을 수 없기 때문이다. 따라서, 처음과 두 번째 로스팅 과정까지는 약 50%, 그 후에는 80%를 투입하고 로스팅한다.

둘째, 위의 과정을 거친 뒤부터는 원하는 커피 맛과 향을 얻을 수 있으므로 800g용량의 80%를 투입하여 로스팅한다.

1kg의 로스팅 머신을 기준으로 최대 생두 투입량은 1kg, 최소 투입량은 500g이다. 그러나 가장 이상적인 투입량은 800g, 즉 로스팅 머신 용량의 약 80%에 해당한다고 볼 수 있다.

(2) 생두의 평가

원산지에서 가공된 생두는 여러 경로를 거쳐 우리 손에 들어오게 되는데 준비된 생두는

로스팅하기 전 정확하게 평가하는 과정이 필요하다. 정확히 평가된 생두만이 성공적인 커피의 맛과 향을 표현할 수 있으며, 잘못된 평가는 전혀 엉뚱한 맛과 향으로 나타나기 때문이다.

(3) 로스팅 포인트 결정

표현하고자 하는 커피 맛과 향에 가장 일치하는 로스팅 포인트를 결정한 다음 로스팅한다. 로스팅 중에는 많은 물리 · 화학적 변화가 일어나므로 미리 포인트를 결정하고 로스팅을 해야 성공적인 결과물을 얻을 수 있기 때문이다.

자신의 로스팅 포인트를 결정하기 위해서는 볶음 정도에 따른 맛과 향의 차이점, 볶은 후 시간 경과에 따른 맛과 향의 변화 등을 체크하도록 한다. 로스팅 등급별 맛과 향의 차이는 자신이 추구하는 커피 세계를 파악할 수 있는 좋은 방법이기 때문이다. 또한 볶은 후 시간이 경과함으로써 맛과 향의 변화를 하나하나 체크하여 정리해 보면, 로스팅 포인트에 따라 맛과 향이 가장 좋은 시점을 느낄 수 있다.

2) 로스팅의 4대 변화

로스팅 중 생두는 크게 4가지의 변화가 일어난다. 생두 표면에 열이 공급되면 내 · 외부가 변화하기 시작한다.

(1) 컬러의 변화(Change of Color)

커피 로스팅 컬러의 변화

녹색Green → 노란색Yellow → 황색Cinnamon → 밝은 갈색Light Brown → 갈색Medium Brown → 짙은 갈색Dark Brown → 검은색Dark으로 변화하며, 각 단계마다 미세한 색의 변화가 있다. 생두의 종자, 조밀도, 수분함량, 가공방법에 따라 변화되는 시점에는 차이가 있지만 색의 변화는 동일하다.

(2) 향의 변화(Change of Aroma)

생두 고유의 향 → 수분증발 향으로 진행되는데, 세분화하면 생두향 → 단향 → 단향과 신향 → 신향 → 신향과 커피 고유의 향 → 커피 고유의 향 → 향의 감소 → 향의 소멸로 진행된다.

후각을 통해 각 단계별 향의 변화를 느낄 수 있는데, 이는 로스팅하면서 느끼는 행복 중 하나이며, 커피 산지에 따른 향의 차이와 변화는 매우 흥미로운 일임에 틀림없다. 예를 들면, 커피에 따라 단향은 다양한 느낌으로 나타나는데, 캐러멜 향Caramelly, 너트 향Nutty, 초콜릿 향Chocolaty, 꿀향Honey 등이다.

(3) 모양의 변화(Change of Shape)

생두의 모양은 조밀도, 수분, 함량에 따라 크게 2가지 형태로 변화한다.

❶ 조밀도가 강하면서 수분함량이 많은 생두인 경우

노란색Yellow, 1차 크랙1st Crack 단계에서 원두 표면이 많은 주름이 생기게 되는데, 이는 수분 함량과 단단함의 정도에 따른 현상이다. 원두 표면의 주름은 2차 크랙2nd Crack이 진행되면서 완전히 펴지게 되고, 원두의 내 · 외부 조직의 벌어짐을 최대화시켜 커피의 맛과 향을 이끌어 내게 되는 것이다.

❷ 조밀도가 약하면서 수분 함량이 적은 생두인 경우

부피의 변화만 일어나며, 원두 표면의 주름은 조밀도가 강한 생두에 비해 적게 생긴다. 원두 조직을 벌리는데 어려움이 적어 비교적 쉽게 로스팅할 수 있다.

(4) 무게의 변화(Change of Weight)

수분의 함량과 로스팅 정도에 따라 무게의 변화는 다르다. 약하게 볶으면 원두 내부의 수분 증발이 적게 이루어지나, 강하게 볶으면 수분의 증발이 많아 무게가 가벼워진다. 로스팅을 강하게 하면 할수록 무게는 점점 감소하여 수분 함량이 0%까지 내려가기도 한다.

예를 들어, 1kg 생두를 로스팅할 경우, 로스팅 정도에 따른 무게의 변화는 다음과 같다.

약한 로스팅(Light Roasted) : 12~15% 정도 감량, 약 850g 생산
중간 로스팅(City Roasted) : 17~20% 정도 감량, 약 800g 생산
강한 로스팅(French Roasted) : 25% 정도 감량, 약 750g 생산

3) 로스팅 머신의 각 부분별 명칭과 역할

현재 국내에서 많이 사용되고 있는 로스팅 머신 중 대표적인 3가지만 설명하고자 한다.

(1) 프로밧(Probat, 독일제품)

(2) 후지로얄(Fuji - Royal, 일본제품)

(3) 디드릭(Diedrich, 미국제품)

프로밧(Probat, 독일제품)

기계 부품기능 설명

전원 스위치 : 로스터 본체에 전원 on, off 기능

화력 조절계 : 드럼 내 외부에 필요한 열량을 공급하는 역할

온도계 : 드럼 내부의 온도 변화를 체크해 주는 역할

호퍼 : 볶을 생두를 담아 놓는 곳

확인창 : 커피의 볶음 정도를 볼 수 있는 창

확인봉 : 로스팅 과정 중 향, 모양, 컬러의 변화를 직접 확인할 수 있는 봉

배출구 : 로스팅을 마친 커피가 배출되는 곳

쿨링판 : 로스팅된 커피를 빠르게 식혀 주는 역할

냉각 쿨러 : 골고루 식혀 주기 위한 교반 역할

댐퍼 : 드럼 내부의 열량, 향, 연기, 실버스킨 등을 조절하는 기능

집진기 : 로스팅 과정에서 발생하는 실버스킨과 기타 불순물을 모아 주는 기능

디드릭(Diedrich, 미국제품)

후지로얄(Fuji-Royal, 일본제품)

다양한 커피 로스팅 머신

대 용량 상업용 커피로스터

4) 로스팅 그래프를 이용한 로스팅 단계별 변화

로스팅 과정을 매분마다 온도와 같이 측정하여 표시한 후 연결지으면 일반적인 로스팅 그래프가 만들어진다. 그래프에 표시된 대로 로스팅 과정을 단계별로 살펴보면 다음과 같다.

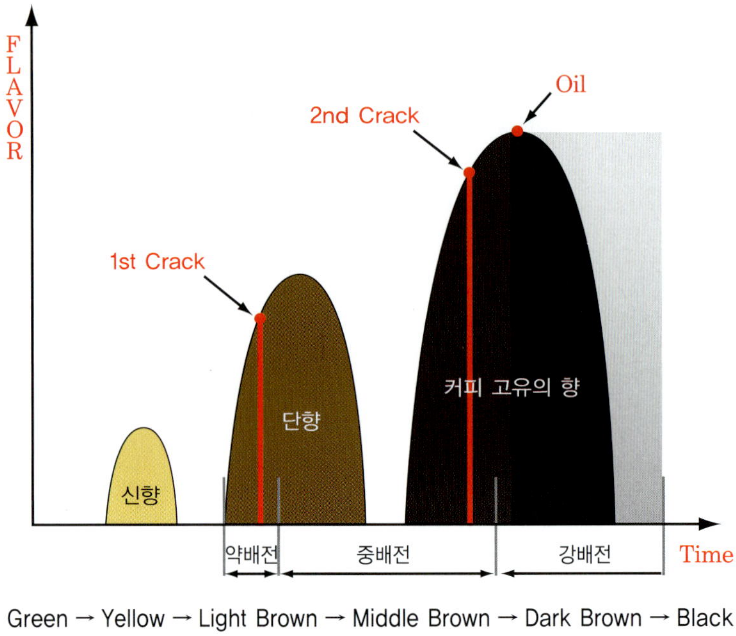

(1) 생두 투입 단계

예열된 드럼의 온도가 원하는 기준에 도달하게 되면 생두를 투입한다. 드럼 내부의 온도는 생두가 투입된 직후 급격히 떨어지기 시작하여 일정 온도에 도달되면 멈추게 되는데, 이를 '중점' 이라고 부른다. 중점을 지나면서 드럼 내부의 온도는 서서히 올라가고 생두 속의 수분은 방출된다. 수분은 수증기 형태로 증발되고, 동시에 생두가 필요한 만큼의 열량을 흡수하는데 이를 흡열 반응이라고 부른다.

(2) 노란색(Yellow) 단계

중점을 지난 생두는 본격적으로 물리 · 화학적으로 변화하기 시작한다. 색상은 녹색Green에서 노란색Yellow으로, 향은 생두의 고유의 향매콤한 향에서 단향으로 변화된다.

많은 로스터들은 로스팅 과정 중 여러 향의 변화를 느낄 수 있지만, 단향이 강하게 나는 노란색Yellow 단계에서 가장 좋은 느낌을 가질 수 있다고 얘기한다.

모든 커피가 단향을 발산하지만, 품종에 따라 발산되는 시점, 향의 지속성, 강도 등에는 차이가 있다. 이때의 커피는 신맛이 강하고, 곡물 맛, 비릿한 맛이 나며 향과 바디Body는 거의 느끼기 힘들다.

(3) 1차 크랙(1st Crack)

로스팅은 흡열 반응과 발열 반응이 순차적으로 진행되는 과정이라고 할 수 있다. 1차 크랙1차 벌어짐 시 '티딕티딕' 하는 소리가 나는데, 이때가 발열 반응의 시작이다. 발열 반응이란 커피 조직 속에 흡수된 열이 원두 바깥으로 발산되는 과정을 말한다. 흡열이 충분히 이루어진 원두의 조직이 벌어지면 크랙Cracking, 티딕티딕 나는 소리이 들리게 되며, 이 순간 원두 겉과 안쪽에 숨어 있던 커피 향이 발산되기 시작하는 것이다. 이때는 신향이 강하며 코끝을 강하게 자극하기도 하고, 과일의 상큼한 신향, 레드와인의 드라이한 신향, 자극적인 매운 향, 신향이 부족한 커피 향 등 여러 향이 다양하고 복잡하게 나타난다.

커피 산지에 따라, 품종에 따라 각기 다른 신향을 발산하기 때문에, 로스팅 시 느끼는 매력은 각별하다고 할 수 있다. 이때 커피 맛은 신맛이 안정되고 풍부해지며, 바디는 점점 강해지기 시작한다.

(4) 2차 크랙(2nd Crack)

발열반응 중 마지막 단계로 중요한 시점에 해당된다.

원두 조직이 최대한으로 팽창되어 1차 크랙 때보다 더욱 강한 커피 향이 되며, 향은 최고치를 이룬다. 한편 커피가 가지고 있는 여러 성분 중 지방 성분이 원두 표면으로 표출되어 윤기가 나며 반질반질해진다. 그 후 원두의 팽창은 멈추게 되고, 커피 향의 발산도 줄어들기 시작한다. 다시 말해, 지방성분이 나오기 전 시점에서 원두 조직을 최대로 팽창시켜 커피 고유의 향을 스며들게 해야 한다는 뜻이다.

이때의 커피는 쓴맛과 단맛이 조화롭게 나타나고, 대개의 커피는 신맛이 줄어들며, 풍부한 바디감을 느낄 수 있다.

(5) 2차 크랙 이후(Dark French)

커피의 맛과 향이 모두 사라지고 표면의 지방 성분도 다 타버려 숯처럼 된 상태, 즉 커피의 매력은 찾아볼 수 없는 시점이다.

로스팅 공부를 하다 보면 자신의 의지와 무관하게 경우에 따라 이 단계까지 가는 실수를 저지를 때가 있다.

5) 실패한 로스팅 분석방법

(1) Baked Bean(베이크드 빈)

투입량에 비해 너무 과한 열량이 드럼 내부의 원두에 전달됨으로써 겉면만 타고 내부는 제대로 익지 않는 경우이다. 주로 다음과 같은 조건에서 나타나게 된다.

① 온도는 높고 로스팅 시간이 짧은 경우

② 투입량에 비해 너무 높은 온도로 로스팅한 경우

③ 로스팅 과정 중 갑작스럽게 고온 로스팅을 하는 경우

④ 발열 반응인 1차 · 2차 크랙 시점에서 화력조절에 실패한 경우

이와 같은 경우에는 원두 조직의 벌어짐이 달라져 내 · 외부의 색상이 일치하지 않는다. 따라서 맛과 향이 불안정해져 훌륭한 커피 맛을 기대할 수 없다.

(2) Raw Nut(로우 넛)

약한 열량으로 단시간 로스팅한 경우 나타나는 현상이다. 원두 조직이 제대로 벌어지기 전에 종료함으로써 설익은 콩 냄새가 나타나게 된다.

① 저온으로 로스팅을 짧게 한 경우

② 투입량에 비해 너무 낮은 온도로 로스팅한 경우

③ 흡열반응 시점에서 투입된 열량이 부족한 경우

④ 수분이 많은 생두를 라이트 로스트light roast 정도로 볶은 경우

(3) Tipping(팁핑)

외부 조직은 로스팅이 잘된 느낌을 주지만, 실질적으로 내부는 로스팅이 제대로 되지 않은 경우에 해당된다. 쓴맛과 설익은 냄새가 나며, 원두의 색상은 어두운 빛깔을 띤다.

① 저온으로 오랫동안 로스팅 한 경우(저온 장시간 로스팅)

② 흡열반응 시점에서 열량 공급이 부족한 경우

③ 발열반응 시점에서 화력조절에 실패한 경우

(4) 가장 이상적인 로스팅 방법

① 정확히 평가된 생두에 맞는 투입 온도 설정

② 투입량에 따른 투입 온도 설정

③ 투입된 생두에 맞는 초기 화력 설정

④ 흡열 반응시 최대 화력 공급

⑤ 발열 반응시 화력 조절

⑥ 생두에 맞는 예열 방식, 뜸 방법 적용

⑦ 댐퍼를 이용한 향의 선택

⑧ 적절한 로스팅 시간

6) 커피의 산패

커피는 로스팅을 하게 되면 시간이 지남에 따라 향기가 소실되고 더 나아가 맛이 변질되는데 증발Evaporation–반응Reaction–산화Oxidation의 3단계의 과정을 거치게 된다.

산패요인

요 인	산 패 진 행
산 소	포장 내 소량의 산소만 존재해도 완전 산화된다.
수 분	상대습도가 100%일 때 3~4일, 50%일 때 7~8일, 0%일 때 3~4주부터 산패가 진행된다.
온 도	온도 10°C 상승 시마다 2.3승씩 향기 성분이 빨리 소실된다.
로스팅 정도	강한 로스팅일수록 함수율이 낮으며 오일이 베어 나와 있고 더 다공질 상태가 되어 산패가 약한 로스팅에 비해 빨리 진행된다.
분쇄입도	분쇄상태의 커피는 원두 보다 5배 빨리 산패가 진행된다.

7) 커피의 포장방법

커피의 포장방법은 공기포장, 진공포장, 밸브포장, 질소가압포장 방법 등이 있으며 질소를 가압하여 포장하는 질소가압포장이 포장방법 중 보관기간이 가장 긴 것으로 알려져 있다. 커피의 포장 재료가 갖추어야 할 조건은 보향성保香性, 차광성遮光性, 방기성防氣性의 세 가지이다.

03 블렌딩(blending)

블렌딩이란 일반적으로 두 가지 종류 이상의 커피를 혼합하는 것으로 조화로운 맛과 풍부한 향, 감칠맛 등을 얻기 위해서 여러 나라에서 재배된 커피를 혼합하는 공정을 말하며, 이것은 에스프레소의 맛을 결정하는 가장 중요한 요소이다.

상업적으로 커피를 볶아서 파는게 성행하기 전까지, 일반적으로 커피는 한가지의 종류를 볶아서 마시는 것이 일반적이었다. 1800년대 중반에 들어서면서 일부 선구적인 커피 로스터들이 여러 커피를 섞어보는 실험을 하게 되었다.

원두는 품종에 따라 각각 지니고 있는 맛과 향의 특성이 다르기 때문에 어떤 종류의 원두에 부족한 점을 다른 원두로 보강시켜줌으로써 더욱 조화로운 맛과 향을 얻을 수 있다.

우리나라에서 볼 수 있는 원두커피는 국산과 수입 여부에 관계없이 거의 100% 블렌딩 커피라고 볼 수 있다.

세계적으로 다른 커피와 섞여지지 않은 단종 커피의 음용 비율은 25% 정도이다. 75% 정도는 블렌딩blending 커피로 판매되기 때문에 매출의 핵심 키는 커피 블렌딩의 기술에 달려 있다.

블렌딩의 베이스 커피는 브라질이 독보적인 판매량을 기록하고 있다. 최초의 블렌딩 커피는 모카 – 자바Moka – Java이다. 예멘의 모카커피와 인도네시아 올드자바 커피를 혼합한 모카자바는 과일향과 꽃향이 나는 신맛의 모카 커피와 강한 바디를 가지고 있는 자바커피의 블렌딩하여 탄생되었다. 모카자바는 세기의 히트작으로서, 오늘날까지도 인기 커피로 자리잡고 있다. 최근에는 예멘의 내전으로 예멘모카를 구하기가 어려워 예멘모카의 원종인 에티오피아 하라커피가 대용되고 있다.

이처럼 블렌딩이란 단종 커피single orgin coffee의 단조로움을 탈피하여 두 가지 이상의 특성이 서로 다른 커피를 혼합하여 새로운 맛과 향을 강조하는 것을 말한다. 원두의 품종에 따라 각각 지니고 있는 맛과 향의 특성이 다르기 때문에 어떤 종류의 원두에 부족한 점을 다른 원두로 보강시켜 줌으로써 더욱 조화로운 맛과 향을 얻을 수 있다.

블렌딩을 잘하기 위해서는 원산지별 커피의 특성을 제대로 이해하고 있어야 하고, 일관된 로스팅이 이루어져야 하므로 커피 블렌딩이야말로 커피의 여러 분야 중 가장 어려운 작업이다.

04 블렌딩을 하는 이유

1) 새로운 맛과 향을 창조

단종 커피에서 발견할 수 없었던 새로운 특성을 창조하기 위함으로 블렌딩 기법이 아니라 예술art이라고 할 수 있다.

2) 차별화된 커피를 만들기 위해(signature blend)

특정한 커피숍이나 커피 체인점만의 특징적인 커피를 개발함으로써 다른 커피숍이나 회사와 차별성을 부여해 고객에게 재구매를 유도하기 위해서이다.

3) 원감 절감을 위해서(low cost blend)

경제적인 목적 즉 원가절감 차원에서의 커피 블렌딩이 이루어지는 경우가 상당히 많이 있는데 맛보다는 원가절감 측면에서 중급 이상의 아라비카 커피에 저급한 아라바카 커피나 로부스타 커피를 적당히 섞어 넣는 경우를 말한다.

05 블렌딩 시 주의사항

원두는 신선하고 좋은 것이어야 한다. 원두는 블렌딩에 적합하도록 배전된 것이어야 한다. 각 원두의 특성을 정확하게 파악하여야만 한다.

유사한 맛이 있는 원두배합은 피한다. 배합 시 원두의 선택은 유통이나 가격에 무리가 없고 품질이 안정된 종류의 원두를 선택하여야 한다. 배합의 기본이 되는 원두는 특히 품질이 안정된 브라질, 콜롬비아 등을 사용하여야 한다.

개성이 있는 원두를 주축으로 하고 그 위에 보충의 원두를 배합한다. 저품질의 재료를 사용해 가격을 조정하려고 할 경우에는 양질의 커피를 만들어 낼 수 없다.

또한 배합비율은 정확한 계량을 통해 결정하여야 한다. 보통 두 세종류의 원두를 혼합하는데 너무 많은 종류의 배합은 특징이 없는 커피가 되므로 가급적 피해야 한다.

1: 1 : 1식의 배합은 개성 있는 맛이 상쇄되어 실패하기 쉽다. 가장 보편적이면서 블렌딩하기 좋은 커피는 모카, 콜롬비아, 브라질, 로부스타 네 가지이며 커피를 블렌딩할 때는 부피비로 섞는 것이 좋다.

모카와 콜롬비아는 연한 커피이기 때문에 35%세컵 반씩 섞는다. 브라질과 로부스타는 진한 커피이기에 15%한컵 반씩 골고루 잘 섞어야 한다. 그렇지 않으면 커피의 맛이 균일하지 않다.

06 좋은 블렌딩을 위한 준비

(1) 각 종류를 스트레이트로 마셔 특유의 맛과 향을 미각을 통해 기억한다커핑을 통해 그 맛과 특성을 알아낸다.

(2) 상반되는 성질의 커피신맛 + 쓴맛를 사용하여 밸런스가 좋은 커피를 만들어 본다커피의 대표적 기본 맛(신맛, 단맛, 쓴맛, 짠맛) 테스팅 반복 연습을 통해 그 기술을 익힌다.

(3) 같은 성질의 커피를 기본으로 하고, 다른 성질의 커피를 특성을 주기 위해 사용하여일부 맛을 강조한 커피를 만들어 본다.

(4) 특정 커피를 기본으로 하고, 이 특성을 잃지 않을 정도로 다른 커피를 가하여 커피특징을 살리면서 조화롭고 중후한 커피를 만들어 본다.

07 블렌딩 방법

블렌딩 방법은 꼭 원산지만 다른 것이 아니라, 같은 커피라도 로스팅 정도가 다르거나 가공 방법이 상이한 특성이 다른 커피를 혼합하는 것도 가능하다.

1) 원산지가 서로 다른 커피 블렌딩

가장 일반적인 방법으로 원산지가 서로 달라 그 맛과 향의 특성이 크게 차이가 나는 경우이다. 새로운 맛을 창조할 가능성이 매우 큰 동일 국가라 하더라도 지역이 다른 경우도 포함된다.

예) 브라질 Santos + 콜롬비아 Supremo

에티오피아 Sidamo + 에티오피아 Harrar

2) 로스팅 정도가 서로 다른 커피 블렌딩

한 가지 생두를 로스팅 정도를 달리하여 블렌딩하는 방법이다. 로스팅 정도를 8단계로 분류하였을 때 3단계 이상 차이가 나지 않는 것이 좋다.

예) city roast + French roast(O)

Medium roast + French roast(X)

3) 가공 방법이 서로 다른 커피의 블렌딩

커피는 가공 방법에 따라 맛과 향이 상이하므로 이를 이용한 블렌딩 방법이다.

예) 브라질 washed + 브라질 natural

- 자연 건조 아라비카 : 중후함, 색깔, 크레마 강화
- 수세식 아라비카 : 향기, 뒷맛, 맛 강화
- 고급 로부스타 : 크레마의 품질과 안정성 강화

08 블렌딩의 일반 원칙과 단계

커피를 효과적으로 블렌딩하기 위하여 다음의 원칙을 권한다.

(1) 콩의 성격을 잘 알아야 한다.

사용하고자 하는 원두의 장단점을 잘 파악하고 결점을 보완할 수 있는 원두를 선택하여

야 하며, 각각의 원두를 사용해서 얻을 수 있는 효과의 정도를 명확히 알고 있어야 제대로 된 커피를 만들어 낼 수 있다.

(2) 블렌드에 2, 3 품종만 사용한다.

너무 많은 종류를 사용하는 것은 블렌딩을 복잡하게 만들 뿐이며 장점은 미미하다.

(3) 각 단종 커피를 의미 있는 양, 즉 최소 15% 이상 사용한다.

너무 적은 양을 섞는 것은 공정의 추가적 복잡성을 생각할 때 가치가 없다.

(4) 개성이 있는 원두를 주축으로 하고 그 위에 보충의 원두를 배합한다.

(5) 커피콩들의 향미 특성을 상호 보완하도록 블렌딩한다.

모카 자바가 좋은 사례로, 예멘 모카는 꽃향기와 상큼한 맛이 강하나 중후함이 약한 반면, 자바 커피는 상큼한 맛은 약하나 중후함이 강하며 열대 향신료 향기와 흙내음이 있다.

두 종류의 커피콩을 블렌딩 함으로써 모카 자바라는 각각의 커피콩이 가지지 못한 새로운 향기와 맛을 탄생시켰다.

| 에스프레소 블렌딩

(1) 기본 커피

자연 건조 아라비카 커피(산도가 낮고 균형 잡힌 맛) : 브라질, 인도, 인도네시아, 페루, 멕시코 커피

(2) 향기, 전체적인 맛, 중후함, 뒷맛을 위하여 사용하는 커피

- 달콤하고 균형 잡힌 맛 : 도미니카, 파나마, 페루, 멕시코 커피
- 향기와 상큼한 맛 : 콜롬비아, 코스타리카, 과테말라 커피
- 향기와 상큼한 맛 : 에티오피아, 케냐, 예멘 커피
- 중후함(body) : 수마트라, 술라웨시, 자바, 파푸아뉴기니 커피

(3) 크레마와 색상을 향상시키기 위하여 사용하는 커피

특급 로부스타 커피(specialty robusta)를 사용하면 크레마의 안정성을 높이고 우유 첨가 시 커피 향미를 강하게 한다.

09 커피 블렌딩의 결점과 원인

향미의 특성 원인을 보면

① 향미가 약하다.

- 블렌딩 로부스타 비율이 높을 때
- 충분히 끓이지 않은 물로 추출했을 때

② 향기가 부족하다.

- 아라비카 커피의 비율이 적을 때
- 브라질 로부스타 비율이 많을 때

③ 중후함이 약하다.

- 브라질 블렌딩 비율이 많을 때
- 저지대 아라비카 비율이 많을 때

④ 와인향과 중후함이 난다.

- 아라비카 비율이 많을 때
- 자연 건조 아라비카 비율이 많을 때

⑤ 이취가 난다.

- 발효된 브라질을 사용할 때
- 저급 로부스타우간다를 사용할 때

10 블렌딩 특성을 강화할 때 사용하는 커피콩

- **상큼한 맛 강화** 콜롬비아, 코스타리카, 과테말라, 중남미 고지대 아라비카
- **중후함 강화** 수마트라 만델링, 자연 건조 브라질 산토스
- **중후하고 달콤함** 고급 인도 아라비카, 자연 건조 브라질 산토스
- **향미 강화** 케냐, 과테말라, 파푸아뉴기니, 예멘, 짐바브웨
- **독특한 향기 강화** 에티오피아 이르가체프, 케냐
- **다양한 향미 강화** 수마트라 만델링, 술라웨시
- **와인과 과실향** 예멘, 에티오피아 하라, 케냐

Memo

제10장

커피의 성분과 보관

Hot Tips

| 화학적 성분

로스팅에 따른 성분의 상대적 변화

성분		생 두(%) 전 체	생 두(%) 가용성 성분	원 두(%) 전 체	원 두(%) 가용성 성분
탄수화물	당분	10.0	0.0	18.0~26.0	11.0~19.0
	섬유소 외	50.0	–	37.0	1.0
지 방		13.0	–	15.0	–
단백질		13.0	4.0	13.0	1.0~2.0
무기질		4.0	2.0	4.0	3.0
산	클로로제닉산	7.0	7.0	4.5	4.5
	유기산	1.0	1.0	2.35	2.35
알카로이드	트리고넬린	1.0	1.0	1.0	1.0
	카페인	1.0	1.0	1.2	1.2
휘발성 화합물	탄산가스	–	–	2.0	미량
	향기성분	–	–	0.04	0.04
페 놀		–	–	2.0	2.0
총 량		100	26	100	27~35

Sivetz & Desrosier – Coffee Technology

| 가용성 성분

- 생두의 당분, 단백질, 유기산 등은 갈변반응을 통해 가용성 성분으로 변한다.
- 로부스타는 아라비카보다 약 2% 많으며 고온에서 단시간 로스팅하면 약 2~4% 증가한다.

01 커피의 맛과 향의 표현

우리가 커피를 마실 때 느낄 수 있는 커피의 향기Aroma와 맛taste의 복합적인 느낌을 플레이버Flavor, 향미라고 하며, 이런 커피 플레이버에 대한 관능평가Seneory evalution는 후각Olfaction, 미각Gystation, 촉각Morthfeel의 세 단계로 나뉜다.

전문가들은 생두가 약 2,000가지의 물질로 구성되어 있고, 로스팅 후 발현되는 성분이 850가지 정도라고 추정하고 있다. 따라서 많은 물질들이 복잡하게 뒤섞인 커피를 '이런 맛이다', '이런 향이다' 라고 표현하는 것은 쉽지 않다.

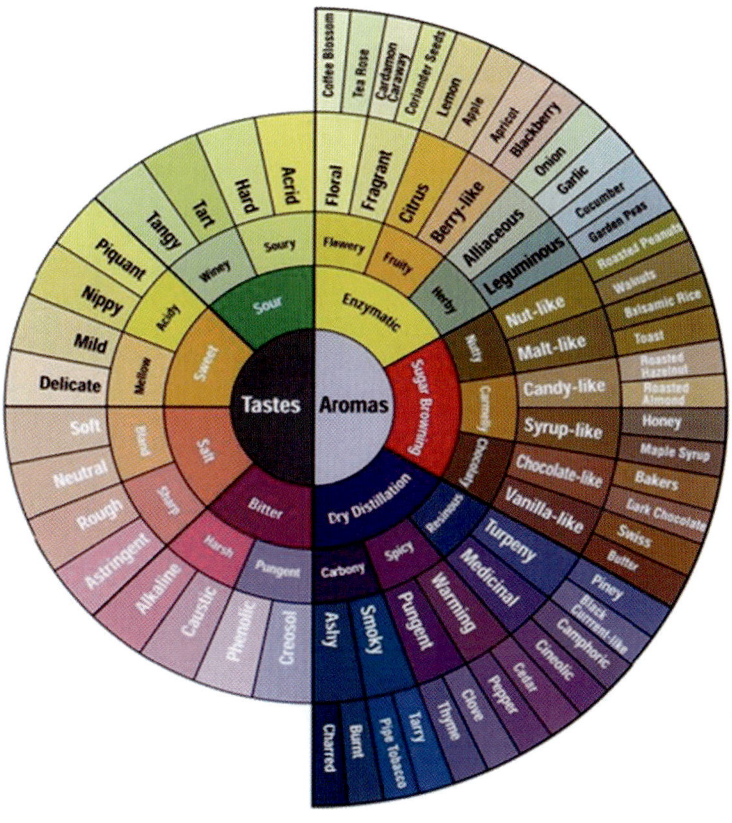

SCAA Coffee Taster s Flavor Wheel

02 커피의 맛

커피에서 느낄 수 있는 기본적인 맛은 단맛, 짠맛, 신맛, 쓴맛이다. 쓴맛의 역할은 단지 다른 세 가지 맛의 강도를 조절할 뿐이며 예외적으로 질이 낮은 커피나 다크 로스트 커피에서 쓴 맛이 지배적으로 느껴진다.

기본 맛 중 짠맛이 포함되어 있어 의외라고 느낄 수 있겠으나 원두 내의 산화 무기물, 산화 칼륨, 산화 인, 산화 마그네슘 등에 기인하여 느껴지는 맛이다.

이 네 가지 기본 맛Four Basic Tastes을 기본으로 생성되는 커피의 맛들은 다음과 같다.

네 가지 기본 맛(Four Basic Tastes)

맛	원인 물질
신맛	• 클로로제닉산(Chlorogenic acid), 옥살릭산(Oxalic acid), 말릭산(Malic acid), 시트릭산(Citric acid) 타타릭산(Tartaric acid) 같은 유기산(Organic acid)에 기인한다. • 아라비카 종은 pH 4.9~5.1 / 로부스타 종은 pH 5.2~5.6이다. • 라이트-시나몬 로스트일 때 신맛이 가장 강하다.
단맛	• 환원당, 캐러멜당, 단백질 등에 기인한다. • 아라비카 종이 로부스타 종보다 더 강하다.
쓴맛	• 알카로이드인 카페인과 트리고넬린, 카페익산, 퀴닉산 등의 유기산과 페놀릭 화합물에 기인한다. • 로부스타 종이 아라비카 종보다 더 강하다.
짠맛	• 산화칼륨

| 온도와 맛의 변화

- 단맛은 온도가 높아지면 상대적으로 약해진다.
- 짠맛은 온도가 높아지면 상대적으로 약해진다.
- 과일산은 온도 변화에 따른 영향을 받지 않아 신맛은 온도의 영향을 거의 받지 않는다.

1) 커피의 맛

커피의 1차 맛과 2차 맛

1차 맛	맛의 변화	2차 맛
Acidy(애시디)	단맛 쪽	Nippy(니피)
	신맛 쪽	Piquant(피컨트)
Mellow(멜로우)	단맛 쪽	Mild(마일드)
	짠맛 쪽	Delicate(델리커트)
Winey(와이니)	단맛 쪽	Tangy(탱이)
	신맛 쪽	Tart(탈트)
Bland(블랜드)	단맛 쪽	Soft(소프트)
	짠맛 쪽	Neutral(뉴트럴)
Sharp(샤프)	짠맛 쪽	Rough(러프)
	신맛 쪽	Astringent(어스트린젼트)
Soury(사워리)	짠맛 쪽	Acrid(애크리드)
	신맛 쪽	Hard(하드)

맛의 분류	내 용
Acidy(상큼한 맛)	오렌지를 먹었을 때 느껴지는 상큼함과 같은 느낌이다. 단맛과 신맛이 동시에 나타나지만, 단맛이 더 강하게 느껴진다.
Mellow(달콤한 맛)	커피를 마시고 난 후에 느껴지는 달콤함이다. 단, 설탕을 먹었을 때 느껴지는 단맛을 기대하기는 어렵다.
Winey(와인의 맛)	와인을 마셨을 때 느껴지는 신맛과 약간의 달콤함으로 비유될 수 있다.
Bland(밋밋한 맛)	특징적인 맛을 느낄 수 없는 상태다. 커피 내의 당분이 무기질 성분과 결합하여 무기질의 맛(짠맛)을 중화시키기 때문에 나타난다.
Sharp(자극적인 맛)	톡 쏘는 듯한 맛으로 신맛과 강한 짠맛에 기인하여 생성된다.
Soury(시큼한 맛)	신맛과 떫은 맛이 동시에 느껴진다(발효된 식초를 먹었을 때의 느낌)

2) 맛 성분

맛 성분은 주로 가용성으로 끓는 물에서 약 18~22% 추출되는 게 좋다.

03 커피 향이란

커피의 전체적 향은 부케Bouquet라고 부르며, 프레이그런스Fragrance, 아로마Aroma, 노즈Nose, 애프터테이스트Aftertaste의 네 부분으로 구성된다.

각각의 부분에서 느껴지는 향은 분명한 차이가 있으나, 한 잔의 커피 향은 다음 중 하나에 의해서만 구성되는 것이 아니고 네 부분이 조화를 이루면서 만들어지는 것이다. 당분, 아미노산, 유기산 등이 로스팅 과정을 거치며 갈변 반응을 통해 향기성분으로 바뀐다. 휘발성 화합물은 중량이 0.05% 미만인 700~2,500ppm으로 매우 적은 양이나 800여 가지가 넘으며 가스방출과 함께 증발되어 상온에서 시간이 지나면서 커피 향기를 잃어버린다. 아라비카종이 로부스타종보다 향이 많고 로스팅이 진행되면서 풀 시티 로스트까지 증가하나 프렌치, 이탈리안 로스트에 이르면 오히려 감소한다.

1) Bouquet의 구성(SCAA Cupper's Handbook)

향의 종류	특 성	원인 물질	주로 나는 향기
Frangrance (프레이그런스)	볶은 커피의 분쇄 향기 (=Dry aroma)	에스테르 화합물	Flower
Aroma(아로마)	추출 커피에서 맡을 수 있는 향기(=Cup aroma)	케톤이나 알데히드 계통의 휘발성 성분	Fruity Herbal Nut-like
Nose(노우즈)	마실 때 느껴지는 향기	비휘발성 액체 상태의 유기 성분	Candy Syrup
After taste (앱터 테이스트)	마시고 난 다음 입 뒤쪽에 느껴지는 향기(뒷맛, 후미)	지질 같은 비 용해성액체와 수용성 고체물질	Spicy Turpeny

(1) 프레이그런스(Fragrance ; 볶은 커피 향)

원두를 갈면 커피의 조직이 분쇄되면서 열이 발생한다. 이때 커피 조직 내에 있던 탄산가스가 방출되면서 향 성분을상온에서 기체 상태 함께 방출한다. Sweetly달콤한 꽃향기, Spicy달콤한 향신료의 톡 쏘는 향 등을 느낄 수 있다.

(2) 아로마(Aroma ; 추출 커피 향)

분쇄 커피가 뜨거운 물과 접촉하면 분쇄 커피가 가지고 있는 향 성분의 75%가 날아가 버린다. 뜨거운 물의 열이 커피 입자 안에 있는 유기 화합물의 일부를 기화시키면서 다양한 향이 만들어지는데, Fruity과일 향, Herby허브 향, Nutty너트 향 등이 그것이다.

(3) 노즈(Nose : 마시면서 느끼는 향)

커피를 마시면 커피 액체가 입 안에 있는 공기와 만나 액체 중 일부가 기화된다. 이 과정에서는 맛을 감지할 수 있을 뿐만 아니라 코에서도 향을 느낄 수 있게 되는데, Caramelly캐러멀 향, Nutty볶은 견과류 향, Malty볶은 곡류향 등 다양하며, 원두의 로스팅된 정도에 따라서도 변화된다.

(4) 애프터테이스터(Aftertaste : 입안에 남는 향)

커피를 마시고 난후 입안에서 느껴지는 향을 씨앗이나 향신료에서 나는 톡 쏘는 향 등이다. 강하게 로스팅된 커피에서는 Carbony탄 냄새, choscolate-type초콜릿 향 등을 느낄 수 있다.

생성원인	종 류	세부 항목
효소 작용 (Enzymatic by-products :엔지메틱 바이-프라덕트)	Flowery (플라워리)	Floral(플로랄), Fragrant(프래그런트)
	Fruity (프루티)	Citrus-like(시트러스-라이크), Berry-type(베리-타입)
	Herby(허비)	Alliaceous(앨리에이셔스 : 파냄새), Leguminous(리규머너스 : 콩냄새)
갈변 반응 (Sugar browning by-products :슈가 브라우닝 바이-프라덕트)	Nutty(너티)	Nutty(너티), Malty(말티)
	Caramelly (캐러멀리)	Candy-type(캔디-타입), Syrup-type(시럽-타입)
	Chocolaty (초코레이티)	Chocolate-type(초콜릿-타입), Vanilla-type(바닐라-타입)
건류반응 (Dry distillation by-products :드라이 디스털레이션 바이-프라덕트)	Turpeny (터페니 : 송진)	Resinous(레저너스 : 합성수지), Medicinal(머디서널 : 약냄새)
	Spicy (스파이시)	Warming(워밍 : 약간 자극), Pungent(펀전트 : 톡쏘는)
	Carbony (카버니 : 탄맛)	Smoky(스모키), Ashy(애시)

※ 아래로 갈수록 분자량이 크고 무거워서 휘발성이 약해진다.

3) 향기의 강도

강 도	내 용
Rich(리치)	풍부하면서 강한 향기(full & strong)
Full(풀)	풍부하지만 강도가 약한 향기(full & not strong)
Rounded(라운디드)	풍부하지도 않고 강하지도 않은 향기(not full & not strong)
Flat(플래트)	향기가 없을 때(absence of any bouquet)

04 커피의 촉감(Body : 바디)

입안의 촉감Coffee Mouthfeel이란 음식이나 음료를 섭취하는 과정에서 느껴지는 물리적 감각으로 부드럽다. 딱딱하다, 촉촉하다 등의 느낌을 말한다. 입 안에 있는 말초 신경은 커피의 점도Viscosity : 비스카써티와 미끈함Oiliness : 오일리니스을 감지하는데 이 두 가지를 집합적으로 바디Body라고 표현한다.

커피의 경우도 마시면서 입 안에서 느껴지는 느낌이 있는데, 이것은 원두 내의 지방, 고형 침전물 등에 의해 기인한다. 생두의 종류, 로스팅된 정도에 따라 차이가 있으며, Buttery매우 기름진, Creamy기름진, Thick진한, Heavy중후한, Smooth부드러운, Light연한, Thin묽은, Watery매우 묽은 등으로 표현된다.

| 촉감(Body : 바디)

- **지방함량에 따라(Oiliness : 오일리니스)**
  Buttery(버터리) 〉 Creamy(크리미) 〉 Smooth(스무스) 〉 Watery(워터리)
- **고형 성분의 양에 따라(Viscosity : 비스카서티)**
  Thick(딕) 〉 Heavy(헤비) 〉 Light(라이트) 〉 Thin(띤)

05 커피의 성분

커피는 알칼리성 식품이다.

1) 쓴맛의 생성

- 카페인에 의한 쓴맛은 전체의 10% 정도이다.
- 카페인 함량은 로스팅을 해도 거의 일정한 값을 유지한다.

(1) 트리고넬린(Trigonelline)

생두	• 카페인의 약 25%의 쓴맛을 낸다. • 커피뿐만 아니라 어패류와 홍조류 등에 다량 함유되어 있다. • 아라비카종이 다른 종보다 비교적 많이 함유되어 있다.
원두	• 열에 불안정하여 로스팅이 진행되면 급속히 감소한다.

(2) 카페인(Caffeine)

생두	• 퓨린(Purine) 염류에 속하며 재배지, 품종에 따라 함량 차이가 크다. • 씨앗뿐만 아니라 잎에도 소량 함유(나무껍질과 뿌리에는 없음)되어 있다.
원두	• 카페인은 열에 안정적이어서 130℃ 이상이 되면 일부 승화하여 소실되나 대부분은 원두에 남는다.

2) 카페인

카페인의 특성은 카페인은 냄새가 없고 쓴맛이 난다. 질소를 포함하고 있는 알칼로이드 화합물이며 혈중 또는 체내에 축적되지 않고 몇 시간 이내에 모두 배설된다.

순수한 카페인은 녹는점은 238℃이며 대기압에서는 178℃ 에서 승화한다. 뜨거운 물에 대단히 잘 녹고 일반적으로 카페인은 유기용매에 잘 녹지 않는다.

분말 커피에는 무게 비로 0.75~1. 5% 정도의 카페인이 들어 있다.

인스턴트 커피(150ml) 한잔에는 60mg의 카페인이 들어 있다. 따라서 커피 한 잔에 평균 100mg 정도의 카페인이 들어 있다. 카페인은 중추신경계 · 심장 · 혈관 · 신장을 자극하는 효과가 있으며 이뇨제로 작용한다. 카페인은 보통 3~7시간이 경과하면 섭취량의 1/2이 요산으로 변하여 체외로 배출된다.

하루에 1g(10잔-20잔)을 마시면 사람에 따라 이상 증상을 일으킬 수 있다. 카페인 성분은 금단현상을 일으킬 수 있어 전문가들은 하루에 400mg 이하의 카페인을 섭취하는 것이 건강상 가장 바람직하다고 한다.

(1) 카페인의 효능

- 잠을 쫓는 효과 : 커피의 가장 큰 효과는 각성 효과이며 이는 카페인의 약리 작용 때문이다.
- 학습능력 향상 : 동경의대 엔도 미노루 교수는 의대생들에게 커피를 마시게 한 후 계산능력을 평상시와 비교한 결과 학생들의 계산속도가 빨라졌다는 실험결과를 발표했다.
- 다이어트효과 : 커피 한 잔은 지방을 분해하고 이뇨작용을 증가시켜 혈액 순환을 원활하게 한다. 쓸모 없는 노폐물을 몸 밖으로 배출해 준다.

또한 커피는 혈관을 수축시키는 작용을 하기 때문에 신진대사를 증가시켜 다이어트 효과가 있으며 인체의 에너지 소비량을 10% 증가시켜 비만방지에 도움을 준다.

커피 다이어트는 암이나 성인병 치료를 연구하는 과정에서 얻게 된 다이어트요법이다.

난치병 치료로 유명한 거슨요법의 유기농 커피관장법이 체중감량에도 효과적이라는 사실이 밝혀지면서 주목받게 되었다.

커피관장을 하면 체내에 축적된 각종 독소들이 빠져나가고 유기농커피의 풍부한 무기물질과 독특한 성분들이 지방분해를 도와 자연스럽게 체중이 빠지는 효과를 얻을 수 있다고 한다. 커피관장이 지방분해에 뛰어난 효과를 내는 것은 팔미테이트와 카페인 성분 때문이다.

팔미테이트는 해독 효소의 기능을 6백 배 이상 높여 신진대사를 원활하게 해 준다.

- 숙취 해소효과 : 쥐에 알코올을 마시게 하고 한 무리의 쥐에게는 커피를 다른 무리에는 물을 먹여주었다.

커피를 마신 쪽은 70분 후 정상적인 운동을 했으나 물을 먹인 쪽은 90분 후에도 정신을 차리지 못 하였다.

커피는 아세트알데히드의 분해를 촉진시키며 신장기능을 원활하게 하고 분해된 물질의 체외배출을 손쉽게 해 숙취해소에 큰 도움이 된다.

• 담석예방 효과 : 90년대 초반 스웨덴의 병원 연구팀에서 커피의 카페인이 몸 안에 있는 담석을 파괴한다고 주장했다.

라이츠만 박사의 연구에서 10년에 걸쳐 조사결과 하루에 커피를 2-3잔 마시는 사람은 커피를 전혀 마시지 않는 사람에 비해 담석이 생길 위험이 40% 4잔 이상 마시는 사람은 45% 낮은 것으로 나타났다고 밝혔다. 커피는 반드시 카페인이 함유된 것이어야 하며 카페인제거 커피는 효과가 없다고 강조했다.

• 입 냄새의 예방 : 커피에 함유되어 있는 Furan류는 특히 마늘의 냄새를 없애는 효과가 있다. 커피에 우유나 크림을 넣으면 Furan류가 먼저 이쪽에 결합하기 때문에 효과가 없어진다. 커피는 그 독특한 향으로 음식냄새를 없애주는 작용도 하는데 원두커피는 입 냄새를 없애는 효과가 있다.

• 폐 호흡기 질환에 효과 : 예로부터 서양에서는 진한 커피를 천식 치료제로 사용해 왔다. 이는 카페인이 호흡기관의 근육피로를 줄임으로써 호흡이 편하게 되기 때문이다. 따라서 호흡이 곤란한 병에는 커피의 카페인이 좋은 영향을 미칠 수 있다. 특히 만성적인 폐쇄성 폐질환에는 카페인이 좋은 약으로 알려져 있다.

3) 탄수화물

(1) 유리당

생두	• 유리당류는 원두의 갈색이나 향의 형성에 큰 영향을 미친다. • 유리당류 중 자당(Sucrose)이 주성분으로 6~8% 정도 포함되어 있다. • 유리당류는 아라비카종이 로부스타종보다 많이 함유되어 있다.
원두	• 유리당류는 로스팅 후에 거의 소실된다. • Sucrose는 로스팅 후에 갈색 색소 향기성분으로 변화하고 나머지는 이산화탄소와 물로 사라진다.

(2) 다당류

생두의 탄수화물 조성 (%)

holo celluose	hemi celluose	전분 (starch)	sucrose	pentosan	펙틴	환원당	계
18.0	15.0	10.0	7.0	5.0	2.0	1.0	57.0

4) 단백질

■ 유리아미노산

① 로스팅에 의해 급속히 소실된다.

② 당과 반응해서 멜라노이딘Melanoidine 및 향기성분으로 변화한다.

③ 생두의 0.3~0.8%로서 원두의 향기 형성에 중요한 성분이다.

④ 일부 성분은 쓴맛 성분과 결합해서 갈색색소 성분으로 변화한다.

5) 지질(Lipid)

- 아라비카종 : 평균 15.5% / 로부스타종 : 평균 9.1%
- 장기 저장 시 지질의 산가는 증가한다.
- 커피생두의 색깔은 녹청색 → 옅은 녹청색 → 황색 → 갈색으로 변화한다.
- 저장기간이 길어질수록 lipase에 의한 가수분해가 촉진되어 산가가 높아진다.
- 커피생두의 지질성분 : Triglyceride/Diterpene
/Tocopherol(Vitamin E)/Phospholipid

지질 각 부위의 지방산 조성

linoleic acid	palmitic acid	oleic acid	stearic acid	arachidic acid
43.1	31.1	9.6	9.6	4.1

6) 수용성 비타민

수용성 비타민인 나이아신의 함량이 많다.

비타민	생 두(mg/kg)	원 두(mg/kg)
Niacin	22.0	93~436
Thiamin	2.1	0~0.7
Riboflvin	2.3	0.5~3.0
Ascorblc acid	460~610	-
Panthothenic acid	10.0	2.3

7) 클로로겐산

커피 한 잔당 클로로겐산함량은 레귤러 커피는 15~325mg, 인스턴트 커피는 55~240mg이다. 사람이 클로로겐산 200mg을 섭취하면 위액의 분비를 자극한다.

일본 한 연구팀의 연구결과 커피 중에 함유되어 있는 클로로겐산은 발암물질의 하나인 'OH'의 발암성을 억제하는 경향이 있어 간암 위험을 감소시키는 효과가 있다고 발표했다.

클로로겐산은 암 유발물질인 니트로사인이 형성되기 전에 몸 밖으로 배출하는 역할을 하는 물질이다.

항산화물질인 폴리페놀의 일종인 클롤로겐산은 지방흡수를 억제하고 간에서 지방대사를 활성화해서 에너지로 바꾸는 역할을 한다.

섭취된 클로로겐산은 장내에서 분해되어 신진대사가 이루어지고 약리학적으로는 장의 미생물에 의해 변화되어 소변 중에 배설된다.

핀란드의 자코박사는 커피를 많이 마시면 마실수록 그에 비례해 성인 당뇨병의 위험은 줄어든다고 주장했다. 일본에서는 클로로겐산이 동맥경화를 예방하는 HDL좋은 콜레스테롤을 증가시킨다는 것을 밝혀냈다.

8) 무기 성분

무기질인 칼륨의 함량이 많고 커피 한 잔당 칼륨이 65~155mg 정도 들어 있다.

06 갈변 반응(Sugar-browning)

1) 캐러멜화(Caramelization)

당을 가열할 때 생두에 5~10% 포함되어 있는 Sucrose의 캐러멜화

2) 마이야르 반응(Mailclad Reaction : 매이클애드 리액션)

비효소적 갈변반응으로 생두를 로스팅할 때 생두에 포함되어 있는 미량의 아미노기

Amino group와 환원당인 카보닐기Carbonyl group와 작용하여 갈색의 중합체인 멜라노이딘 Melanoidine을 만드는 반응

3) 클로로제닉산(Chlorogenic acid)에 의한 갈변

고분자의 갈색색소는 Chlorogenic acid류와 단백질 및 다당류와의 반응으로 형성된다.

07 커피의 향미 결점(Flavor taints & faults)

■ 1단계 : 수확과 건조(Harvesting/Drying)

종 류	생 성 원 인
Rioy(리오이)	요오드 같은 약품 맛이 심하게 나는 맛의 결점으로 자연 건조한 브라질 커피에서 주로 발생
Rubbery(러버리)	커피열매가 너무 오랫동안 매달려 부분적으로 마를 때 생성되는 결점으로 아프리카의 건식 로부스타 종에서 발생
Fermented(퍼멘티드)	혀에 매우 불쾌한 신맛을 남기는 맛의 결점
Earthy(얼씨)	커피의 뒷 맛에서 흙냄새를 나게 하는 향기 결점
Musty(머스티)	지방성분이 곰팡이 냄새를 흡수하거나 콩이 곰팡이와 접촉하여 발생
Hidy(하이디)	우지(牛脂)나 가죽냄새가 나는 향기 결점

■ 2단계 : 저장과 숙성(Storage/Aging)

종 류	생 성 원 인
Grassy(그래시)	갓 벤 알팔파에서 나는 냄새와 풀의 아린 맛이 결합된 향미 결점
Strawy(스트로이)	수확한 후 보관을 오래하여 유기 물질이 없어져 생성
Woody(우디)	불쾌한 나무와 같은 맛(wood-like)을 내는 맛의 결점

■ 3단계 : 로스팅의 캐러멜화 과정(Roasting/Caramelization)

종 류	생 성 원 인
Green(그린)	로스팅 과정에서 너무 낮은 열을 너무 짧은 시간에 공급하여 당-탄소 화합물이 제대로 전개되지 않아서 생성
Baked(배이크드)	낮은 열로 너무 오래 로스팅을 하여 캐러멜화가 제대로 진행되지 않아 향미 성분이 충분히 생성되지 않게 되어 발생
Tipped(팁드)	로스팅 시 열량 공급 속도가 너무 빨라 콩이 부분적으로 타서 발생
Scorched(스콜치트)	로스팅 과정에서 너무 많은 열이 너무 짧은 시간에 공급되어 콩의 표면이 타서 발생

■ 4단계 : 로스팅 후 변화(Post-roasting/Staling)

종 류	생 성 원 인
Flat(플랫)	로스팅 후 산패가 진행되어 향기 성분이 소멸되어 발생하는 결점
Vapid(배피드)	유기물질이 소실되어 추출 커피에서 향이 별로 없는 향기 결점
Insipid(인시피드)	커피의 플레이버 성분이 소실되어 추출한 커피에서 느껴지는 맥 빠진 맛을 내는 맛의 결점
Stale(스태일)	산소와 습기가 커피의 유기물질에 안 좋은 영향을 주어 생성되거나 로스팅 후 불포화 지방산이 산화되어 생기는 맛
Rancid(랜시드)	상당히 불쾌한 맛을 느끼게 하는 맛의 결점

■ 5단계 : 추출 후 보관 중 변화(Post-Brewing/Holding)

종 류	생 성 원 인
Flat(플랫)	추출 후 보관 과정에서 향기 성분이 커피에서 소멸되어 발생
Vapid(배피드)	유기 물질이 소실되어 추출커피에서 향이 별로 나지 않는 결점
Acerbic(어설빅)	추출 후 뜨거운 상태에서 지속적으로 보관 시 생성되는 강한 신맛
Briny(브라이니)	물이 증발하고 무기질 성분이 농축되면서 짠맛이 나는 맛의 결점
Tarry(태리)	커피 추출액의 단백질이 타서 생성된 불쾌한 탄맛이 나는 결점
Brackish(블래키시)	산화무기물과 염기성 무기질이 농축되어 나타나는 맛의 결점

08 커피 커핑(Coffee Cupping) 테스트

커피 샘플의 향Aroma과 맛Taste의 특성을 체계적으로 평가하는 것을 말하며, 이런 작업을 전문적으로 수행하는 사람을 커퍼Cupper라고 한다.

1) 커퍼의 소개

일반적으로 커피 농장들은 커피를 재배하고 생산할 뿐 생산한 커피에 관한 유통 체계, 마케팅 능력, 홍보력, 해외수출 능력 등은 갖추고 있지 못하다. 따라서 커피 생산지에서는 이러한 능력을 갖춘 커피 조합들이 농장과 계약을 맺고 판매를 대행해 주는 것이 일반적이다. 커피조합은 국가 소유의 공기업인 경우와 개인 소유의 사기업인 경우 등으로 각 나라의 상황에 따라 다르다.

커피 조합에는 생두를 로스팅하여 맛본 후 평가 기준에 따라 등급을 매기는 일을 전문적으로 하는 이들이 있는데, 이들을 커퍼라 한다.

그 해에 생산된 생두는 커퍼에 의해 커핑 테스트를 거쳐 등급이 매겨지고, 각 등급에 따라 내수용, 수출용 등 다양하게 분류된다.

한편 유럽이나 미국, 일본 등의 대규모 생두 회사에도 커퍼가 있으며, 이들도 동일한 평가 기준을 가지고 수입된 생두를 다시 한 번 평가하는 일을 한다.

2) 커핑 테스트란

커핑 테스트란 앞에서 설명한 바와 같이 생두의 등급을 매기기 위하여 하는 테스트이다. 커핑 테스트를 위해서는 다음과 같은 준비물들이 필요하다.

① 테스트하고자 하는 분쇄 원두

② 4개 이상의 시음용 컵나라에 따라 개수에는 차이가 있으나, 스페셜티급 이상의 커피는 보통 4개 이상으로 한다

③ 계량 저울

④ 커핑 스푼

⑤ 커핑 테스트 결과 기록지

⑥ 커핑 스푼을 닦을 수 있는 물이 담긴 용기

⑦ 테스트한 커피를 뱉을 수 있는 용기전용테이블에 부착되어 있지 않은 경우 따로 준비한다

⑧ 입을 헹굴 수 있는 냉수(전용테이블에 부착되어 있지 않은 경우 따로 준비한다)

SCAASpecialty Coffee Association of America의 커핑 테스트 매뉴얼에 따르면 다음과 같다.

단계	사진	내용
	 	2.2kg의 생두에서 한시간 안에 100% 결점두를 골라 내야 한다.
1		원두를 중배전으로 볶고 가는 입도로 분쇄한다.
2		6온스컵에 분쇄 커피를 8.25g 붓는다. 같은 종류의 커피를 각각 4개의 컵에 담는다. 1개의 컵으로만 평가할 경우, 결점두가 포함되어 있으면 올바른 결과가 나오기 어렵기 때문이다. 코를 가까이 대고 볶은 커피 향(Fragrance)의 속성과 강도를 평가한다.
3	 	150ml의 물(85~90도)을 붓고 저으면서 코를 가까이 대고 추출 커피의 향(Aroma)을 평가한다. 물의 온도는 90도가 넘지 않도록 주의한다.
4		5분간 침지시키면서 떠 있는 커피와 거품을 걷어낸다. 커피 온도는 약 55~65도가 적당하다.

단계	사진	내용
5	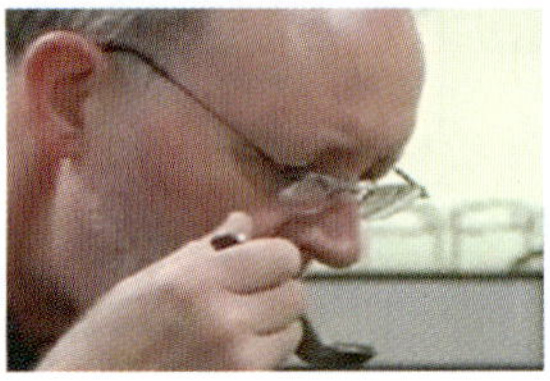	커핑 스푼으로 약 반 정도(6~8ml) 떠서 입 안으로 강하게 흡입(Slurping)하여 혀의 전면에 골고루 퍼지게 한다. 이때 '쉭' 하는 소리가 날 정도로 강하게 흡입한다. 추출 커피를 강하게 흡입하면 액체 커피가 증기로 변하여 코의 후각 세포에서 향을 인식하게 되며, 혀의 모든 부분에서 맛을 균형 있게 느낄 수 있다.
6	 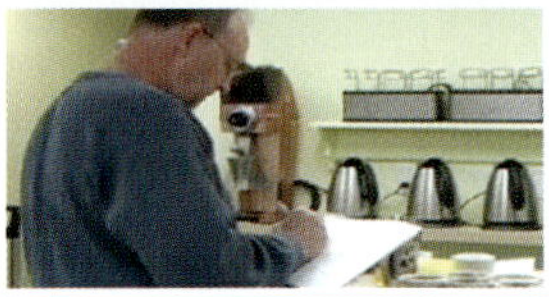	3~5초 머금으면서 혀를 입 천장에 굴려서 향, 맛, 바디를 평가하고 기록한다.
7	Cupping Form 참고 	커피를 뱉고 약 30초 후, 입 안에 남아 있는 향기, 애프터테이스트를 평가, 기록한다. 향과 맛 속성은 커핑 양식에 항목별로 기록한다.

09 SCAA 커핑 테스트 기록지 작성요령 및 평가 항목, 평가 기준

1) 작성 요령

① 왼쪽 네 줄에 견본번호, 재배지, 가공방법, 품질정보등급 등, 볶음도를 기록한다.

② 커피 향의 10가지 평가 항목을 기준에 따라 평가하고 기록한다.

③ 10항목의 합계를 계산한 후, 결점두 점수(두 항목 테인트와 폴트를 합산한 것)를 빼서 종합평가 점수를 □ 내에 기록한다.

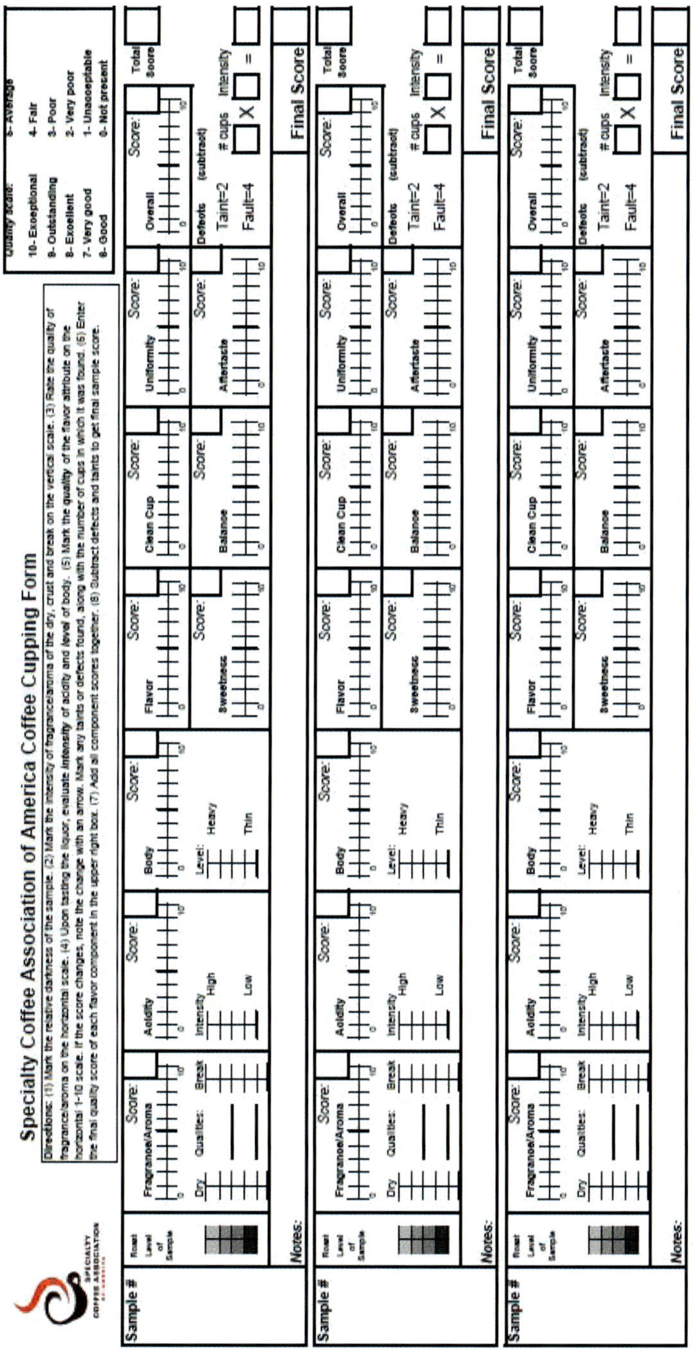

Specialty Coffee Association of America Coffee Cupping Form

Directions: (1) Mark the relative darkness of the sample. (2) Mark the intensity of fragrance/aroma of the dry, crust and break on the vertical scale. (3) Rate the quality of fragrance/aroma on the horizontal scale. (4) Upon tasting the liquor, evaluate *intensity* of acidity and *level* of body. (5) Mark the *quality* of the flavor attribute on the horizontal 1-10 scale. If the score changes, note the change with an arrow. Mark any taints or defects found, along with the number of cups in which it was found. (6) Enter the final quality score of each flavor component in the upper right box. (7) Add all component scores together. (8) Subtract defects and taints to get final sample score.

Quality scale:	
10- Exceptional	5- Average
9- Outstanding	4- Fair
8- Excellent	3- Poor
7- Very good	2- Very poor
6- Good	1- Unacceptable
	0- Not present

Sample # | Roast Level of Sample | Fragrance/Aroma Score: (Dry, Qualities:, Break) | Acidity Score: (Intensity: High, Low) | Body Score: (Level: Heavy, Thin) | Flavor Score: | Clean Cup Score: | Uniformity Score: | Overall Score: | Total Score
Sweetness Score: | Balance Score: | Aftertaste Score: | Defects (subtract) Taint=2, Fault=4 — # cups X Intensity =
Notes: | Final Score

Sample # | Roast Level of Sample | Fragrance/Aroma Score: (Dry, Qualities:, Break) | Acidity Score: (Intensity: High, Low) | Body Score: (Level: Heavy, Thin) | Flavor Score: | Clean Cup Score: | Uniformity Score: | Overall Score: | Total Score
Sweetness Score: | Balance Score: | Aftertaste Score: | Defects (subtract) Taint=2, Fault=4 — # cups X Intensity =
Notes: | Final Score

Sample # | Roast Level of Sample | Fragrance/Aroma Score: (Dry, Qualities:, Break) | Acidity Score: (Intensity: High, Low) | Body Score: (Level: Heavy, Thin) | Flavor Score: | Clean Cup Score: | Uniformity Score: | Overall Score: | Total Score
Sweetness Score: | Balance Score: | Aftertaste Score: | Defects (subtract) Taint=2, Fault=4 — # cups X Intensity =
Notes: | Final Score

2) 평가 항목과 기준

(1) Fragrance/Aroma(프레이그넌스/아로마)

원두를 갈기 전의 향을 Fragrance, 갈고 난 후 물과 만났을 때의 향을 Aroma라고 부른다. Fragrance와 Aroma는 각각 다른 향을 발산하는데, 이 항목에서는 두 향을 평가한 후 종합적인 느낌을 점수화하는 것이다. 달콤새콤한 경쾌한 향이 느껴질수록 10, 암모니아 냄새와 같이 발효된 듯한 안 좋은 향은 1에 가깝다.

(2) Acidity(엑시니티)

커핑 스푼을 통해 커피 액이 입안으로 들어갔을 때 혀에서 느껴지는 새콤함을 뜻한다. 오렌지와 같은 상큼함이 느껴질 경우, 점수는 10에 가까우나 발효된 식초 맛과 유사하다면 1에 가깝다고 볼 수 있다.

(3) Body

입 안에서 느껴지는 중후함이다. 원두의 지방, 고형 침전물에 기인하는 커피 액의 질감으로 강하게 느껴지면 10, 약하게 느껴질수록 1에 가깝다.

(4) Flavor(플레이버)

맛과 향의 종합적인 느낌이다. 균형감이 있으면 10에 가까우나 시큼한 맛이나 쓴맛이 두드러질 경우, 향이 약할 경우 점수는 낮다.

(5) Clean cup(크린 컵)

크린컵이란 커피의 투명도이다. 커피를 마시는 순간부터 마신 후까지 부정적인 요소가 있는지를 판정하는 것이다. 커피의 결점두 영향으로 나올 수 있는 맛과 향phenolic, earthy, woody, baggy 등의 커피의 특성 외에 다른 맛이 없으면 10점에 가깝고 다른 맛이 많이 느껴질수록 1에 가깝다.

(6) Uniformity(동일성)

동일성이란 커피의 전체적인 일관성을 평가하는 것으로 5개 컵 커피샘플의 커피맛이 얼마나 같은지를 평가하는 것으로 5개가 같을수록 10점에 가깝고 다를수록 1점에 가깝다.

(7) Overall(오버럴)

커피에 대한 평가자의 전체적인 견해로서 Cupper의 각자의 커피에 대한 선호도를 기준으로 평가한다. 평가는 1점에서 10점으로 점수화한다.

(8) Sweetness(단맛)

각 컵의 단맛을 평가하는 것으로 일반적인 음료에서 나는 인위적 단맛의 느낌이 아니라 커피의 향미에 영향을 주어 전체적으로 풍부한 맛이 나도록 도와주는 단맛이다. 풍부한 단맛이 느껴질수록 10점에 가깝고 반대말로는 사워나쁜 느낌의 신맛, 에스트로젠시떫은맛, 그린덜익은 맛의 느낌이 많을수록 1점에 가깝다.

(9) Balance(밸런스)

밸런스란 커피 각각의 특성들이 얼마나 서로 조화롭게 이루고 있는가를 평가하는 것이다. 플레이버, 바디감, 신맛신좋은 느낌의 신맛, 여운들의 조화를 말한다. 4가지가 조화로울수록 10점에 가깝고 균형이 깨어질수록 1점에 가깝다.

(10) Aftertaste(여운)

커피 액을 입 안에서 굴리면서 평가한 후 뱉은 다음 느껴지는 맛과 향에 대한 전체적인 평가이다. taste라는 용어가 들어가 있어 맛에 대한 평가로 오인할 수 있으나 맛과 향의 조화임을 기억해 두자. 평가는 균형감이 느껴지면 10에, 한쪽으로만 치우쳐져 있다면 점수는 낮다.

| Defect(결점두)

결점두에 대한 평가는 각 컵당 결점두의 유무에 따라점수를 부여하는 것이다.

결점두는 크게 Taint(테인트)와 Fault(폴트)로 나누어 평가할 수있다. 테인트란 크게 느껴지지 않으며 주로 아로마 쪽에서 느껴지고 폴트는 맛에서 쉽게 느껴지며 그 강도가 매우 강하다. Taint(테인트)=2점, Fault(폴트)=4점

	Cups		Intensity		
테인트	☐	x	☐	=	☐
폴트	☐	x	☐	=	☐
Total score					☐
Defect				−	☐
Final Score					☐
					☐

10 커피의 보관

1) 커피의 신선도 유지법

산소의 접촉을 최대한 줄여 방습 포장하는 것이 신선도를 유지하는 가장 좋은 방법이다.

커피는 일단 볶는 과정부터 맛과 향이 점차적으로 소멸되어 간다. 또한 볶은 후부터 CO_2가 방출되는데 CO_2는 커피로 침투하는 산소를 차단하는 역할을 한다.

배전과정 동안 원두의 내부에서 생성되는 이산화탄소는 원두의 산화를 막아주는 역할을 한다. 이산화탄소가 서서히 배출되며 산소의 침투를 막기 때문이다.

배전이 끝난 이후 시간이 경과함에 따라 원두 내부의 이산화탄소 함량은 감소하게 되는데 이는 산소의 침투를 용이하게 하여 향미를 갖고 있는 오일 성분의 산화를 촉진시킨다. 커피를 분쇄하면 이산화탄소의 방출은 더욱 가속화되고, 산소에 노출되는 표면적도 넓어져 산화의 속도는 더욱 빨라진다. 이로 인해 산화는 더욱 빨리 진행되고 커피의 향미는 더욱 나빠진다.

2) 커피의 맛과 향이 가장 좋은 시점

볶은 후 약 2주가 지나면 맛과 향에 관계되는 물질들의 50~60%가 소멸된다. 특히 커피가 분쇄되면 CO_2, 맛과 향 물질의 휘발속도가 기하급수적으로 빨라진다.

커피를 볶은 후 7일 늦어도 10일, 일단 분쇄하면 4시간 이내에 소비하는 것이 커피를 가장 맛있게 음용하는 방법이다.

3) 커피의 보관요령

소비자들이 커피를 구입한 후 소비까지의 신선도 유지는 상당히 중요하다 커피보관의 최선의 방법이라 할수 있는 곳은 실온의 상태로 그늘이 지고 서늘하면서 바람이 잘 통하는 장소에 보관하는 것이다.

커피는 보관 기간에 따라서 냉동과 냉장 보관을 구분하는데 장기간 보관할 경우에는 냉동보관을, 단기간 보관할 경우에는 냉장보관하는 것이 좋다.

2주 이내에 사용할 커피는 잘 밀봉하여 서늘하고 어두운 곳에 보관한다 2주 이상 보관할 커피는 작은 용기에 담아 밀봉한 후 냉동실에 보관한다. 원두 상태의 커피는 가루상태일 때보다 향이 훨씬 오래간다.

맛있는 커피를 즐기는 기본조건은 가능한한 로스팅된지 며칠 이내의 커피 원두를 소량으로 구입하여 가능한 밀폐상태로 보관하면서 불과 며칠 이내에 소비하는 것이다.

일단 개봉된 커피봉투는 봉투 속에 공기를 최대한 빼낸 후 개봉한 부위를 테이프로 막고 꼭꼭 접어 보관하는 것이 좋다.

지퍼백의 경우에도 지퍼를 닫기 전에 공기를 최대한 빼낸 후 지퍼를 닫고 나머지 부분은 접어서 보관한다. 이렇게 하면 3개월 정도는 보관할 수 있다. 밸브봉투에 담긴 분쇄커피인 경우에는 구입 즉시 밸브구멍 부위를 테이프로 밀봉하는 것이 좋다.

냉동 · 냉장 보관한 커피를 사용할 때에는 밀폐된 커피용기를 꺼내어 실내온도와 같아지게 한 뒤에 개봉하여 시용하는 것이 좋다.

4) 커피의 신선도

커피의 선선도는 언제 볶았는가 하는 커피 로스팅 시점에 의해 결정된다. 로스팅 된지 일주일 이내의 커피를 원두상태로 구입하고 구입한 커피원두는 가능한 빨리 소비하되 커피원두를 밀폐 상태로 어둡고 서늘한 곳에서 실온 보관하면서 커피를 추출하기 직전에 적정량의 원두만을 분쇄하여 사용하는 것이다.

5) 원두의 산패

산소(공기), 열, 습기 그리고 햇빛은 커피의 4대 적이라 할 수 있다. 산패에 영향을 미치는 것은 빛, 산소, 습도가 가장 치명적인 것들이다.

신선한 커피란 아직 본격적인 산패과정이 진행되지 않은 커피라는 의미로 이해될 수 있다.

생두 상태에서는 몇 년을 저장 할 수 있어도 일단 볶아지고 나면 그 커피 원두는 매 순간마다 변해 간다.

로스팅된 커피원두는 산화를 지연시키는 포장상태 혹은 밀봉상태라는 조건하에서 로스팅 시점으로부터 2~10일 정도가 그 맛과 향의 절정에 이르게 된다.

보관방법에 따라 약간의 차이는 있겠으나 로스팅 시점으로부터 15~20일 정도가 경과하게 되면 그 커피원두는 이미 산패과정에 접어들었다고 할 수 있을 것이다.

강한 로스팅일수록 산패가 빨리 진행된다. 그 이유는 강한 로스팅은 약한 로스팅보다 그 원두의 조직이 더욱 다공질 조직이 되며, 더 함수율이 낮다. 원두표면의 기름은 산소와 접촉하면서 오히려 산패를 더 촉진시킨다.

커피원두의 분쇄시점과 분쇄입도도 커피의 신선도와 밀접한 관계를 가지고있다. 커피의 산패과정은 특정 과정에서만 일어나는것이 아니고 생산, 유통, 소비의 모든 단계에 걸쳐 진행되게 된다. 산패문제는 커피를 생산할 때보다는 유통과 소비단계에서 더욱 심각하게 진행된다. 커피는 로스팅된지 약 보름이 경과하면 그 맛과 향이 급격히 감소하게 되는 신선도 식품이다. 지금은 커피를 구입하는 사람들도 유통기한을 많이 확인한다.

유통기한의 표시는 법적 표기사항으로 커피봉투에 '유통기한' 이나 '제조일자와 유통기간' 을 표기하고 있다. 그 제조일자는 로스팅한 날짜가 아니라 상품으로 포장된 날짜를 의미하고 있다.

신선하지 못하다는 것과 부패되었다는 것과는 상당히 다른 것이다. 신선도를 잃은 커피가 부패까지 진행되는 데는 꽤 오랜 시간이 걸린다.

6) 커피의 신선도와 산패도 판별법

(1) 후각에 의한 판별법

신선한 것은 향긋한 향이 강하고 시간이 지날수록 약해진다. 많은 시간이 지나면 담배 꽁초냄새가 난다.

(2) 시각에 의한 판별법

신선한 커피일 경우 핸드드립 시 처음 물을 부을 때 상당히 많이 부풀어오른다. 오래된 커피일수록 물이 스며들지 않고 물과 커피가루가 잘 융합되지 않는다.

원두를 분쇄하지 않더라도 배전 후 10일에서 2주 정도 지난 원두를 사용하면 역시 신선도가 떨어져 부풀어 오르지 않는다.

(3) 미각에 의한 판별법

오래된 커피일수록 불쾌한 신맛, 쓴맛, 떫은 맛이 나고 기름에 찌든 냄새가 난다.

Memo

제11장

핸드드립(hand-drip)

C·o·f·f·e·e B·a·r·i·s·t·a

이브리크에 커피 가루와 물을 넣고 달여서 먹는 진하고 텁텁한 터키식 커피가 유럽에 상륙하였을 당시, 초기에는 그대로 음용되었으나 좀더 깔끔한 커피, 즉 가루는 분리해 내고 커피 액만을 마시기 원하는 유럽인들에 의해 새로운 추출 기구들이 발명되었다. 그렇게 개발된 것 중 하나가 핸드 드립이다.

핸드 드립은 여과 필터에 분쇄한 원두를 넣고 뜨거운 물은 주입하여 커피 액을 추출해 내는 방식이다. 처음 사용된 여과 필터는 융천의 일종, flannel이었다고 한다. 융은 보관하고 관리하는데 어려움이 따라서 후에 종이 필터가 개발되었는데, 현재도 가장 보편적으로 사용되고 있다.

한편 핸드 드립 방식은 일본으로 건너가 크게 발전하게 되었다.

많은 일본의 가정에서 핸드 드립 방식으로 커피를 추출하면서 다양한 여과 필터들이 개발되었다. 또한 핸드 드립 방식으로만 추출한 커피를 판매하는 커피숍들이 많아졌다. 현재는 그 역사가 50년 이상 된 곳도 있으며, 커피숍 운영자들에 의해 얻어진 추출 노하우를 공개하는 서적들을 쉽게 찾아볼 수 있다. 그런데 이 추출 기법이라는 것은 학문적 이론이나 정설이 있는 것이 아니다. 반복하여 추출하면서 얻어진 자기만의 경험치이다. 따라서 커피숍마다 사용하는 드리퍼와 추출하는 방법이 다르다. 먼저 핸드 드립 방식으로 커피를 추출하기 위해서는 다음과 같은 도구들이 필요하다.

01 원두 분쇄 도구

1) 절구

커피 추출시에는 보통 분쇄된 원두를 사용한다. 과거에는 절구에 원두 알을 넣고 빻아서 분쇄하였고, 아프리카의 여러 나라들에서는 아직도 그 방법을 사용하고 있다고 한다.

절구에 원두 알을 넣어 분쇄하는 모습

2) 전동그라인더

현재 대부분은 전동 그라인더를 사용하고 있고, 판매 회사에 따라 종류도 다양하다. 전동 그라인더의 장점은 기계 내부의 정기적인 청결 관리에 신경 쓰면서 관리한다면 항상 커피를 고르게 분쇄할 수 있다.

전동 그라인더

3) 핸드 밀

핸드 밀의 경우, 장식용으로 쓸 수 있다는 것과 가격이 저렴하다는 장점이 있으나, 고른 입도를 유지한다는 것은 기대하기 어렵다.

핸드밀

02 원두 분쇄 시 주의사항

1) 분쇄입도

커피를 분쇄하는 이유는 다음과 같다.

커피를 잘게 부수면 표면적이 넓어져서 물이 원두 가루를 쉽게 통과하게 되고, 커피가 가지고 있는 고유의 성분들이 비교적 용이하게 추출될 수 있다.

그렇다면 어느 정도의 입도굵기로 분쇄하는 것이 바람직할까?

같은 입도로 분쇄하는 것이 아니라 각각의 추출 기구 특성에 맞게 입도를 달리해야 한다. 일반적으로 핸드 드립의 경우는 0.5~0.1㎜, 에스프레소 머신은 0.3㎜이하, 사이펀은 0.5㎜, 프렌치 프레스는 1.0㎜ 이상이다.

2) 분쇄입도와 시간

'굵게 분쇄한 커피의 추출 시간은 길게, 가늘게 분쇄한 커피는 짧게 해야 한다.' 분쇄 입도가 추출 기구마다 다른 이유는 이 때문이다.

다시 말해, 굵게 분쇄된 커피는 입도가 굵으므로 커피 성분이 추출되는 시간이 길 수밖에 없다. 반면 가는 커피는 표면적이 넓어 쉽게 추출된다. 즉, 짧은 시간에도 고유의 성분이 충분히 추출될 수 있다는 뜻이다. 그런데 가늘게 분쇄한 커피를 오랜 시간 추출해 보자. 당연히 쓴맛과 떫은맛이 과다하게 추출되어 텁텁한 커피가 된다.

에스프레소 머신으로 1인분의 커피를 추출할 경우 약 25~30초, 한편 핸드 드립은 약 3분 정도가 소요된다.

에스프레소 머신으로 추출시 굵은 입도의 원두를 사용한다면 30초 내에 커피 성분을 원하는 만큼 우려내기 힘들다. 강한 압력을 가함에도 불구하고 말이다.

반면 핸드 드립의 경우, 밀가루 정도로 가는 굵기의 원두를 사용하면 진흙에 물을 붓는 것과 같은 현상이 나타난다. 추출 과정이 힘들 뿐 아니라, 추출도 잘 되지도 않고, 시간도 오래 걸려, 쓴맛만 강하고 텁텁한 커피가 된다. 따라서 분쇄 입도는 시간과 커피 맛에 지대한 영향을 미친다.

3) 입도의 고르기

분쇄 입도가 고를수록 가용성 성분이 빠르게 추출되어 맛과 향기가 신선하고, 떫고 쓴맛이 덜 추출된다. 입도가 너무 작거나 고르지 않으면 물이 커피 층을 통과하는데 시간이 오래 걸려 추출 속도가 늦어지고, 쓴맛이 많이 추출된다.

4) 추출 직전 분쇄

가능하다면 추출 직전에 원두를 분쇄하는 것이 좋다. 미리 원두를 갈아 놓게 되면 향기 성분이 날아가기 때문이다. 사실 로스팅한 직후부터 커피의 향은 날아간다. 그러나 분쇄한 커피와 분쇄하지 않은 커피를 비교해 보면, 분쇄한 커피가 표면적이 더 크므로 쉽게 향기가 날아감을 알 수 있다. 따라서 커피 고유의 신선한 향을 즐기고 싶다면 추출 직전에 분쇄하도록 하자.

5) 분쇄 시 유의점

추출하고자 하는 기구의 특성에 알맞은 크기의 입자로 분쇄를 하여야 하며 미분微粉은 분쇄 시 발생되는 세포벽 파편으로서 좋지 않은 맛의 원인이 되므로 되도록 발생하지 않도록 해야 한다. 또한 분쇄 시 발생하는 열은 커피의 맛과 향을 변질시키므로 열의 발생을 최소화해야 하며 입도가 고르지 못하면 커피 입자마다 물과 접촉하는 면적의 차이로 용해 속도가 달라지고 이로 인해 커피 맛이 떨어지게 된다.

03 드립 포트(drip pot)

드립 포트란 주전자로 분쇄 원두에 '어떻게 물주기를 주입하는가'에 따라 커피 맛이 많이 달라진다. 다시 말해, 분쇄된 원두에 물을 균일하게 적셔 주어야 가용성이 성분이 잘 용해되어 균형된 맛을 이룬다는 뜻이다. 만약 한쪽으로만 치우쳐서 너무 많은 물을 주입한다든지 또는 아예 물이 주입되지 못하는 부분이 발생한다면 커피 맛이 약하고 균형감이 상실된다.

그런데 일반적으로 드립 전용 주전자는 물의 배출구 부분이 좁고 길어 사용자가 물줄기를 조절하기에 용이하다. 일반 주전자도 사용할 수는 있으나 물 배출구 부분이 뭉뚝하고 굵으므로 물줄기를 조절하기가 힘들다. 따라서 되도록 전용 주전자를 사용하는 편이 바람직하다.

제조 회사에 따라 주전 모양과 크기가 다양하고 재질도 조금씩 다르나, 장 · 단점을 잘 파악하여 사용자가 손에 익을 수 있도록 여러 번 연습하는 것이 필요하다.

04 드리퍼(driper)

드리퍼dripper는 여과지를 올려놓고 분쇄된 커피를 담는 기구를 말하며 각기 형태에 따라 같은 커피를 사용하여 추출하여도 커피의 맛이 달라지므로 종류별로 그 특성을 이해해야 원활한 추출이 이루어진다. 드리퍼는 원두를 여과해 내는 도구로 과거에는 융 드리퍼가 사용되었으나 현재는 페이퍼 드리퍼가 주로 사용된다. '융'은 플란넬flannel이라는 천의 일종이다. 융 드리퍼의 장점은 추출 시 커피의 지방 성분을 흡착하지 않아 강한 바디감을 느낄 수 있도록 한다는 것이다. 그러나 사용 후에는 항상 삶은 뒤 찬 물에 보관해야 하는 어려움이 있으므로 현재는 많이 사용되고 있지 않다. 이와 같은 불편함 때문에 개발된 것이 페이퍼 드리퍼이다. 융은 손잡이를 잡고 추출해야 하는 단점이 있으므로 일반적으로 전용 삼발이를 사용하기도 한다. 페이퍼 드리퍼는 플라스틱, 도기, 금속 등 재질이 다양한데, 가장 보편적으로 사용되는 것은 플라스틱이다. 도기와 금속은 추출시 온도를 유지할 수 있다는 장점이 있으나, 플라스틱보다는 고가高價이다.

커피 양을 얼마만큼 추출할 것인가에 따라 1~2인용, 3~4인용, 5~8인용 등 크기도 다양하다. 우리나라에서 일반적으로 사용되는 것들은 메리타, 칼리타, 고노이다.

1) 리브(Rib)

드리퍼 내부의 요철을 말하여 물을 부었을 때 공기가 빠져나가는 통로 역할을 해준다.

2) 드리퍼의 종류

명 칭	추출구	특징
메리타(Melitta)	1개	추출구가 한 개며 전체 폭이 약간 크고 카리타에 비해 경사가 가파르다.
칼리타(Kalita)	3개	추출구가 세 개며 리브가 촘촘하게 설계되어 있다.
고노(Kono)	1개	추출구가 한 개로 원추형이며 리브의 수가 적고 높이가 드리퍼 중간까지만 있음
하리오(Hario)	1개	Kono와 유사한 형태로 리브가 나선형이며 드리퍼 끝까지 있음

(1) 메리타(Melitta)

메리타의 경우는 독일인 메리타Melitta 여사가 처음 발명한 것으로, 드리퍼 안에 커피가 추출되는 구멍이 1개이다. 바닥은 약간의 경사가 있고, 리브rib : 공기가 잘 빠지도록 줄 모양으로 생긴 홈의 길이는 짧은 것이 처음의 모습이었으나 현재는 리브가 길게도 사용한다.

메리타

(2) 칼리타(Kalita)

칼리타(Kalita)는 메리타의 단점을 보완하여 일본에서 개발된 것으로 추출구는 3개이고, 바닥은 수평이며, 리브는 드리퍼 끝까지 올라와 있다. 추출시간은 메리타에 비해 빠르다.

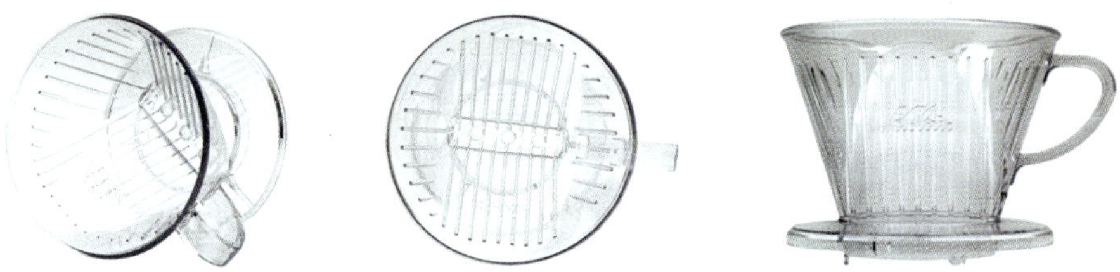

칼리타

(3) 고노(Kono)

고노는 융 드리퍼의 모양을 본따 만든 것으로, 추출되는 구멍은 1개이며, 크기가 크고 추출되는 속도도 빠르다. 한편 다른 드리퍼에 비해 좀더 부드러운 맛의 커피를 추출할 수 있다.

고노

(4) 하리오(Hario)

Kono와 유사한 형태로 리브가 나선형이며 드리퍼 끝까지 있다.

하리오

05 여과지(종이 필터)

드리퍼의 모양과 크기에 따라 전용 여과지도 각기 다르다.

재질에 따라서는 누런색의 천연펄프 여과지와 흰색의 표백 여과지가 있다. 과거 미국에서 여과지를 표백시키는 표백용 염소가 펄프 성분과 결합하여 다이옥신을 만들어 낸다는 발표가 있었다. 그 후 표백 여과지의 소비는 급격히 줄고 천연 펄프 여과지는 급증하였다. 인체에는 무해하다는 결과가 나오기는 했으나, 천연펄프 여과지에서 추출시 펄프 맛이 난다는 부정적인 면이 있음에도 불구하고 많이 사용되고 있다.

천연종이 필터

흰색표백 필터

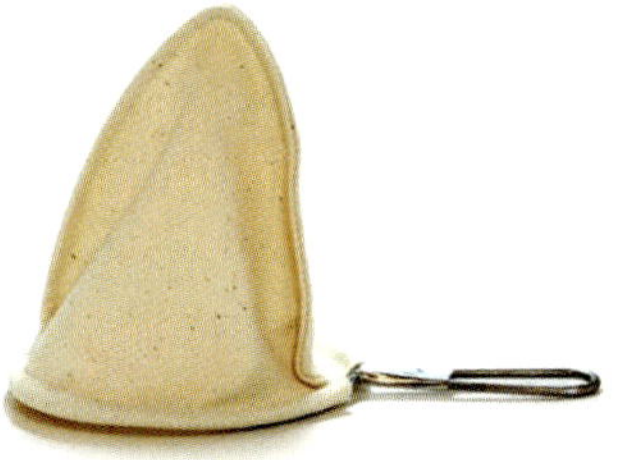

융(천의 일종, flannel)

06 서버(server)

서버란 드리퍼 밑에 놓고 추출된 커피 액을 받아 내는 용기이다. 커피숍의 경우 추출되는 양을 측정할 수 있도록 눈금이 있는 용기를 주로 사용한다. 그러나 가정에서는 컵에 직접 추출액을 받는 것도 무방하다. 전용 용기는 유리, 플라스틱 등 재질이 다양하다.

07 온도계

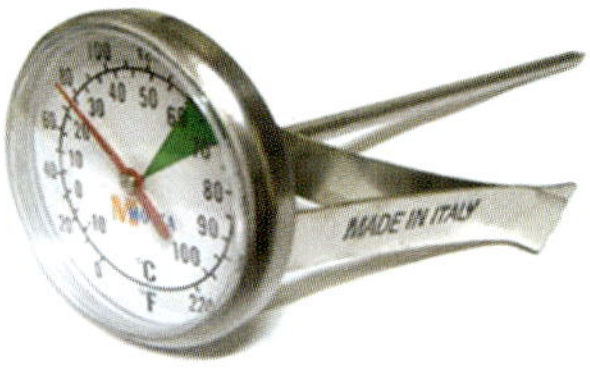

핸드 드립 시 고려해야 할 중요한 요인 중 하나가 물의 온도이다.

같은 원두를 사용할 경우 물의 온도가 낮으면 신맛과 떫은맛이 강해지고, 높으면 쓴맛과 날카로운 맛이 강해진다. 따라서 물의 온도는 로스팅 정도를 고려하여 조절하는 것이 바람직한데, 일반적으로 약배전 89~92℃, 중배전은 85~88℃, 강배전은 80~84℃ 정도가 적합하다. 한편 추출 직전의 물의 온도와 추출되어 나온 커피액의 온도를 비교해 보면 15~18℃의 차이가 있음을 알 수 있다. 예를 들어, 90℃의 물로 추출을 했다고 한다면, 마시기 직전 커피의 온도는 약 72~75℃ 정도가 된다는 뜻이다. 따라서 약 15~18℃의 차이를 감안하고 추출 온도를 잡도록 한다.

08 스탑워치(Stop watch)

스탑워치는 커피추출 시간 측정에 사용된다. 바람직한 추출 시간은 2인분 이하일 경우 3분 이내, 5인분은 5분 이내이다.

단시간에 추출한 커피는 균형감이 상실되고, 시간이 길어지면 쓰고 텁텁한 커피가 된다. 균형감이 없다는 뜻은 단맛, 새콤한 맛, 쓴맛 등이 조화를 이루지 못하고, 농도도 약하며, 가벼운 커피가 된다는 것이다. 앞에서 언급한 바와 같이 향기 성분, 달콤한 맛, 새콤한 맛 등을 내는 성분들은 먼저 추출되고, 쓴맛, 떫은맛을 내는 성분들은 나중에 추출된다.

그렇다면 맛있는 성분만을 추출하기 위해 주전자로 물줄기를 굵게 하고 단시간에 추출해서 마셨을 때 쉽게 느낄 수 있는 사실은 맛있는 성분만을 추출했음에도 불구하고 균형감이 없는 커피가 된다는 것이다.

일반적으로는 맛있는 성분만이 커피의 맛을 향상시킨다고 생각할 수는 있겠으나, 맛있는 성분과 쓴맛, 떫은맛 등이 잘 조화를 이루어야 좋은 커피를 만들 수 있다. 한편 추출 시간이 길어져 쓴맛, 떫은맛 등이 너무 과다하게 추출되면 텁텁한 커피가 되어 버린다.

추출 시간을 잘 조절하는 것은 커피 맛과 농도에 중요한 영향을 미친다.

09 계량스푼

다양한 모양의 계량스푼

계량스푼은 커피의 정확한 양의 측정을 위해 사용된다. 한 잔의 커피를 위해서는 보통 원두 10g을 사용하여 150㎖의 커피를 추출한다. 그러나 원칙이 정해져 있는 것은 아니고 얼마든지 조절할 수 있다. 예를 들면, 10g의 원두를 사용하여 200㎖의 커피와 100㎖의 커피를 각각 추출했다고 가정해 보자. 전자의 경우 농도가 약하고 부드러운 커피가 추출될 것이고, 후자의 경우는 진하고 풍부한 커피가 추출될 것이다. 마시는 사람의 기호에 따라서 전자의 커피를 좋아하는 사람, 후자의 커피를 좋아하는 사람이 다를 것이다. 따라서 어떤 비율로 추출한 것인가하는 것은 추출하는 사람의 선택이다. 중요한 것은 여러 번 추출하여 자신의 입맛에 맞는 '사용 원두량과 추출량'을 찾아 내는 것이다.

10 추출 과정

앞에서 설명한 바와 같이, 드리퍼 종류는 다양하다. 또한 같은 드리퍼를 사용한다 하더라도 추출하는 사람에 따라 방법도 여러 가지이다.

1) 칼리타를 이용하여 약 10g의 커피로 150㎖의 커피를 추출과정

❶ 드리퍼에 종이 필터를 끼우기

❷ 원두를 분쇄하여 드리퍼에 붓기

분쇄한 원두가 평평하게 되도록 드리퍼를 살짝 쳐 준다. 물은 균일하게 주입하기 위해서는 표면이 고른 상태를 유지해야 하기 때문이다.

❸ 물을 끓여 드립 포트에 붓기

'몇 잔을 추출할 것인가'에 따라 사용해야 하는 드립 포트의 크기와 물의 양이 달라진다. 여러 잔을 추출하려고 한다면 당연히 용량이 큰 드립 포트와 많은 물이 필요하다.

포트에는 물을 8부 정도 채운 후 추출하는 것이 바람직하다. 반 정도만 채우고 추출하게 되면 추출 도중 물줄기가 갑자기 끊어지기도 하고 너무 많이 나오기도 하는 등 조절이 잘 되지 않기 때문이다.

따라서 비록 한 잔을 추출한다 하더라도 최소한 8부 정도의 물을 붓도록 한다.

❹ 추출하고자 하는 온도로 물의 온도를 낮추기

먼저 드립 포트에 온도계를 꽂는다. 다음 뜨거운 물은 서버로 옮겨 붓고 서버에서 드립 포트로, 드립 포트에서 다시 서버로 몇 차례 반복하여 원하는 추출 온도를 맞춘다.

이런 과정을 거치는 것은 물론 물의 온도를 낮추기 위해서이기도 하나 서버를 예열하기 위한 목적도 있다. 드리퍼에서 추출되는 뜨거운 커피 추출액이 차가운 서버에 떨어졌다고 생각해보자. 약 2~3℃ 정도의 온도가 더 내려가게 되면 맛에 있어서는 민감하게 영향을 줄 수 있다.

❺ 뜸들이기

본격적인 추출에 앞서 소량의 물을 주입하여 커피 가루에 뜸을 들이는 단계이다.

뜸들이기의 목적은 다음과 같다. 첫째, 추출 전 커피 가루를 충분히 불려 커피가 가지고 있는 고유의 성분을 원활하게 추출할 수 있도록 한다. 둘째, 커피 내의 탄산가스와 공기를 빼내어 물이 용이하게 흐를 수 있는 길을 만들어 준다.

그렇다면 얼마만큼의 물을, 어떤 방식으로 부어 주어야 하는 것일까? 몇 가지 방법이 있는데, 점법, 8점법, 나선형법 등이 대표적이다.

❻ 추출

뜸을 들였다면 본격적으로 추출에 들어가자. 추출은 약 4회로 나누어 하는 것이 바람직하다. 1차 추출이 들어가는 시점은 탄산가스에 의해 부풀어졌던 커피 가루가 평평하게 되는 시점이다. 평평하게 되기까지 소요되는 시간은 약 20~30초 정도이다. 그러나 이것은 신선한 커피일 경우이며, 커피의 신선도, 로스팅된 정도에 따라 달라지므로 정확히 단정짓기는 어렵다. 오래된 커피는 부풀지 않으므로 뜸을 들인 후 바로 추출에 들어가도록 하며, 많은 양의 물을 한꺼번에 붓지 않도록 한다.

추출에도 여러 방법이 있으나, 칼리타의 경우는 나선형 방식으로 추출하는 것이 보편적이다. 주전자의 높이는 최대한 낮게 한다. 물은 골고루 부어야 하며, 면적은 되도록 넓게 한다.

또한 커피 가루에만 부어야 하며, 종이 필터에 물이 직접 닫지 않도록 주의한다. 1차 추출이 끝나고 커피 가루가 다시 평평해지면 2차 추출에 들어가며, 3차와 4차도 같은 방법으로 한다.

11 뜸들이는 법

점법, 8점법, 나선형법등 어떤 방법이든지 주의할 점은, 물을 커피 가루에 얹어 준다는 기분으로 주입하여야 한다는 것이다.

1) 점법

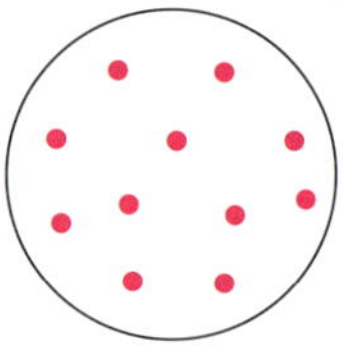

점법은 커피 가루 전체에 골고루 물을 한 방울씩 떨어뜨려 뜸을 들이는 식이다. 물을 커피 가루 위에 점을 찍 듯이 붓는다. 여러 차례 나누어 부으며, 골고루 적셔질 수 있도록 한다.

2) 8점법

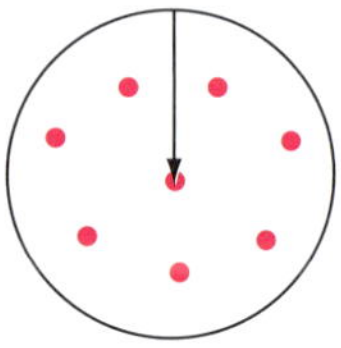

8점법은 중심을 기점으로 소량의 물을 8회에 나누어 부어 뜸을 들이는 방식이다. 드리퍼의 중심을 기점으로 8회에 나누어 물을 붓되, 한쪽으로 치우치지 않도록 주의한다.

3) 나선형법

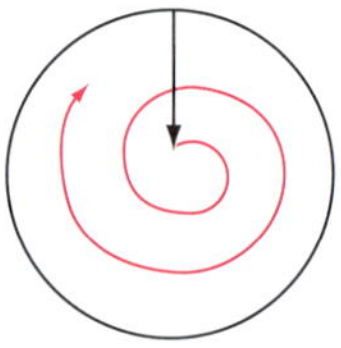

나선형법은 드리퍼의 중심에서 시작하여 바깥쪽으로 '나선형'을 그리며 물줄기를 필터에 붓는다. 물줄기가 종이 필터에까지 닿게 되면 종이 맛이 우러날 수 있으므로 주의한다.

4) 뜸들일 때 주입하는 물의 양

주입 후 드리퍼에서 추출액이 '몇 방울만 똑똑' 떨어질 정도로 붓는다. 사용하는 원두의 양이 많으면 주입하는 물의 양도 많아지고, 적으면 주입하는 물의 양도 적어진다.

단, 주입하는 물의 양은 추출한 커피 액의 10%를 넘지 않도록 한다.

물을 너무 많이 주입한 경우에는 드리퍼를 통해 주르르 흘러나오게 되는데, 이것은 뜸이라기보다 추출이 바로 시작되었다고 할 수 있다. 이 같은 경우를 '과다 뜸'이라 부른다. 한편 적게 주입한 경우는 커피 가루를 충분히 적시지 못하게 되는데 '과소 뜸'이라고 한다.

두 가지 모두 바람직하지 않다. 커피 가루를 불려 주는 과정이 불완전하므로 커피 성분이 충분히 우러나오기 힘들기 때문이다.

뜸을 들이게 되면 나타나는 현상은 신선한 커피의 경우는 많이 부풀어 오르고, 오래된 커피의 경우는 전혀 변화가 없다. 이유는 탄산가스 때문이다. 신선하면 신선할수록 탄산가스를 많이 함유하고 있어 그것에 의해 부풀어오르는 것이다.

12 추출 방식

1) 나선형

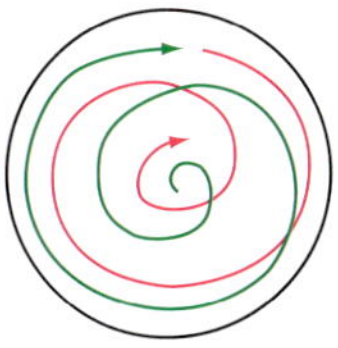

① 드리퍼의 중심에서부터 시작하여 바깥쪽으로 나선형을 그리며 물을 붓는다초록선.

② 바깥쪽까지 나갔다면 다시 나선형을 유지하면서 중심을 향해 물을 붓다가 멈춘다빨간선.

③ 원하는 양의 커피를 얻을 때까지 4회로 나누어 추출한다. 앞에서 언급한 바와 같이 종이 필터까지 적시면 종이의 맛이 묻어날 수 있으므로 주의한다.

2) 스프링

① 드리퍼의 중심을 기점으로 스프링 모양을 유지하면서 시계 방향으로 추출한다.

② 역시 원하는 커피 양을 얻을 때까지 약 4회로 나누어 추출한다.

3) 동전식

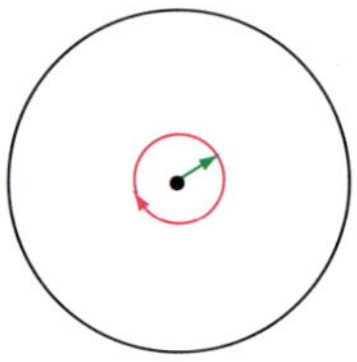

① 드리퍼의 중심에서 시작하여 500원 짜리 동전의 넓이를 유지하면서 지속적으로 물을 붓는다.

② 약 4회에 걸쳐 추출하는데, 1회당 약 5번 정도 주전자를 회전하면서 물을 주입한다.

4) 점식

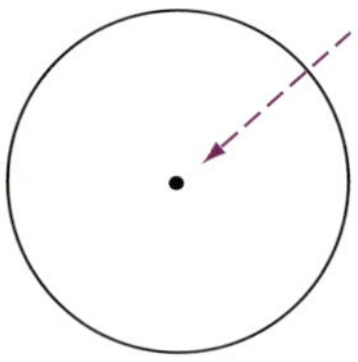

① 드리퍼의 중심에만 지속적으로 물을 주입하는 방식이다. 물을 붓는 것이 아니라, 한 방울씩 떨어뜨리며 주입하는 형태를 취한다. 원하는 커피 양을 추출하기 위해 오랜 시간이 걸린다는 단점이 있으나, 강한 바디감을 느낄 수 있다.

제12장

커피의 추출과 추출기구

Hot Tips

| 추출 과정

추출은 커피에서 커피 성분을 뽑아낸다는 의미이다. 물이 분쇄된 커피입자 속으로 스며들어 커피 성분 중 물에 녹는 가용성 성분을 용해하게 되고 그 다음에 용해된 성분들이 커피입자 밖으로 확산(Diffusion)되는 과정을 거치게 되며 마지막으로 용출된 성분을 물을 이용해 뽑아내는 과정을 통해 추출하게 된다.(침투→용해→분리)

| 좋은 커피를 위한 조건(SCAA Brewing Handbook)

1. 커피와 물의 적정 비율
   ① 적정한 커피 농도 : 1.0~1.5%
   ②적정 추출 수율 : 18~22%
2. 추출 시간에 따른 정확한 분쇄
   ① 추출시간이 길수록 입자를 굵게
   ② 짧을수록 입자를 가늘게
3. 추출 기구 적절한 조작
   ① 커피분쇄 입자와 물의 접촉 시간
   ② 물의 온도
   ③ 난류(Turbulence)
4. 좋은 품질의 물
   ① 50~100ppm의 무기질이 함유된 물
   ② 신선하고 맛이 좋고 냄새와 불순물이 없는 물
5. 최적의 추출 방법
   • 추출기구들의 특성을 파악하여 적당한 여과수단을 선택한다.

| 분쇄(Grinding)

커피를 추출할 때 분쇄하는 이유는 커피를 잘게 부수어 물과 접촉하는 커피의 표면적을 넓게 함으로써 커피의 유효성분이 쉽게 용해되어 나오게 하기 위함이다.

| 그라인딩 방식

그라인더는 분쇄원리에 따라 충격식(Impact)과 간격식(Gap) 그라인더로 나뉘는데, 충격식은 칼날형으로 단점이 고른 분쇄가 어려우며, 간격식(Gap)은 고른 분쇄가 가능하며, 코니컬 커터(Conical cutters), 플랫 커터(Flat cutters), 롤 커터(Roller cutters) 등이 있다.

01 추출이란

추출기구는 다양하나, 모든 기구들은 다음과 같은 과정을 거쳐 커피를 추출한다.

먼저 로스팅한 원두를 분쇄한 후 물을 주입하여 스며들게 한다. 커피를 찬물로 우려내는 워터 드립water drip 방식이 있기는 하나, 일반적으로는 뜨거운 물이 사용된다. 뜨거운 물은 커피가 가지고 있는 여러 성분들을 녹이고, 녹은 성분들은 커피 입자 밖으로 계속 흘러나오게 되는데, 이때 흘러 나오는 액체가 바로 커피이다.

뜨거운 물은 커피 향미 성분의 약 80% 정도를 추출할 수 있는데, 보통 맛있는 성분향기, 상큼한 맛, 달콤한 맛은 먼저 추출되고, 좋지 않은 성분떫은맛, 쓴맛은 물과 오래 접촉하면서 천천히 추출된다. 따라서 커피 추출 시에 여러 사항들을 고려할 필요가 있으나 '시간'도 꼼꼼히 체크해야 할 요인 중 하나이다.

추출 시 상큼한 맛, 달콤한 맛의 성분들만을 뽑는다고 해서 맛있는 커피가 되는 것은 아니다. 맛있는 성분들이 떫은맛, 쓴맛 등의 좋지 않은 성분들과 잘 조화를 이룰 때 한 잔의 완벽한 커피가 될 수 있다. 따라서 추출하고자 하는 사람은 사용하려고 하는 추출 기구들의 특성을 제대로 파악하고 다룰 수 있는 요령을 터득해야 한다.

한편 추출 기구의 특성 파악과 함께 고려해야 할 여러 가지 요소들은 다음과 같다.

- 원두의 종류원산지
- 원두의 로스팅된 정도시나몬 로스팅~이탈리안 로스팅
- 원두의 신선도로스팅한 날부터 경과된 시간
- 원두의 분쇄 입도
- 사용하고자 하는 원두의 양
- 사용하고자 하는 물의 종류 및 온도
- 추출하고자 하는 커피의 양
- 추출 시간

커피를 생산하지 않는 우리나라의 경우, 생두에 관한 정보가 많지 않아 로스팅과 추출 테크닉에 의해 커피 맛이 변경된다고 여기던 시절이 있었다. 그러나 음식도 재료의 신선도가 중요하듯이, 한 잔의 맛있는 커피를 추출하기 위해서 가장 중요한 것은 좋은 품질, 신선한 생두임을 다시 한 번 밝혀 둔다.

02 다양한 추출 방식

같은 원두를 사용했음에도 불구하고 어떤 기구를 사용하여 추출하느냐에 따라 커피 맛은 현저하게 달라질 수 있다.

현재까지 개발된 커피 기구들은 다양하나, 다음과 같은 몇 가지의 원리에 의해 추출된다.

1) 우려내기 방식(steeping)

분쇄된 원두가 뜨거운 물과 일정한 시간 접촉한 후 추출액을 분리하는 방식으로, 프렌치 프레스가 대표적이다.

2) 끓임 방식, 달임 방식(boiling, decoction)

분쇄된 원두를 뜨거운 물에 넣고 일정 시간 끓여 주는 방법으로, 커피의 가용성 성분이 가장 많이 추출된다. 이브리크긴 손잡이 달린 주전자가 해당된다.

3) 반복여과 추출 방식(percolation)

뜨거운 물과 커피 추출액이 반복하여 커피 층을 통과하면서 추출되는 방식으로, 퍼콜레이터가 대표적이다. 추출 시간은 커피의 입도, 물의 온도 등에 따라 달라진다.

4) 여과 추출 방식(drip filtration)

여과용 필터에 분쇄한 원두를 넣고 위에서 뜨거운 물을 주입하여 커피를 추출하는 방식으로, 전기식 커피 메이커, 핸드 드립 방식이 대표적인 여과 추출법에 해당된다.

5) 진공여과 추출 방식(vacuum filtration)

우려내기 방식을 변형한 것으로, 사이펀 추출기가 대표적이다.

6) 가압여과 추출 방식(pressurized infusion)

2~10기압의 뜨거운 물이 커피 층을 통과함으로써 가용성 성분과 불용성 성분을 함께 추출하는 방식으로, 에스프레소 머신이 해당된다.

03 커피 추출 기구

기 구	특 성
터키식 커피 (Ibrik : 이브릭)	가장 오래 된 추출 기구로 여과를 하지 않으므로 커피입자를 에스프레소보다 더 가늘게 분쇄한다.
사이펀 (Siphon, Syphon)	사이펀은 증기압을 이용하여 추출하므로 진공식 추출이라고 하며 원래 명칭은 배큐엄 브루워(Vacuum Brewer)이다. 사용되는 열원(熱源)은 알코올램프, 할로겐램프와 가스스토브이다.
워터 드립 (Water drip)	더치 커피(Dutch coffee)라고도 하며 찬물로 장시간 추출(4~12시간)하는 방식으로 원두의 분쇄도와 물이 맛에 중요한 작용을 한다. 찬물로 추출하여 카페인이 아주 적게 추출되는 것으로 알려져 있다.
메리타(Melitta)	메리타 드리퍼를 1908년 독일의 메리타 벤츠(Melitta Bentz)부인이 발명하여 페이퍼 드립의 출발이 되었다.
융 드립 (Flannel : 프란넬)	커피의 불용성분이 잘 추출되고 팽창이 원활해 바디(Body)를 강하게 느낄 수 있고 뒷맛이 상당히 부드럽게 느껴지는 장점을 가지고 있다.융 필터는 깨끗한 물에 담가 냉장 보관한다.
프렌치프레스 (French press)	많은 커피성분이 컵 안에 남게 되어 바디가 강한 커피를 추출할 수 있다.
모카 포트 (Moka pot)	1933년 알폰소 비알레띠(Alfonso Bialetti)에 의해 탄생하였으며 가정에서 손쉽게 에스프레소를 즐길 수 있는 추출 기구로써 불에 직접 올려놓고 가열하는 직화식(直火式) 추출 기구이다.

1) 이브리크(Ibrik)

인류가 최초로 커피를 제대로 즐기기 시작한 방법이 이브리크라고 불리는 터기식 포트를 이용하면서부터이다.

18세기 초까지 커피를 추출하는 유일한 달임법이었다. 이브리크는 일명 '게츠베' 라고도 아랍인들은 부른다. 세계에서 가장 오래된 커피 추출법이다.

| 터키식 커피 만들기

① 커피를 아주 가늘게 분쇄한다.(에스프레소보다 더 가늘게)
- 커피를 아주 가늘게 분쇄해야 거품이 사라지고 찌꺼기가 빨리 가라앉는다.

② 1인분에 4~5g 정도를 분쇄한 커피를 추출기구 안에 넣는다.

③ 찬물을 1인분에 80ml 정도로 추출기구 안에 붓는다.

④ 중간 세기의 불 위에 이브리크를 올려 놓는다.
- 너무 센 화력은 커피를 덜 추출하게 하며, 약한 불은 과다 추출하게 되어 맛이 없다.

⑤ 거품과 함께 끓어 오르면 넘치기 전에 기구를 불 위에 내렸다가 가라앉으면 다시 불 위에 올려 놓는다.
- 처음 거품이 생기는 것은 물이 끓는 것이 아니라 커피 속의 가스가 나오는 현상이며 이때 물의 온도는 약 80~90도이다.
- 거품이 끓어서 용기 밖으로 넘치지 않도록 해야 한다. 거품이 덜 생기면 커피가 신선하지 않은 것이다.

⑥ 이렇게 끓어 오르며 내리는 동작을 2~3회 더 반복한 후 작은 잔에 커피를 따른다.
- 커피찌꺼기가 마시는 잔에 남아 있으므로 가라 앉혀서 마신다.

2) 사이펀(Siphon, Syphon)

사이펀

사이펀은 일본에서만 통용되는 이름이고, 우려내기 방식으로 추출되는 모든 기구들의 정확한 명칭은 배큐엄 브루어Vacuum Brewer이다.

처음 보는 사람들의 입에서 항상 감탄 소리가 흘러나올 정도로 우리 눈을 즐겁게 해 주는 기구 중 하나다.

1970년대 후반~1980년대 중반까지 대학가 주변의 커피숍에서 많이 취급했다고 하나, 보관과 취급의 불편함 때문에 현재는 유행의 뒤편으로 사라졌다.

일본에는 사이펀으로만 커피를 추출하여 판매하는 전문점들이 많이 있다. 몇 해 전 일본의 대형 커피 회사인 UCC에서 명동과 강남에 대형 사이펀 커피 전문점을 오픈했었는데, 큰 성공을 거두지 못하고 문을 닫고 말았다. 여러 가지 문제점이 있었겠으나, 추출기구의 보관과 취급에도 어려움이 있었다고 한다.

지금부터는 사이펀의 기구적인 특징과 추출 방법에 대해 알아보기로 하자.

(1) 기구의 소개

증기 압력과 진공 흡입 원리를 이용한 기구로, 상부 로트와 하부 플라스크는 모두 유리로 되어 있으므로 취급할 때에는 항상 주의를 기울인다.

상부 로트에는 여과 필터를 끼워서 사용하는데, 종이를 끼워 사용하는 플라스틱 필터와 융 필터 모두 사용 가능하다.

물을 끓이기 위해서는 알코올램프, 할로겐램프, 가스 등을 사용한다.

사용하는 원두는 일반적으로 시티 로스팅 이상의 것을 사용하며, 분쇄입도는 약 0.5㎜ 정도로 핸드 드립에 비해서 약간은 가늘게 한다.

개인적인 입맛에 따라 차이는 있겠지만, 보편적으로 핸드 드립 방식에 비해서 맛은 덜하다고 한다. 여과가 아니라 우려내기 방식이기 때문일 것이다.

(2) 추출 방법

약 12g의 원두를 이용하며 150㎖(한 잔 분량)의 커피를 추출해보기로 하자.

❶ 하부 플라스크에 뜨거운 물을 넣고 가열한다. 차가운 물을 넣고 사용할 경우 물을 끓이는 데 오랜 시간이 걸리기 때문이다. 150㎖의 커피를 추출하기 위해서는 180㎖ 정도의 물이 필요하다.

> ☞ **주의** 플라스크에 물기가 있으면 반드시 닦은 후 사용한다. 물기가 있는 상태로 가열하면 그을릴 수 있다.

❷ 커피를 분쇄한다.

❸ 필터에 여과지를 끼운 후 돌려 두 개의 필터를 단단히 고정한다.

❹ 여과 필터를 상부 로트에 끼우고, 밑에 달려 있는 홀더를 관에 걸어서 고정한다.

❺ 로트를 플라스크에 살짝 걸쳐 놓는다. 예열의 효과가 있다.

❻ 물이 끓으면 로트에 분쇄한 커피를 넣은 후 평평하게 되도록 살짝 쳐준다.

❼ 불을 절반 정도 줄이고 로트를 삽입한다.

❽ 스틱을 로트 가장 자리에 꽂아 준다.

❾ 플라스크에 물이 로트로 다 올라오면 스틱을 10회 정도 저어준다.

❿ 스틱 회전 후 25~30초가 경과하면 불을 끄고 다시 스틱을 10회 정도 저어준다.

⓫ 커피가 하부 플라스크에 내려오면 로트를 뺀다.

⓬ 하부 플라스크에 있는 추출액을 잔에 붓는다. 핸드 드립의 경우 추출하는 물의 온도를 강제적으로 내렸으나, 시이펀은 그런 과정이 없으므로 커피의 온도가 더 높다.

3) 워터드립(Water drip)

더치 커피Dutch coffee라고도 하며 찬물로 장시간 추출4~12시간하는 방식으로 원두의 분쇄도와 물이 맛에 중요한 작용을 한다. 추출된 커피를 냉장보관하여 오래 숙성을 거치기 때문에 맛이 시간이 지날수록 강한 커피맛과 부드러운 와인맛을 동시에 지닌 신비의 커피이다. 마치 오래 숙성시킨 와인과 비교하기도 한다. 그래서 더치커피는 커피의 와인, 커피의 눈물이라는 별명을 가지고있다. 카페인은 70도 이상의 온도에서만 추출되므로 찬물에서는 소량만 추출된다. 물 500ml에 분쇄커피 70g 정도 넣는다. 분쇄도는 드립과 에스프레소의 중간 정도이며 물은 2~3초에 한방울씩 떨어뜨린다.

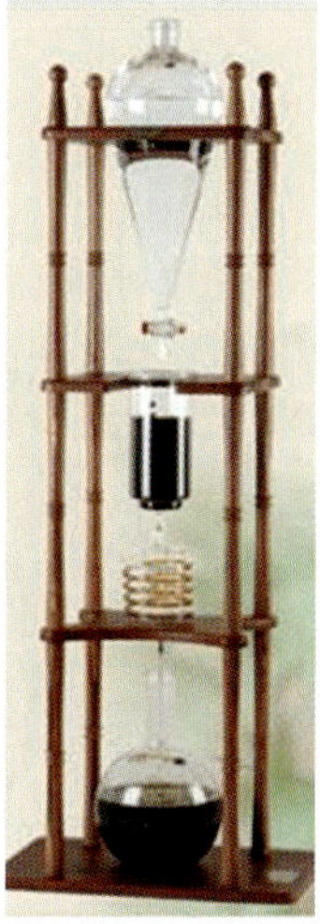

25인용 더치커피기구

2~4인용 더치커피기구

4) 메리타(Melitta)

메리타의 경우는 독일인 메리타Melitta여사가 처음 발명한 것으로, 드리퍼 안에 커피가 추출되는 구멍이 1개이다. 바닥은 약간의 경사가 있고, 립rib : 공기가 잘 빠지도록 줄 모양으로 생긴 홈의 길리는 짧다

메리타

5) 융 드립(Flannel)

융은 커피 성분 중 지방을 흡착하지 않고 그대로 추출하게 하여 커피 맛을 풍부하게 하는 장점 있기는 하나, 보관하고 관리하는데 어려움이 따른다. 융드립은 일반 드립커피에 비해 매끈 매끈한 감촉이 느껴지는 부드러운 커피를 추출해 주는 드리퍼이다. 일반 드리퍼에 비해 사용과 보관에 번거로움이 따르지만 융드립한 커피의 맛은 필터로 걸러내는 맛과 확실한 차이가 난다.

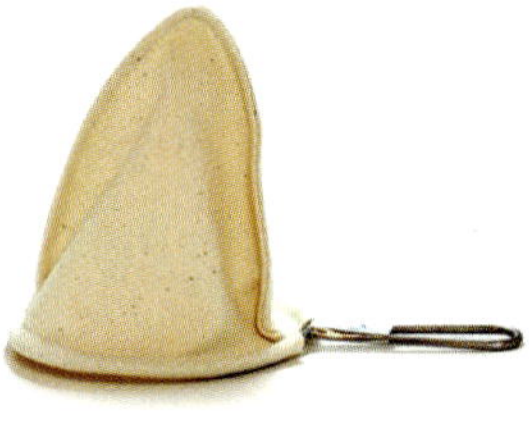

6) 프렌치 프레스

프렌치 프레스는 다양한 용도로 사용된다. 커피를 추출하기도 하지만 차茶를 우려 마실 때, 가정에서 카푸치노를 만들기 위해 우유 거품을 낼 때도 사용된다. 커피 추출 시 비교적 간단하게 사용할 수 있으나, 청소가 불편하고 커피 성분이 충분히 우러나지 않는다는 단점이 있다.

티 메이커Tea-Maker, 플런저Plunger, 멜리오르Melior 등의 다양한 이름을 가지고 있는데, 프랑스 보덤Bodum사가 크게 유행시켜, 현재는 프렌치 프레스French Press라는 명칭이 보편적이다.

(1) 기구 특징

구성은 유리로 된 용기와 피스톤이 달린 뚜껑의 두 부분으로 매우 간단하다. 유리 용기에 분쇄한 커피를 넣고 뜨거운 물을 붓는다. 일정 시간이 경과하면 커피 성분이 녹아져 나오게 되는데, 그때 피스톤으로 눌러 추출액만 분리해 내면 된다.

우려내기 방식과 가압 추출 방식이 혼용된 추출 방법이라고 할 수 있다.

(2) 추출 방법

한 잔의 커피를약 150mℓ 추출하기 위해서는 약 10g의 커피와 200mℓ의 물이 필요하다.

❶ 커피를 약 1.0㎜ 정도로 굵게 분쇄한다.

❷ 프렌치 프레스의 뚜껑피스톤 포함을 빼고 분쇄한 커피를 넣는다.

❸ 90~95℃의 물 약 200mℓ를 붓는다.

❹ 커피가루가 뜨면 수저로 저어준다.

❺ 저은 후 약 1분~1분 30초 정도 기다린 다음 피스톤을 누른다.

❻ 추출액을 예열한 잔에 붓는다. 커피 찌꺼기를 감안하여 약 150mℓ 정도만 따르도록 한다.

7) 모카 포트

이탈리안 스토브 탑Italian-Stove-Top이라고도 부르는데, 추출되는 원리는 증기압에 의해서이다.

이탈리아를 여행하면서 대부분의 가정 주방에 모카 포트가 있는 것을 발견하고 '대중적인 기구다' 라고 생각했었다. 물론 판매하고 있는 곳도 주방용품 매장인데 크기, 모양과 디자인, 재질 등이 정말 다양하다.

그런데 재미있는 사실은 이탈리아 가정에서는 모카 포트를 전혀 닦지 않고 사용하는 것이 관습처럼 되어 있다는 것이다. 다시 말해, 추출한 후에 전혀 닦지 않고 재사용再使用을 거듭한다는 얘기다. 닦게 되면 커피가 맛이 없어지기 때문이라고 하는데, 어떻게 해서 나온 얘기인지는 알 수 없으나 어이없을 정도로 잘못된 논리이다. 커피 내의 지방 성분이 기구 내에 흡착하여 산패하면 커피 맛에 악영향을 주기 때문이다. 또한 필터와 필터 바스켓에는 작은 구멍들이 많이 있는데, 세심하게 세척하지 않으면 커피 가루가 끼어 추출이 어려워진다. 어떤 기구든지 사용 후에는 다음 추출을 위해 청결한 상태를 유지하는 것이 중요하다.

(1) 기구 특징

기구를 살펴보면 세 부분으로 이루어져 있다.

하단 포트에 있는 물을 가열하면 수증기가 생기고, 이 수증기의 힘에 의해 물이 필터 바스켓의 관을 따라 올라가게 된다. 한편 바스켓에 담겨 있는 커피가루는 물이 끓으면서 찐 상태가 된다. 관을 타고 올라간 물이 쪄져 있는 커피가루를 통과하면서 커피 성분이 추출되고 추출액은 상단 포트 추출구를 통해 나오게 되는 원리이다.

일반적으로 풀시티 이상 강하게 로스팅된 원두를 사용하는데, 1잔 즉 30㎖의 커피를 위해서는 약 7~8g의 원두가 사용된다.

(2) 추출 방법

30㎖, 1잔의 커피를 위해 7~8g의 원두를 이용하여 추출한다. 30㎖의 추출액을 위해서는 일반적으로 45㎖의 물이 필요하다.

❶ 하단 포트에 물을 붓는다. 하단 포트에는 압력 밸브라고 하는 것이 있는데, 물은 압력 밸브보다는 적게 부어야 한다.

❷ 필터 바스켓에 분량의 분쇄한 커피를 담고 스푼을 이용하여 살짝 눌러준다. 평평하지

않을 경우 수증기 압력으로 물이 올라올 때 균일하게 커피 가루층을 통과하지 못하기 때문이다.

❸ 상단 포트를 뒤집어서 고무 패킹과 필터가 제대로 장착되어 있는지 확인한다.

❹ 상단 포트와 하단 포트를 잘 돌려서 단단하게 고정한다. 최근에는 모카 포트 전용 여과지를 사용하기도 하는데, 사용하게 되면 추출액이 좀더 부드러워진다. 여과지는 필터 바스켓 위에 올려놓는다.

❺ 약불을 이용하여 약 2~3분 정도 끓여 준다. 모카 포트를 불 위에 직접 올려놓지 않고, 전용 삼발이를 불 위에 올려놓은 후 그 위에 모카 포트를 올려놓기도 한다.

❻ 추출이 시작되면 '퍽퍽' 하는 소리가 나는데, 단시간에 추출이 이루어지므로 주의한다. 추출구를 통해 분출되다시피 추출되므로, 추출되는 동안 상단 포트 뚜껑을 닫아두어야 한다. 추출 종료 후에도 계속 불 위에 올려놓으면 고무 패킹이 녹아 기구 전체를 못쓰게 되는 경우가 종종 있으니 주의하자.

❼ '치익' 하는 소리가 나면 추출이 종료된 것이다. 불을 끄고 추출된 커피를 잔에 따른다. 증기압을 이용하는 방식이기는 하나 크레마를 기대하기는 어렵다.

제13장

라떼 아트

Hot Tips

| 우유 거품 만들기(Milk frothing : 밀크 프로씽)

우유 거품이 곱게 만들어져야 카푸치노 등을 마실 때 입에 느껴지는 감촉이 좋으며 쉽게 거품이 사라지지 않게 되며 이런 우유 거품을 벨벳 밀크(Velvet milk)라고 한다. 이때 사용되는 우유는 저지방 우유나 무지방 우유보다 일반 우유 즉 무조정 우유가 거품내기에 좋으며 사용되는 우유는 냉장고에 차갑게 보관을 하며 스팀 피처도 차가운 것을 사용하는 것이 좋다.

| 스팀 피처(Steam pitcher)

스팀 피처(Steam pitcher, Milk frothing pitcher)는 우유거품을 만들거나 우유를 데워 줄 때 필요한 도구로 스테인리스스틸 재질을 사용한다.

| 우유의 양

일반적으로 우유를 담는 양은

- 350㎖ 피처의 경우 150㎖
- 600㎖ 피처는 250㎖
- 900㎖ 피처는 350㎖ 정도가 적당하다.
  - 150㎖용은 1잔,
  - 600㎖는 2잔,
  - 900㎖는 4잔을 만들면 좋은 카푸치노를 만들 수 있다.

| 우유 거품낼 때 주의사항

항상 차가운 피처를 사용하고, 우유의 온도는 4~5℃가 좋다.

차갑지 않을 경우 우유의 온도가 급격하게 상승하기 때문에 우유 거품을 내기 전 항상 확인하고 사용하는 것이 좋다.

01 우유 거품내기

1) 스팀 피처(Steam Pitcher)의 선택

스팀 피처는 우유 거품을 만들거나 우유를 데우는데 사용되는 도구로 350㎖, 600㎖, 900㎖ 용량을 주로 사용한다.

우유 맛에 변화를 주지 않으면서 데워야 하므로 재질이 중요한데, 유리나 플라스틱보다는 스테인리스스틸 제품이 좋다. 열전도율이 높기 때문에 스티밍 시 우유가 받을 열을 스테인리스스틸 용기가 가져감으로써 우유 데워지는 속도를 더디게 하여 고품질의 우유 거품을 만들 수 있기 때문이다.

한편 모양은 사진과 같이 아래는 넓고 위는 좁은 모양이 바람직하다. 에스프레소 기계의 스팀 노즐에서 분사되는 모양과 일치하여야 회전이 원활히 일어나며, 회전이 잘 이루어져야 아주 고운 거품을 만들 수 있기 때문이다.

피처의 두께는 우유 속에 들어 있는 유지방 함량에 따라 약간씩 차이가 있다.

예를 들어, 고지방 우유를 사용하고자 할 경우 지방과 단백질이 열에 의해 분리되는 현상이 일어나므로, 두꺼운 피처를 사용하게 되면 우유에 열이 가해지는 것을 더디게 하여 좋은 거품을 만들 수 있기 때문이다.

한편 스팀 피처는 항상 차가운 상태로 유지시켜야 좋은 품질의 거품을 얻을 수 있을 것이다.

스팀 피처의 크기는 만들고자 하는 양에 따라 선택한다.

2) 우유 거품내는 순서

(1) 스팀 피처에 우유 담기

스팀 피처에 우유를 얼마만큼 담을 것인가를 판단하는 것은 많은 경험을 필요로 한다. 일반적으로 우유를 담는 양은 350㎖ 피처의 경우 150㎖, 600㎖ 피처는 250㎖, 900㎖ 피처는 350㎖ 정도가 적당하다. 350㎖용은 1잔, 600㎖는 2잔, 900㎖는 4잔을 만들면 좋은 카푸치노를 만들 수 있다. 항상 차가운 피처를 사용하고, 우유의 온도는 4~5℃가 좋다.

우유가 차갑지 않을 경우 우유의 온도가 급격하게 상승하기 때문에 우유 거품을 내기 전 항상 확인하고 사용하는 것이 좋다.

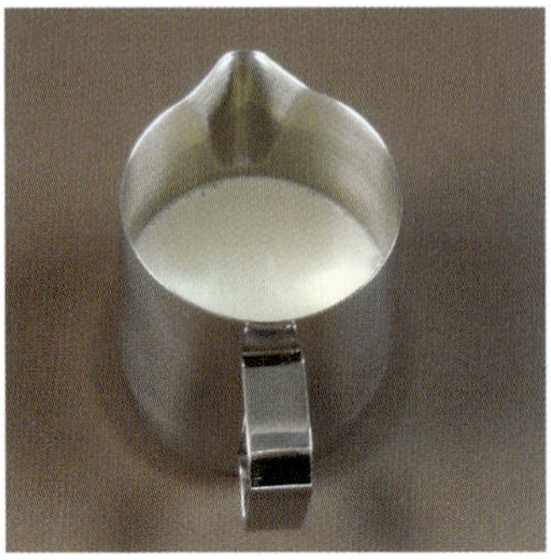

스팀 피처에 우유담는 정도

(2) 스티밍하기 전 스팀 밸브열기

스팀 노즐에는 약간의 물이 들어 있다. 스팀 사용을 멈추면 수증기가 물로 바뀌기 때문이다. 그런데 이것을 그냥 사용하게 되면 우유 농도를 흐리게 만들므로 스티밍하기 전에는 스팀 밸브를 열어 물을 빼 주어야 우유 맛이 변화되지 않는다. 밸브를 열어 주는 시간은 약 2~3초 정도이며, 행주로 스팀 노즐을 감싸고 열어 주는 것이 좋다.

(3) 공기 주입

시작할 때의 스팀 노즐 위치는 위 그림과 같이 상하 1/2선과 좌우 1/3선이 만나는 위치에 놓고 노즐 대는 피처의 삼각모양 끝에 대고 고정하면 안정감 있는 공기주입이 가능하고 좋은 거품을 얻을 수 있다. 두툼한 부분이 90% 정도 담그는 것이 좋다. 공기를 넣고자 하는 양을 조절할 수 있기 때문이다.

공기 주입 장면

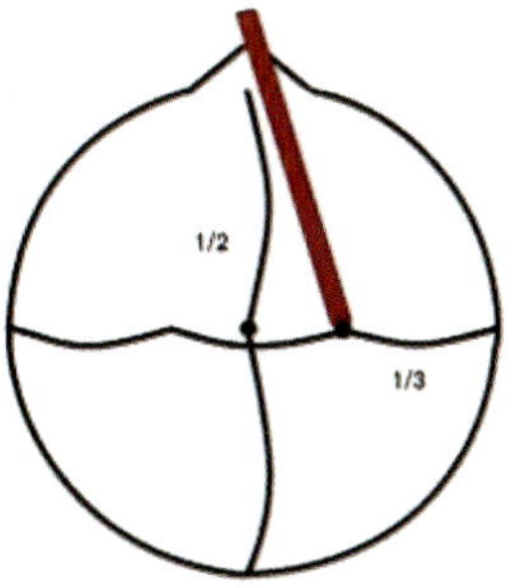

너무 낮게 노즐을 담글 경우 강한 스팀에 의해 순간적으로 공기가 많이 주입이 되므로 고운 거품을 얻기가 힘들다.

스팀 밸브를 열고 난 후 스팀 피처를 서서히 아래로 내리면, 스팀 노즐 팁이 우유표면으로 드러나게 되고, 마찰에 의해 1차 우유 거품이 만들어지게 된다.

스팀 피처를 아래로 내릴 때에는 한번에 하지 않고 서서히 내려야 적은 마찰에 의해 잔 거품이 만들어진다. 또한 고운 거품을 만들기 위해 혼합시킬 때에도 용이하게 할 수 있다.

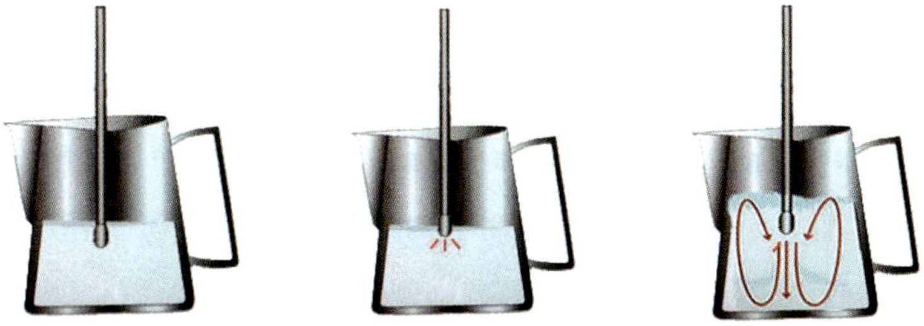

시작 단계　　공기주입　　혼합

스팀 노즐에서 분사되는 스팀이 우유표면으로 드러나면서 노즐 주위에 있는 공기를 우유 속으로 끌고 들어가게 된다.

따라서 스팀을 만들 때에는 스팀 노즐 주위에 다른 냄새가 나지 않도록 주의해야 한다. 공기 주입은 스팀 피처에서 6~7부 정도 올라올 때까지 하며, 온도는 35℃ 이하에서 해야 좋은 거품을 얻을 수가 있다.

한편 빠른 속도로 공기를 주입을 해야 나머지 혼합 시간이 길어져 고운 거품을 얻을 수 있다.

(4) 혼합

우유 위에 형성된 잔 거품을 고운 거품으로 만들어 주면서 온도를 높이는 작업이다. 고운 거품을 얻기 위한 최종 단계이므로 세밀한 작업이 필요하다. 공기를 주입하기 위해서는 내렸던 피처를 다시 올려 준다.

이때 주의해야 할 점은 스팀 노즐은 너무 깊게 넣으면 안 된다는 것이다. 스팀 노즐을 깊게 넣으면 우유 표면에 있는 거품을 끌고 들어가 혼합시킬 수 없기 때문이다.

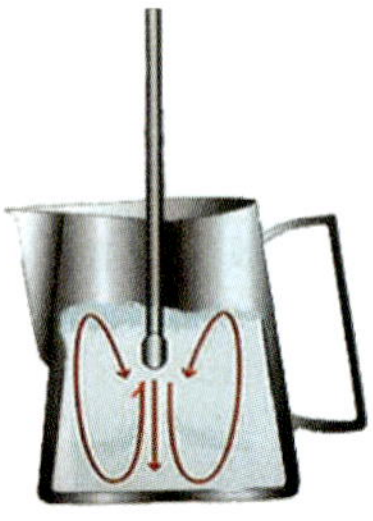

따라서 스팀 노즐 팁 즉 부분만 마찰 소리가 들리지 않을 정도로 담가 주어야 큰 회전으로 전체를 혼합할 수 있다.

혼합하는 단계에서 생성되는 거품은 없어지지 않기 때문에 공기 주입이 끝나면 다시 공기가 주입되지 않도록 회전시킨다.

혼합이 완전히 이루어지면 우유거품이 스팀 피처의 8~9부 정도가 되고 온도는 60~70℃까지 올라간다. 피처를 잡지 않은 반대편 손으로 피처의 7부 정도 위치에 대고 온도를 감지해 주어야 화상 없이 감지가 가능하다.

정상적으로 작업이 완료되면, 빠른 동작으로 스팀 밸브를 잠그고 나서 스팀 피처를 뺀다.

(5) 잔여 거품 없애기

스티밍 종료 후에도 약간의 작은 거품들이 남아 있을 수 있다. 이 거품을 없애기 위해서는 스팀 피처의 바닥을 작업대 위에서 2~3회 '탕탕' 소리가 나도록 치고 크게 1~2회 회전시킨다. 단, 동작을 크게 하되 넘치지 않도록 주의한다. 이 과정을 오래 반복하면 우유는 더 담백해지나 온도가 내려가 커피와 희석했을 때 맛이 떨어질 수 있으므로 이 과정은 단시간에 종료하도록 한다.

2~3회 탕탕소리가 나도록 치는 장면

크게 2~3회 회전시키는 장면

이런 과정에 의해 만들어진 우유는 기포가 없고 고우며 응집력이 있어야 한다.

(6) 스팀 노즐 청소

스팀 노즐은 사용 후에 바로 밸브를 열어 남아 있는 우유를 제거한 다음 젖은 행주로 닦고 다시 한번 밸브를 열어 마무리한다. 이런 과정을 거치지 않으면 노즐에 우유 찌꺼기가 남아 비위생적이며, 장시간 사용 시 어려움이 따른다.

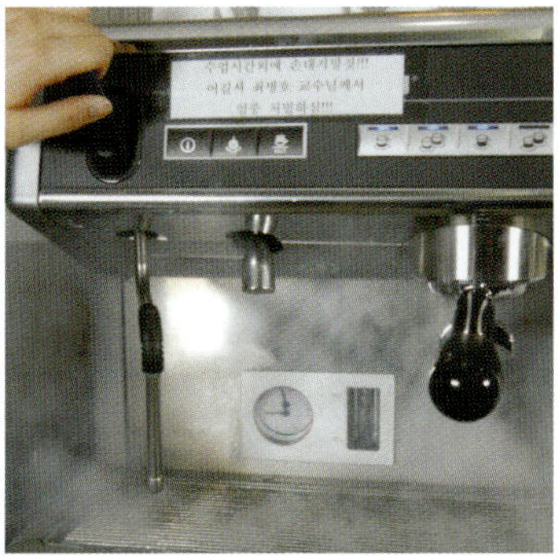

3) 우유 거품 따르기

우유 거품을 따를 때에는 적은 양으로 잔 가운데서 시작하여 5~10cm 정도까지 피처를 높인 후 부어 준다. 크레마에 변화를 주지 않고 안정시키기 위한 동작으로 크레마가 안정이 되고 크레마 밑으로 우유 거품이 형성되어야 모양 만들기가 쉬워진다. 잔에 부어 주는 위치는 한 곳에서만 하지 말고 좌우로 옮겨 주어야 단시간에 크레마를 안정시킬 수가 있다.

이 동작은 잔에 내용물이 반 정도 찰 때까지 계속하며, 잔에 반 이상이 차면 빠르게 피처를 내려 잔의 가운데서 흔들면서 양을 늘린다.

2잔 이상을 만들 경우에는 보조 피처를 사용하는 것이 바람직하다. 예를 들어, 카푸치노의 경우 2잔의 거품을 동일하게 만들 수 있기 때문이다.

보조 용기를 사용해서 두 번째 잔을 만들 때는 보조 용기에 있는 거품을 스팀 피처에 부어 준 후 다시 한 번 회전시킨다.

보조용기는 항상 예열되어 있는 것을 사용해야 우유가 식지 않는다.

5~10cm 정도까지 피처를 높여 붓는 장면

잔에 반 이상 차면 빠르게 피처를 내려
잔 가운데서 흔들며 양을 늘리는 장면

02 라떼 아트의 기초

처음 잔에 우유를 따를 때는 적은 양으로 잔 가운데서 5~10㎝ 정도의 높이로 부어 준다. 이것은 크레마의 변화를 주지 않고 안정시키기 위한 동작이다. 크레마가 안정이 되고 크레마 밑으로 우유 거품이 형성되므로 라떼 아트를 만들기가 쉬워진다. 한편 잔에 부어 주는 위치는 한 곳에 계속 붓지 말고 좌우로 옮겨 주어야 빠른 시간에 크레마를 안정시킬 수가 있다. 이 동작은 잔에 반 정도가 찰 때까지 지속한다.

만일 잔에 우유를 떨어뜨릴 때 우유 거품이 먼저 떨어져 하얗게 될 경우 스팀 피처를 높이 올려 주면 없어진다.

잔에 반 정도가 올라오면 빠르게 피처를 잔에 닿을 때까지 내린다. 잔 가운데서 피처를 흔들어 주면서 양을 서서히 늘리면 그림이 그려지기 시작한다.

이것이 라떼 아트 그리기 기본 동작이다.

정리해보면 약 5~10㎝ 정도의 높이에서 가운데로 부어 준 다음 양을 줄이면서 스팀 피처를 올려 잔에 절반 정도가 올라올 때까지 간격을 그대로 유지한다. 이 동작은 크레마가 깨지지 않게 하기 위한 동작이다. 크레마가 안정이 되고 양이 절반을 넘으면 빠르게 피처가 잔에 닿을 때까지 내려 흔들면서 서서히 양을 늘려 준다. 양은 그림이 그려질 때까지 계속 늘려주면 된다. 이때 주의할 점은 양이 올라온다고 피처를 잔에서 떨어뜨려 위로 올리면 안 된다는 것이다. 그림이 그려지다가 사라질 수 있기 때문이다.

03 나뭇잎과 하트 그리기

1) 나뭇잎 그리기

모든 라떼 아트의 기본이 되는 디자인이다. 나뭇잎 모양의 라떼 아트를 잘한다면 다른 모양들도 쉽게 만들 수가 있다.

나뭇잎 모양은 어렵지만 잘 할 수 있다면 다른 어떤 모양보다 화려하고 멋있을 것이다.

(1) 크레마 안정시키기

크레마를 잘 안정시켜야 그림이 선명하고 깨끗하게 만들어진다. 에스프레소를 추출한 잔 가운데에 스팀 밀크를 떨어뜨린 다음 5~10㎝ 정도의 높이를 유지하면서 한 곳에 붓지 말고 약간씩 포인트를 옮겨준다. 같은 위치에 계속 떨어뜨리면 떨어지는 위치에 크레마가 깨져서 좋은 모양이 만들어지기가 힘이 든다.

이 동작은 잔에 절반이 약간 넘을 때까지 해야 한다. 잔과 스팀 피처의 간격은 그대로 유지해야 하며 스팀 피처가 잔 쪽으로 내려와서는 안 된다. 그림을 그리기 전 크레마를 안정시키는 과정에서 스팀 피처가 내려오면 크레마가 깨지면서 하얗게 변하므로 원하는 그림을 그리기 어렵고, 그림이 그려진다 해도 좋은 모양의 그림은 그려지지 않는다.

(2) 띠 만들기

크레마를 안정시킨 다음 빠르게 내려 잔에 밀착함과 동시에 좌우로 흔들어 준다. 이때 떨어뜨리는 포인트는 잔의 가운데이며 흔드는 간격은 1㎝ 정도이다. 이렇게 흔들면서 양을 서서히 늘려 준다.

첫째 띠가 만들어질 때까지 점차적으로 늘리면 된다. 늘리는 양이 적으면 띠가 만들어지지 않고 양이 너무 많으면 지렁이 모양꾸불 꾸불한 모양이 만들어지므로 첫 번째 띠를 그리는 포인트가 중요하다.

잔에 붓는 스팀 밀크의 양과 좌우로 흔드는 크기에 따라서 나뭇잎의 크기와 모양이 달라진다.

첫 번째 띠가 만들어지면 피처를 뒤로 흔들면서 뺀다. 이때 흔드는 크기나 양의 변화를 주어서는 안 된다. 첫 번째 띠가 생기면 각도, 양, 속도를 그대로 유지하면서 빠져야 한다. 뒤로 빠질 때 스팀 피처를 잔에서 떨어뜨리지 말고 잔에 붙인 상태에서 뒤로 빠져야 한다. 뒤로 빠지면서 피처를 들면 중력에 의해 가속도가 붙어 오히려 그림이 사라지고 만다. 뒤로 빠지는 속도에 따라 잎의 숫자가 만들어지는데 빨리 빠지면 잎 숫자가 적고 천천히 빠지면 잎 숫자가 많아진다.

처음 그릴 때는 뒤로 빠지기가 쉽지 않기 때문에 많은 양을 부으면서 천천히 빠지게 되는데 이럴 경우는 잎이 서로 겹쳐질 수 있으므로 주의한다.

(3) 마무리

띠를 만든 다음 마무리에 따라 잎의 모양이 변할 수 있다. 좋은 디자인을 만들기 위한 마무리는 띠를 완전히 만든 후 끝에서 약간 위로 올린 다음 앞으로 가면서 마무리를 하면 된다.

띠를 다 만든 후 끝에서 오래 머물면 끝 부분이 커지므로 크게 되기 전에 마무리를 하는 것이 좋다.

2) 하트 그리기

하트는 많은 사람들이 좋아하는 문양이다.

하트 문양도 나뭇잎과 마찬가지로 크레마 안정시키기, 둥근 원 그리기와 마무리기로 이루어진다. 크레마를 안정시키는 과정은 나뭇잎과 동일하다.

에스프레소를 추출한 잔 가운데에 스팀 밀크를 떨어뜨린 다음 5~10㎝ 정도의 높이를 유지하면서 한 곳에 붓지 말고 약간씩 위치를 옮겨 준다.

하트는 처음 스팀 우유를 잔에 떨어뜨릴 때 벽에 떨어져서는 제대로 된 모양을 만들 수가 없다. 크레마와 우유가 완전히 분리가 되어야 선명해지면서 만들어지는데 벽에 떨어져 하얗게 되면 하트를 그릴 수가 없다. 따라서 첫 번째 떨어지는 포인트는 가운데가 되어야 한다.

크레마를 안정시키고 하트를 그리기 위해 첫 번째 떨어뜨리는 위치는 다음 사진과 같다.

크레마 위에 하얗게 만들어지면 스팀 피처와 잔의 높이는 그대로 유지하면서 뒤로 빠지지 말고 약간 앞으로 밀면서 계속 흔들어 주면 하얀 원이 만들어진다.

만일 작은 원이 만들어질 때 뒤로 빠지게 되면 2중적으로 원이 형성되어 제대로 된 하트를 만들기가 어렵다.

너무 많은 양으로 하트를 그릴 경우는 전체가 하얗게 만들어지므로 선명하게 만들기가 어렵다. 양은 그림이 그려질 때까지 점차적으로 늘려야 이런 현상을 막을 수가 있다.

마무리는 나뭇잎과 마찬가지로 서서히 위로 올리면서 마무리를 하면 된다. 이때도 3~5

cm 정도 높이에서 양을 줄이지 말고 많이 부으면서 마무리를 해야 하트 끝이 깔끔하게 만들어진다. 하트도 마무리에 따라 모양이 바뀐다.

적은 양으로 스팀 피처를 위로 올리면서 마무리를 할 경우는 하트의 끝이 작아진다. 하트는 마무리를 할 때 위로 올리면서 마무리를 해야 좋은 그림이 만들어진다.

3) 라떼 아트를 만들 때 주의할 점

❶ 우유거품을 따르기 전에 잔과 피처의 각도는 90도가 되도록 집중한다.

❷ 따르기 시작해서 그리기 할 때 높낮이를 잘 조절한다.

❸ 푸어할 때따를 때 내려오는 위치를 확인한다. 하트와 로제타는 서로 위치가 다르다.

❹ 마무리 동작 시 하트는 피처 앞부분을 들어 올리면서 앞으로 나가고, 로제타는 뒤로 빠지면서 피처 뒷부분을 들어 거품량을 고르게 하면서 빠져야 한다.

❺ 일정한 손 흔들기가 되도록 한다.

하트 만들기

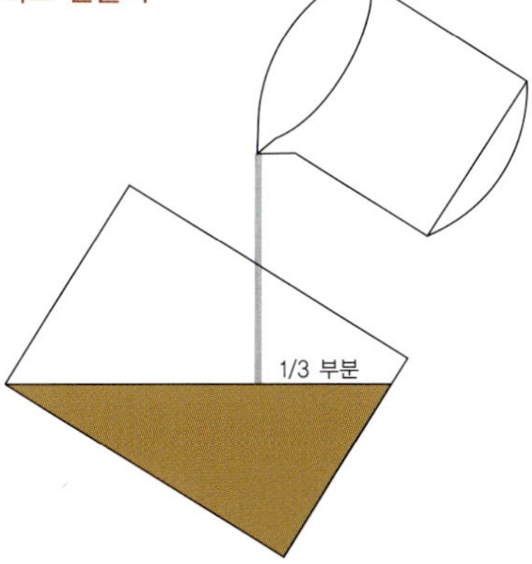

로제타 만들기

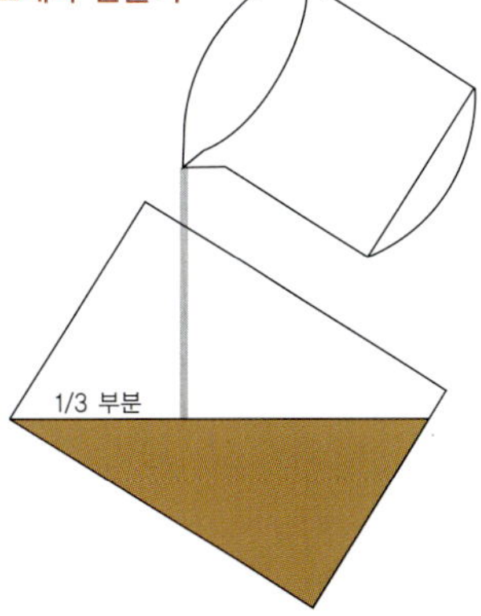

나뭇잎(로제타)

하트

하트 3개

동그라미

Memo

제14장

에스프레소를 이용한 다양한 메뉴

Hot Tips

| 에스프레소 메뉴

요 소	내 용
에스프레소 마끼아또 (Espresso macchiato)	Macchiato는 점, 얼룩을 의미하며 에스프레소 위에 우유거품을 2~3스푼 올려 에스프레소 잔에 제공한다.
카페라떼 (Caffé latte)	에스프레소에 데운 우유를 섞어 제공되며 카푸치노보다 좀 더 많은 우유에 거품은 거의 없거나 아주 조금만 넣는다.
카푸치노 (Cappuccino)	에스프레소에 우유와 거품이 조화를 이루는 커피메뉴로 150~200ml 크기의 잔에 제공된다.
카페 꼰 빠나 (Caffé con panna)	에스프레소에 휘핑크림을 넣어 부드럽게 즐기는 메뉴
카페오레 (Caffé au Lait)	프렌치 로스트한 커피를 드립으로 추출하여 데운 우유와 함께 카페오레 잔에 동시에 부어 만드는 것이나 일반적으로 에스프레소와 데운 우유를 사용하여 만든다.
카페모카 (Caffé mocha)	에스프레소에 초콜릿 시럽과 데운 우유를 넣어 섞은 후 그 위에 휘핑크림을 얹은 다음 초콜릿 시럽과 초콜릿 가루로 장식을한다.
카페 프레도 (Caffé Freddo)	흔히 우리가 말하는 아이스커피이며 에스프레소를 얼음이 담긴 잔에 부어 만든 메뉴

베리에이션 메뉴(Variation menu)

01 따뜻한 메뉴(Hot Variation Menu)

1) 에스프레소(Espresso)

25~30㎖ 정도 추출하며, 에스프레소 잔에 제공된다.

2) 도피오(Dopppio)

2잔의 에스프레소50~60㎖를 에스프레소 잔에 제공한다. 더블 에스프레소라고도 불리며, 리스트레또와 룽고, 도피오도 가능하다.

3) 리스트레또(Ristretto)

짧게 추출한 에스프레소(20~25㎖)를 에스프레소 잔에 제공한다.

4) 룽고(Lungo)

길게 추출한 에스프레소(40~45㎖)를 에스프레소 잔에 제공한다.

5) 아메리카노(Americano)

에스프레소를 뜨거운 물에 희석한 커피로, 잔의 크기는 180~200㎖ 정도의 것을 사용한다.

에스프레소　　　　　　　　　　에스프레소도피오

리스트레또　　　　　　　　　　룽고

아메리카노

6) 카페 마끼아또 (Caffe Macchiato)

재 료

에스프레소 30ml, 우유 거품 2~3스푼

만드는 방법

① 에스프레소 잔에 한 잔의 에스프레소를 준비한다.

② 에스프레소 위에 우유 거품 2~3스푼을 올려준다.

③ 우유 거품을 에스프레소 잔 가운데에 올리면 된다.

7) 카페 라떼(Caffé Latte = Café au lait : 카페오레)

재 료

에스프레소 30ml, 데운 우유 150~200㎖

만드는 방법

① 8온스의 유리 잔에 에스프레소 한 잔을 준비한다.

② ①에 데운 우유 150~200㎖를 첨가한다. 데울 때 온도는 65℃ 정도이고 거품은 많이 생기지 않도록 주의한다.

8) 라떼 마끼아또 (Latte Macchiato)

재 료

에스프레소 30ml, 데운 우유 150~200mℓ, 캐러멜 시럽 15ml

만드는 방법

① 8온스의 유리 잔에 캐러멜 시럽 15mℓ를 넣는다.

② ①에 65℃ 정도의 거품 우유 150~200mℓ를 첨가한다.

③ 에스프레소 한 잔을 추출하여 ②의 우유와 우유 거품이 분리되면 그 위에 에스프레소를 살짝 붓는다.

④ 그렇게 되면 우유와 우유 거품 사이에 에스프레소가 들어가서 띠를 형성하게 된다.

⑤ 젓지 않고 그냥 마시며, 설탕 시럽이나 캐러멜 시럽이나 딸기 시럽 등 각종 향 시럽을 사용할 수도 있고 기호에 따라 시럽의 양을 더 넣을 수있다.

9) 카푸치노(Cappuccino)

만드는 방법

① 150~180mℓ의 잔에 에스프레소 한 잔을 준비한다.

② 우유를 데우기 전에는 4℃ 정도로 시작해서 공기 주입 단계에서는 35℃에서 마무리되어야 하고, 다 데워진 우유는 65℃±5℃ 정도가 적당하다.

③ 우유와 우유거품이 올라간다.

④ 이렇게 만들어진 카푸치노 위에는 시나몬 가루나 초콜릿 가루를 뿌려 즐길 수도 있다. 에스프레소와 우유, 우유거품이 잘 조화된 커피이다.

10) 카페콘파냐 (Caffé Con Panna)

만드는 방법

① 에스프레소 잔에 에스프레소 한 잔을 준비한다.

② 그 위에 생크림을 올려 제공한다.

11) 카페 비엔나(Caffé Vienna)

만드는 방법

① 180~200㎖의 잔에 카페 아메리카노 한 잔을 준비한다.

② 설탕 1스푼을 넣는다.

③ 그 위에 생크림을 올린 후 레인보우, 원두 2~3알, 아몬드 가루, 땅콩가루 등으로 장식하면 된다.

12) 카페 모카(Caffé Mocha)

만드는 방법

① 우유 100㎖와 에스프레소 한 잔, 초콜릿 시럽 15㎖를 섞어 데운 후 180~200㎖의 잔에 붓는다.

② 그 위에 휘핑 크림을 올리고 초콜릿 시럽과 초콜릿 가루로 장식한다.

③ 우유와 초콜릿 시럽을 하루 전에 섞어 초콜릿 믹스를 만들어 놓으면 숙성이 되어 더 맛있는 카페 모카를 만들 수 있다.

④ 초콜릿 믹스로 카페 모카를 만들 경우, 초콜릿 믹스 120㎖를 데운 후 에스프레소 한 잔을 넣고 그 위에 휘핑 크림을 올리고 초콜릿 시럽으로 장식한다.

02 아이스 메뉴(Iced Variation)

1) 아이스 에스프레소 (Iced Espresso)

만드는 방법

① 쉐이커(shaker)에 에스프레소 2잔과 큰 얼음을 5개 정도, 설탕 시럽 10~20㎖를 넣은 다음 셰이킹한다.

② 칵테일 글라스(100㎖)에 붓고 작은 얼음을 한 개 정도 더 넣은 다음 제공한다.

2) 아이스 아메리카노 (Iced Americano)

만드는 방법

① 350~400㎖의 잔에 큰 얼음을 7~8개 정도 채우고 에스프레소를 부은 후, 냉수를 9부 정도까지 부어 준다.

② 에스프레소를 냉수에 희석한 커피이다.

3) 아이스 카페 라테
(Iced Caffé Latte)

만드는 방법

① 350~400㎖ 잔에 큰 얼음 7~8개를 채우고 찬 우유를 8부 정도 붓는다.

② 여기에 에스프레소를 부어 주는데, 진하게 마시고자 할 때는 룽고를 사용한다.

③ 에스프레소를 붓고 찬 우유를 부으면 에스프레소와 우유가 희석된다.

④ 찬 우유를 먼저 붓고 에스프레소를 부으면 2개의 층이 형성된다.

⑤ 부드러우면서 고소한 맛이 살아 있는 것이 특징이다.

4) 아이스 카푸치노
(Iced Cappuccino)

만드는 방법

① 350~400㎖ 잔에 얼음을 8부까지 넣고 찬 우유를 6부 정도 붓는다.

② 그 위에 차게 거품낸 우유 거품만을 스푼으로 떠서 8부까지 올린다.

③ 더블 에스프레소를 살짝 부어 주면 된다. 이렇게 만들면 우유, 커피, 우유거품의 3개 층이 형성된다.

④ 그 위에 계피가루나 초콜릿 시럽, 시나몬 가루 등으로 장식한다.

⑤ 더블 에스프레소가 진할 경우에는 룽고를 사용한다.

⑥ 아이스 카푸치노를 쉐이킹하여 서브할 경우는 쉐이커에 큰 얼음 10개, 설탕시럽 10~20㎖, 더블 에스프레소와 찬 우유를 150㎖ 넣고 쉐이킹한 후 글라스에 붓고 시나몬 가루나 계피가루 등을 뿌린다.

⑦ 진한 에스프레소와 부드러운 우유 거품이 잘 조화된 커피이다.

5) 아이스 카페 비엔나
(Iced Caffé Vienna)

만드는 방법

① 쉐이커에 큰 얼음을 7~8개 정도 채우고 에스프레소 한 잔을 부은 후, 설탕 시럽 10~20㎖를 넣은 후 쉐이크한다.

② 350~400㎖의 잔에 ①을 붓고 냉수를 9부 정도까지 부어준 다음 저어준다.

③ 그 위에 생크림을 올린다.

④ 레인보우나 원두 2~3알, 아몬드가루, 땅콩가루 등으로 장식한다.

6) 아이스 카페모카
(Iced Caffe Mocca)

만드는 방법

① 350~400㎖의 잔에 초콜릿 시럽으로 띠를 만든 후

② 큰 얼음을 5~6개 넣고

③ 초콜릿 시럽 20㎖, 찬 우유 150㎖, 더블 에스프레소를 쉐이킹한 것을 붓는다.

④ 휘핑 크림을 올린다.

⑤ 그 위에 초콜릿 시럽으로 장식한다.

⑥ 많이 판매가 될 경우는 하루 전에 초콜릿 시럽과 우유를 믹싱하여 숙성시켜서 사용하는 것이 편리하다.

Memo

부록 1

2급 바리스타 자격 실기시험

C·o·f·f·e·e B·a·r·i·s·t·a

글로벌 식음료 자격검정 평가원

01 2급 바리스타 경영사 자격 실기 준비 5분

1. 기계점검
2. 그라인더 점검(시범 추출)
3. 잔 데우기
4. 정리정돈

1. 행주 5개 들고 입장하여,

시험 심사위원 쪽으로 향하여 '안녕하십니까? 수험번호 1번 OOO입니다.' 라는 인사말과 함께 인사하고 난 후 오른손을 들고 '실시하겠습니다.' 라고 말한다.

2. 들고 있던 행주 5개를 제 위치에 놓는다.

– 행주위치 : 바닥용 1개Dust 박스 앞, 스팀용 2개, 잔 닦는용 1개스팀 우측 상단, 포타 필터 닦는 용 1개허리에 찬 것

들고 있던 행주 5개를 제 위치에 놓는 장면

– 행주위치 : 스팀용 2개, 바닥용 1개Dust 박스 앞, 잔 닦는 용 1개스팀 우측 상단, 포타 필터 닦는 용 1개허리에 찬 것

3. 행주 위치 잡는 것이 끝나면 양쪽에 있는 스팀 두 개와 온수를 점검한다.

스팀을 열어 보일러 압력을 체크한다.

필터 홀더 위 스위치를 눌러 그냥 물을 한번 내리면서 게이지를 확인한다.

- 실제 게이지를 보면서 확인

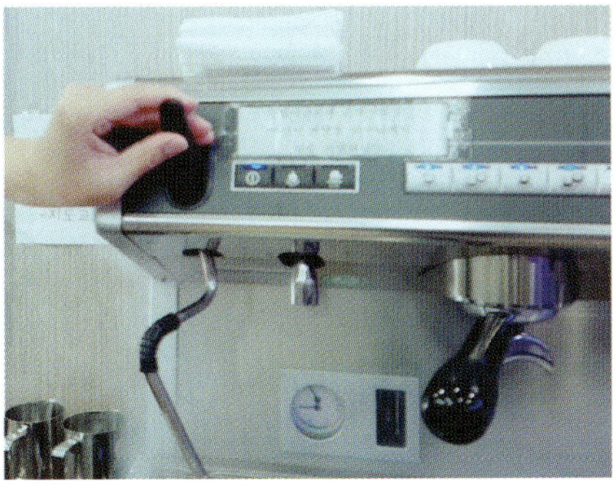

스팀점검

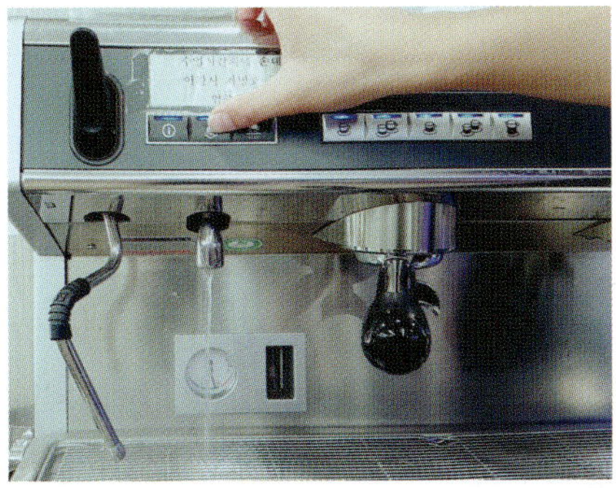

온수점검

4. 필터 홀더 2개 다 헹군 다음 장착시킨다.

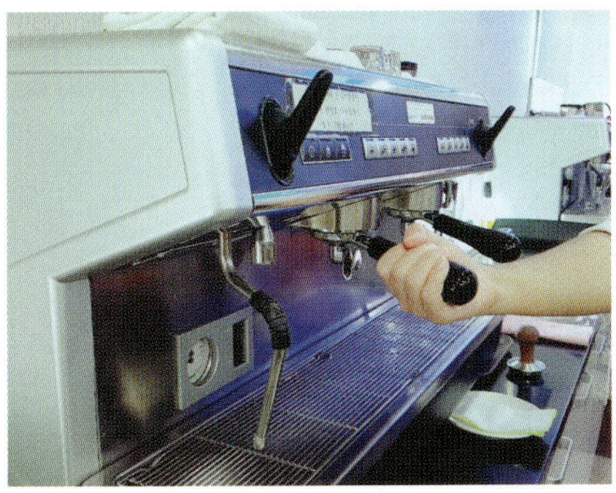

5. 피처에 물을 받으면서 데울 잔을 내려놓은 후 내려놓은 8개 잔에 물을 70%씩 채운다.

6. 잔이 예열되는 동안에 그라인더를 작동하여 분쇄커피를 패킹하여 예비추출용 에스프레소 2잔을 예비 추출한다.

7. 예비추출 한 에스프레소를 버린 후 포타 필터를 깨끗이 비우고 잘 헹구어 다시 장착한다.

8. 그라인더 주위와 도저 청소 후 기물을 점검한다.

- 기물 점검 : 우유, 스푼, 잔 받침, 스팀 피처, 탬퍼

9. 기기점검을 끝내고 예열된 잔을 차례로 비우며 잘 닦아서 커피머신 위쪽 워머기 위에 가지런히 올려놓고 주위를 깨끗이 닦은 후 '끝났습니다.' 라는 멘트로 마친다.

02 2급 바리스타 경영사 자격 실기 10분 시연(KCES)

에스프레소 4잔

카푸치노 4잔

청소 및 정리정돈

1. 오른손을 들고 "시작하겠습니다" 라는 멘트로 시작한다.

2. 에스프레소 4잔 추출하기

❶ 에스프레소 커피 Saucer(소서)와 티 스푼 놓기

❷ 필터 홀더 뽑고 물 흘려 버리기

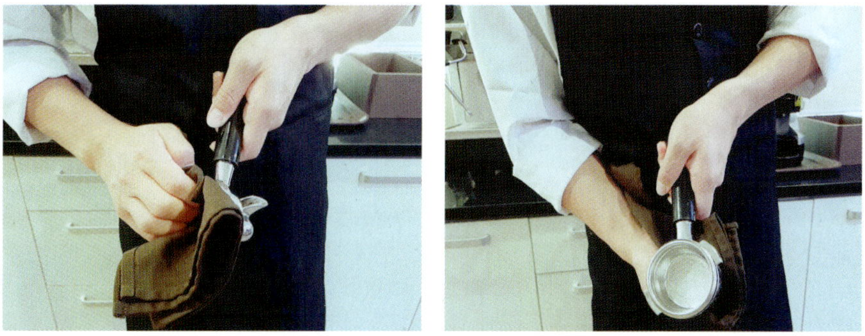

❸ 필터 바스켓 닦기

❹ 그라인더 작동시키기

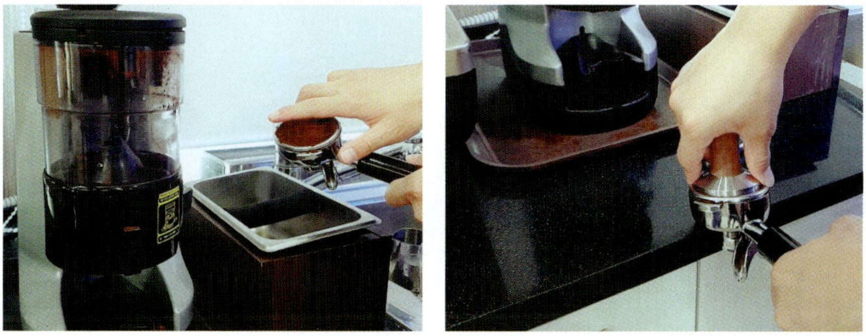

❺ 필터 홀더에 분쇄커피 담고, 1차 탬핑하기

❻ 태핑하기

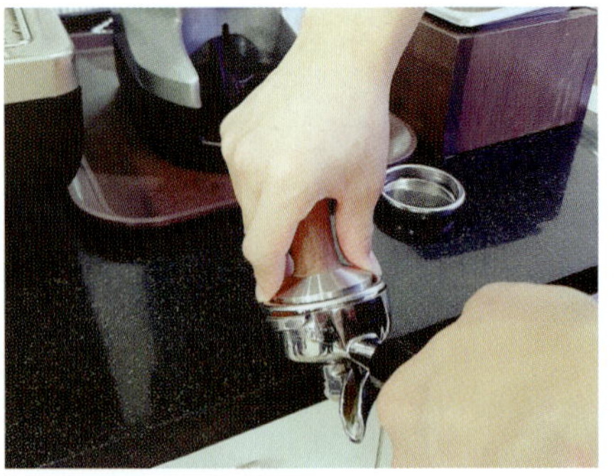

❼ 2차 탬핑하기

❽ 에스프레소 4잔 추출 완성

❾ 에스프레소 4잔을 서비스하기 위해 TRAY에 놓는다.

⑩ 심사위원에게 서비스하기

⑪ 심사위원 앞에 서비스된 에스프레소 4잔

⑫ 심사위원에게 인사하기

3. 카푸치노 4잔 완성하기

❶ 카푸치노 4잔 받침(소서 : Saucer) 준비

❷ 필터 홀더를 그룹헤드에서 분리

❸ 커피 케이크 버리기

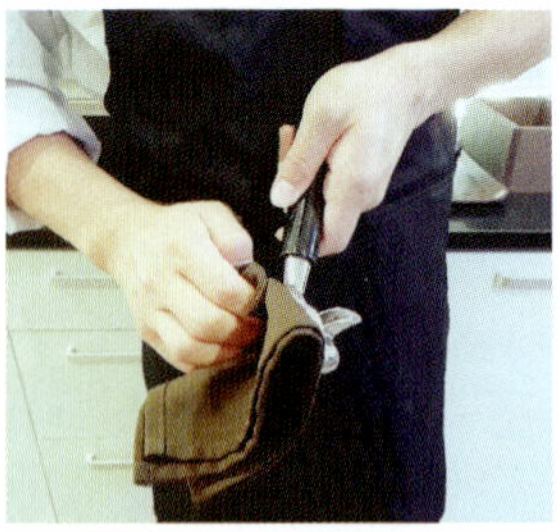

❹ 필터 홀더 닦기

❺ 분쇄커피 담기와 손으로 고르기

❻ 1차 탬핑

❼ 태핑

❽ 2차 탬핑

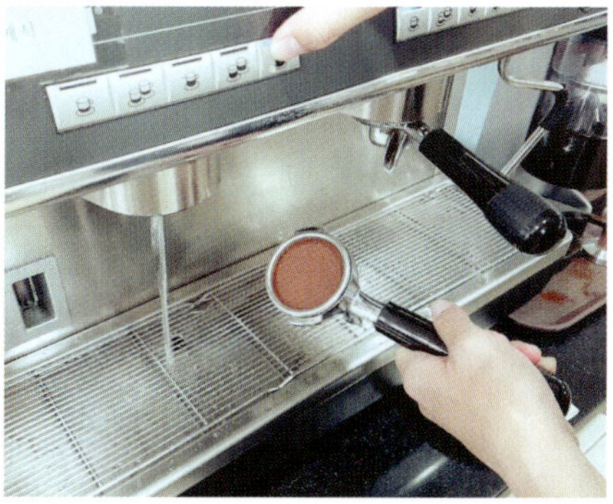

⑨ 추출 전 물 흘리기 : 과열방지 효과

⑩ 1차 2잔 추출
(컵 안쪽에 커피 튀는 것을 방지하기 위해 들고 있다가 내린다.)

⑪ 첫 번째 2잔 추출하면서 다른 쪽 케이크(두 번째 추출용)를 버리고 난 후 필터 홀더 닦기

⑫ 두 번째 필터 홀더를 닦은 후 첫 번째 에스프레소 물 끊기
두 번째 2잔도 패킹 후 같은 방법으로 추출

4. 카푸치노용 에스프레소 4잔 추출 후 우유 준비하여 우유거품 만들기

❶ 피처에 위 분량만큼 따른다.(피처의 추출구선 바로 아래 선에 맞춘다)
600ml의 피처 경우 250ml 정도 – 2잔용

❷ 스팀을 열어 물을 빼주는 과정

스팀 노즐에는 약간의 물이 들어 있다. 2~3초간 밸브를 열어 스팀을 뺀다.

❸ 공기주입 과정

❹ 혼합

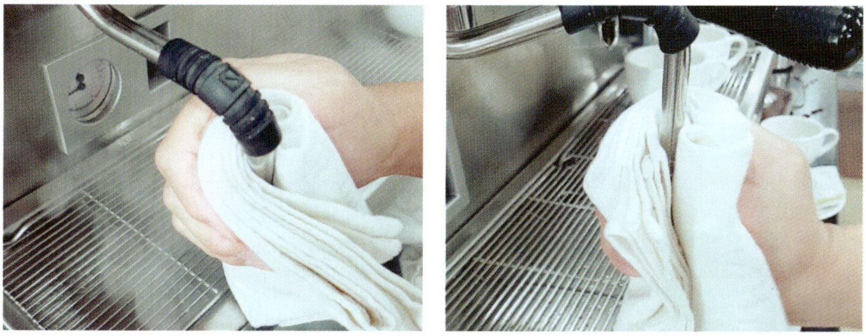

❺ 스티머는 사용 후 반드시 젖은 행주로 감싸서 스팀을 튼 후 깨끗이 닦는다.

❻ 고운 거품을 만든 후 피처를 사이드 테이블 위에 2번을 탁탁 쳐서 거품을 죽인 후 2~3번 돌려서 거품을 나누어 미리 뽑아놓은 에스프레소 위에 붓는다.

완성된 4잔의 카푸치노

❼ 완성된 카푸치노 4잔을 심사위원에게 서비스 후 인사한다.

4. 청소 및 정리정돈

① 양쪽 필터 홀더의 커피 케이크를 버린다.

② 필터 홀더에 물을 흘려 깨끗이 청소한다.

③ 스팀을 물수건으로 감싸서 스팀을 틀어 감쌌던 물수건으로 스팀 노즐을 깨끗이 닦아 준다.

④ 그라인더의 도저를 다 비우고 솔로 그라인더 주위를 깨끗이 쓸어준다.

⑤ 물수건으로 기계 전체를 깔끔히 닦고 기물을 정리한다.

⑥ '끝났습니다' 란 멘트로 마무리한다.

부록 2

커피 바리스타 경영사(2급) 필기예상문제

C·o·f·f·e·e B·a·r·i·s·t·a

1. 커피 바리스타 경영사(2급) 자격검정기준

■커피 바리스타 경영사 시험의 의의와 목적

커피 바리스타 경영사는 본회 정관 4조 5항에 의한 환대산업 식음료 관리분야의 자격시험으로 커피와 관련된 지식 및 제조능력을 객관적으로 평가 인증하여 능력자를 배출하고 나아가 환대산업의 발전에 기여함을 목적으로 한다.

■주관 및 등록번호

- 주관　사단법인 한국정보관리협회
- 민간자격등록번호　제2014-5129호

■커피바리스타경영사 시험의 특징

현장에서 요구하는 커피관련 지식과 실무능력을 바탕으로 고객이 원하는 커피를 제조할 수 있는 능력을 객관적으로 검증한다.

■커피바리스타경영사 취득 시 진로와 전망

- 호텔, 레스토랑, 커피전문점 등의 식음료 업무를 담당하는 전문 인력으로서 관련 분야에 수요 예상
- 카페, 커피전문점 등의 창업 시 효율적으로 활용

■등급 및 기준

자격명	등급	검정기준
커피바리스타 경영사	2급	커피관련 기본지식(로스팅, 분쇄, 추출 등)을 숙지하고, 에스프레소 머신에 대한 이해가 충분하며, 메뉴에 대한 제조능력을 가지며, 또한 커피 매장경영을 위한 기초적 지식을 숙지한 수준

■응시자격

자격종목	등급	응시자격
커피바리스타 경영사	2급	제한없음

■시험과목별 문제수 및 제한시간

<table>
<tr><th>자격명</th><th>등급</th><th colspan="2">과목</th><th>세부과목</th><th>문제수</th><th>유형</th><th>시간</th></tr>
<tr><td rowspan="12">커피바리스타경영사</td><td rowspan="12">2급</td><td rowspan="5">필기</td><td>커피기초학(생산과 유통)</td><td>역사, 식물학, 품종, 재배조건, 수확, 가공, 포장 및 보관, 결점두, 생두의 분류, 원산지별 특징</td><td>25</td><td rowspan="5">객관식 4지선다</td><td rowspan="5">60분</td></tr>
<tr><td>블렌딩과 로스팅</td><td>로스팅의 정의, 로스팅 단계 및 변화과정, 로스팅 머신, 블렌딩</td><td>15</td></tr>
<tr><td>추출</td><td>추출의 정의, 추출방법, 다양한 추출방법에 의한 추출(에스프레소, 핸드드립, 기타 등)</td><td>7</td></tr>
<tr><td>커피향미 및 결점</td><td>커피플레이버, 향미결점, 커핑방법</td><td>6</td></tr>
<tr><td>매장경영</td><td>외식산업의 정의, 역사, 환경, 현재트렌드, 인사관리, 마케팅관리, 메뉴관리, 원가 및 재무관리 경영전략</td><td>7</td></tr>
<tr><td colspan="3">합계</td><td>60</td><td>-</td><td>60분</td></tr>
<tr><td rowspan="3">실기</td><td>준비</td><td>머신 및 그라인더 점검, 잔데우기, 시험추출, 준비마감(주변정리)</td><td>1</td><td rowspan="3">작업형</td><td>5분</td></tr>
<tr><td>시연</td><td>발표력(응시동기 및 포부)
구술능력(매장경영 및 서비스관련 질문)
에스프레소 2잔, 카푸치노 2잔</td><td>1</td><td>10분</td></tr>
<tr><td>정리</td><td>머신청소 (퍽 버리기, 포타필터 및 그룹헤드 청소, 머신닦기), 그라인더 비우기, 작업대 청소, 작업대 위 기물정리</td><td>1</td><td>5분</td></tr>
<tr><td colspan="3">합계</td><td>3</td><td>-</td><td>15분</td></tr>
</table>

■합격 결정기준

<table>
<tr><th>자격명</th><th>급수</th><th colspan="2">과목</th><th>총점</th><th>합격점수</th><th>비고</th></tr>
<tr><td rowspan="10">커피바리스타경영사</td><td rowspan="10">2급</td><td rowspan="6">필기</td><td>▶커피기초학(생산과 유통)</td><td>50점</td><td rowspan="6">총점 60점 이상</td><td rowspan="10">필기와 실기 모두 합격하여야 함</td></tr>
<tr><td>▶블렌딩과 로스팅</td><td>30점</td></tr>
<tr><td>▶추출</td><td>7점</td></tr>
<tr><td>▶커피향미 및 결점</td><td>6점</td></tr>
<tr><td>▶매장경영</td><td>7점</td></tr>
<tr><td>합계</td><td>100점</td></tr>
<tr><td rowspan="4">실기</td><td>▶준비</td><td>25점</td><td rowspan="4">총점 90점 이상</td></tr>
<tr><td>▶시연(발표 및 구술포함)</td><td>100점</td></tr>
<tr><td>▶정리</td><td>25점</td></tr>
<tr><td>합계</td><td>150점</td></tr>
</table>

2. 커피 바리스타 경영사(2급) 필기예상문제

1. 커피 기초학

1. 우리나라에서 커피를 처음 접한 것으로 알려진 사람은 누구인가?

① 고종　② 박영효　③ 정조　④ 이성계

2. 커피가 가장 먼저 발견된 나라는?

① 브라질　② 인도　③ 예맨　④ 에티오피아

3. 커피가 전파된 후 가장 먼저 커피 경작을 시작한 나라는?

① 예맨　② 인도　③ 터키　④ 에티오피아

4. 덕수궁 내 고종이 주로 커피와 다과를 즐겼던 장소의 이름은?

① 카페세실　② 손탁호텔　③ 정관헌　④ 난다랑

5. 커피의 3대 품종이 아닌 것은?

① Arabica　② Canephora　③ Liberica　④ Capoeira

6. 유전적 결함, 불완전한 수정, 환경적 조건 등과 같은 원인에 의해 체리에 한 개의 콩만이 들어있는 것을 무엇이라 하는가?

① 피베리(Peaberry)　② 플랫빈(Flat bean)　③ 소이빈(Soy bean)　④ 브로카빈(Broca bean)

7. 커피나무를 잘 발아시키려면 어떤 상태에서 심어야 하는가?

① 배젖　② 은피　③ 파치먼트　④ 실버스킨

8. 체리의 과육(果肉)에 해당하는 것은?

① 내과피　② 종피　③ 중과피　④ 그린커피빈

9. 체리 속 생두가 서로 마주보고 있는 형태의 생두를 무엇이라 하는가?

① 홀 빈(Whole bean) ② 커플 빈(Couple bean)
③ 피베리(Peaberry) ④ 플랫 빈(Flat bean)

10. 커피나무에 관한 설명으로 옳은 것은?

① 높은 고도에서 자란 것이 높은 밀도로 품질이 더 좋다.
② 아라비카 나무는 6m까지 자란다.
③ 로부스타 종의 콩은 대부분 작고 기다란 모양이다.
④ 아라비카 나무는 낮은 고도에서 자란다.

11. 로부스타종에 함유된 카페인 비율은?

① 약 0.5~1.0% ② 약 1.1~1.5%
③ 약 1.6~1.9% ④ 약 2.0~2.5%

12. 로부스타 품종 재배를 위한 적정 온도 범위는?

① 22~27℃ ② 24~30℃
③ 26~31℃ ④ 28~32℃

13. 세계 커피 생산량 중 아라비카 종이 차지하는 비율은?

① 약 50% ② 약 60%
③ 약 70% ④ 약 80%

14. 체리에 한 개의 콩이 들어있다면, 이 콩을 무엇이라 하는가?

① 피베리(Peaberry) ② 모노빈(Mono-Bean)
③ 싱글빈(Single Bean) ④ 소이빈(Soy Bean)

15. 로부스타 종에 대한 설명이 옳은 것은?

① 최적의 강수량은 아라비카 종보다 적어도 된다.
② 병충해에 민감하게 반응한다.
③ 생육의 최적온도는 24~30℃이다.
④ 나쁜 환경에 적응력이 약하다.

16. 커피나무의 가지치기 목적이 아닌 것은?

① 기생충과 질병이 퍼지는 것을 최적화한다.
② 비생산적인 늙은 가지를 제거한다.

③ 수확에 알맞은 수관을 만든다.
④ 병든 가지를 제거한다.

17. 커피 재배를 위한 최적의 토양조건에 필요한 것은?

가. 염소산칼슘	나. 인	다. 약산성	라. 마그네슘

① 가, 나, 다　② 가, 다
③ 나, 라　④ 가, 나, 다, 라

18. 커피체리 수확의 내용 중 틀린 것을 고르시오

① 스트리핑 방식은 수확 후 키질로 이물질을 제거해 주어야 한다.
② 핸드피킹 방식은 인건비와 숙련된 인부 고용이 힘들다는 단점이 있다.
③ 핸드피킹 방식은 개화가 연중 내내 일어나는 지역에서 용이하다.
④ 기계 수확 방식은 수확 지역이 경사가 있고, 넓은 공간에 유리하다.

19. 커피를 수확하는 방식 중 하나인 따내기(picking)방식의 설명으로 틀린 것을 고르시오.

① 품질의 커피를 생산 할 수 있다.
② 인건비가 많이 드는 단점이 있다.
③ 대규모 농원에서 주로 사용하는 방법이다.
④ 잘 익은 열매만을 골라 하나씩 손으로 따는 방법이다.

20. 커피의 수확에 대한 설명으로 옳지 않은 것은?

① 기계수확은 대량 수확이 가능하나 선별이 고르지 못하다.
② 스트레핑은 체리가 균일하게 익은 지역에서 적합하다.
③ 스트리핑은 수확시기 결정이 어렵고 이물질이 섞여 있다.
④ 피킹은 싼 인건비를 이용하므로 비용이 절감된다.

21. 커피열매의 습식법(Wet processing) 가공방법에 대한 공정순서가 바른 것은?

① 열매수확 → 이물질 제거 및 분리 → 펄핑(pulping) → 발효(fermentation) → 세척 → 건조 → 탈곡 → 분류 및 선별 → 포장 → 보관
② 열매수확 → 이물질 제거 및 분리 → 펄핑(pulping) → 건조 → 탈곡 → 포장 → 보관
③ 열매수확 → 이물질 제거 및 분리 → 건조 → 탈곡 → 분류 및 선별 → 포장 → 보관
④ 열매수확 → 이물질 제거 및 분리 → 발효(fermentation) → 펄핑(pulping) → 세척 → 건조 → 탈곡 → 분류 및 선별 → 포장 → 보관

22. 세척건조 과정의 발효단계가 적당히 이루어지지 않거나 오염된 물로 진행되었을 때 어떤 맛의 커피를 마시게 되는가?

① 헤이즐넛냄새 ② 양파냄새
③ 오이냄새 ④ 마늘냄새

23. 포장 재료와 관계가 없는 것은?

① 빛을 차단하는 차광성 ② 공기를 차단하는 방기성
③ 향을 풍부하게해주는 방향성 ④ 습기를 방지하는 방습성

24. 건조된 커피콩에서 곰팡이와 박테리아가 번식되고 있다면 그 커피콩의 수분함유량은?

① 3% 이상 ② 5% 이상
③ 7% 이상 ④ 12% 이상

25. 아래의 내용이 설명하는 결점두는?

성장 중 수분공급이 충분치 않아 건포도처럼 주름지고 작은 콩

① Withered bean ② Dry cherry
③ Hull ④ Black bean

26. SCAA의 스페셜티 그레이드의 풀 디펙트 허용범위는?

① 3 ② 5
③ 8 ④ 10

27. 나라별 커피의 등급 표시가 잘못된 것은?

① 콜롬비아 – Supremo ② 브라질 – No2
③ 케냐 – AA ④ 에티오피아 – SHG

28. 생산지별 커피의 등급분류 중 결점두로 분류하는 곳을 모두 고르시오?

가. 브라질	나. 에티오피아	다. 과테말라	라. 케냐

① 가 ② 가, 나
③ 가, 나, 다 ④ 가, 나, 다, 라

29. 에티오피아 커피의 등급 분류로 옳은 것은?

① HB – 재배지 고도 해발 1,00m 이상
② No.2 – 결점두(생두 300g당) 4개 이하
③ Kona Extra Fancy – 결점두(생두 300g당) 10개 이하
④ Grade 1 – 결점두(생두 300g당) 3개 이하

30. 다음의 국가 중 라틴아메리카의 국가가 아닌 것은?

① 과테말라 ② 하와이
③ 브라질 ④ 쿠바

31. 다음 중 브라질에서 재배되는 로부스타 종은?

① 마라고지페 ② 문도노보
③ 코닐론 ④ 버본

32. 가장 신선한 생두의 색은?

① Green ② Yellow
③ Lightish ④ Greenish

33. 콜롬비아의 등급 체계 중 가장 큰 생두는?

① 마라고지페 ② U, G, O
③ 엑셀소 ④ 수프리모

34. 코스타리카의 대표적인 커피의 이름은?

① 안티구아 ② 타라주
③ 블루마운틴 ④ 수프리모

35. 과테말라의 대표 원두의 이름은?

① 블루마운틴 ② 타라주
③ 수프리모 ④ 안티구아

36. 아라비아의 커피 생산국으로 모카항이 유명한 이 나라의 이름은?

① 에티오피아 ② 사우디아라비아
③ 오만 ④ 예멘

37. 에티오피아의 상품이 아닌 것은?

① 하라　② 시다모
③ 이가체프　④ 사니니

38. 인도네시아의 상품이 아닌 것은?

① 린통　② 자바
③ 만델링　④ 운남

39. 하와이의 커피 등급 중 가장 높은 등급은?

① Kona Extra　② Kona Fancy
③ Kona Prime　④ Kona Caracol No.1

40. 커피 묘목을 인도네시아 Java와 서인도 섬에 전파한 나라는?

① 에티오피아　② 예멘
③ 네덜란드　④ 이탈리아

41. 에티오피아 커피의 등급 분류 기준과 그 내용이 옳은 것은?

① SHB – 재배지 고도 해발 1,400m 이상
② No.2 – 결점두(생두 300g당) 4개 이하
③ Kona Extra Fancy – 결점두(생두 300g당) 10개 이하
④ Grade 1 – 결점두(생두 300g당) 3개 이하

42. 다음 중에서 커피존의 범위로 올바른 것을 고르시오.

① 북위 25도 ~ 남위 25도　② 북위 40도 ~ 남위 40도
③ 북위 10도 ~ 남위 10도　④ 북위 15도 ~ 남위 15도

43. 커피의 전파에 관한 설명 중 올바른 것은?

① 기원후 6~7세기 – 아프리카의 에티오피아 고원에서 처음 커피 열매 발견
② 7~10세기 – 아라비아 예멘으로 전파, 커피 재배의 시작
③ 16세기 후반 – 유럽으로 전파, 영국 옥스퍼드와 이탈리아 베니스에 최초의 커피 하우스 탄생
④ 17세기 후반 – 교황 클레멘트 8세가 크리스트교 음료로 선포하면서 유럽에 널리 퍼짐

44. 다음 내용은 어느 나라의 커피 문화인가?

> 강하게 볶은 커피를 사용하며, 진한 커피에 설탕을 넣은 후 크림병과 물병을 함께 내놓는다. 특제의 기구를 쓰며 은이나 놋쇠의 쟁반에 설탕, 포트, 데미타스 잔을 얹고 우유포트에 양질의 신선한 크림을 넣어 내어 놓는다.

① 이탈리아　　② 스페인
③ 네덜란드　　④ 덴마크

45. 카페인 제거 기술을 최초로 고안한 사람의 이름은?

① 룽게　　② 로셀리우스
③ 막스 하벌라르　　④ 후안 발데즈

46. 디카페인 커피(Decaffeinated coffee)제조를 위한 추출법이 아닌 것은?

① 용매 추출법　　② 물 추출법
③ 초임계 추출법　　④ 열 추출법

47. 다음 중 애니멀 커피가 아닌 것은?

① 크리스탈 마운틴　　② 콘삭 커피
③ 위즐 커피　　④ 코피 루왁

48. 공정무역커피(Fair trade Coffee)가 지양하는 것은?

① 아동의 노동력 착취 반대
② 경쟁력이 있는 값싼 로부스타
③ 생태계 보전을 위해 유기농 커피를 추구
④ 유통 과정을 생략하여 적절한 가격으로 거래하여 농가에도 이득이 가는 구조

49. 더치커피에 관한 내용 중 틀린 것은?

① 약 1~4주 정도 숙성기간을 거치면 더욱 깊은 맛이 난다.
② 와인과 같은 아로마가 있다.
③ 커피의 눈물 또는 커피의 와인이라 불린다.
④ 뜨거운 물로 천천히 4~12시간 추출한다.

50. 칼디의 전설에서 알려진 커피의 기원은 어느 지역인가?

① 예멘　　② 에티오피아
③ 이탈리아　　④ 브라질

51. 유럽에 커피를 전한 사람은 어느 나라 사람들인가?

① 이탈리아 ② 인도네시아
③ 터키 ④ 네덜란드

52. 1650년 영국 최초의 커피하우스를 오픈한 사람은 누구인가?

① 파스콰 로제(Pasqua Rosee) ② 베베르(Karl Ivanovich Verver)
③ 클레외(Gabriel Mathieu de Clieu) ④ 프로코피오(Procopio)

53. 1696년 뉴욕 최초의 커피숍의 이름은 무엇인가?

① 프로코프(Cafe de Procope)
② 커트리지 커피하우스(Gutteridge coffeehouse)
③ 정관헌
④ 더 킹스 암스(The King' s Aarms)

54. 15세기 니에하벤딩이 쓴 아라비아 고문서에 나온 아비시니아에서의 커피의 이용방법이 아닌 것은 무엇인가?

① 비상식품으로 사용하였다. ② 여행 시 상비약으로 사용하였다.
③ 과육을 이용하여 술을 제조하였다. ④ 건조 과실로 섭취하였다.

55. 악마의 음료라고 불리던 커피에게 세례를 준 교황은 누구인가?

① Clement 8세 ② 표트르 대제
③ 요한 18세 ④ 비오 10세

56. 1688년 런던에서 가장 유명하던 커피하우스는 오늘날 세계 최고의 보험회사가 되었다. 그 이름은 무엇인가?

① Prudential 보험 ② Meritz 보험
③ Lloyd 보험 ④ Hanwha 보험

57. 미국인들이 홍차를 대신해서 커피를 마시게 된 계기는 무엇인가?

① 세포이 항쟁 ② 엠보 전보 사건
③ 파리의 심판 ④ 보스턴 차 사건

58. 프랑스의 커피 열풍은 어느 나라 대사에 의해 시작되었는가?

① 터키 대사 ② 예멘 대사
③ 남아프리카 공화국 대사 ④ 영국대사

59. 미국에 커피가 첫 선을 보이게 된 연도는 언제인가?

① 1670년 ② 1668년
③ 1683년 ④ 1696년

60. 생두의 선별에 있어 틀린 것은 무엇인가?

① 정상적이지 않은 생두나 이물질이 섞인 생두를 결점두라고 한다.
② 기계 이용 시 생두 크기의 작은 돌은 제거되지 못한다.
③ 대규모 농장에서는 기계를 사용하여 결점두를 제거한다.
④ 소규모 농장에서는 사람들이 일일이 손으로 골라낸다.

61. 생두 등급에 대한 설명이다. 틀린 것은 무엇인가?

① 생두의 크기에 따라 등급을 책정하는데 크기가 클수록 높은 등급으로 분류된다.
② 번호가 큰 스크리너의 구멍이 가장 크고 번호가 내려갈수록 크기는 작아진다.
③ 스크린 사이즈는 20~8까지의 번호가 새겨져 있다.
④ 생두의 크기와 맛은 비례한다.

62. 생두 사이즈 분류에 대한 설명이다. 틀린 것은 무엇인가?

① 스크리너에 담아 분류하는데 No. 8~13까지는 피베리로 분류된다.
② 피베리는 전체의 10%이내이다.
③ No. 18은 Good Bean으로 분류된다.
④ No. 20은 Very Large Bean으로 분류된다.

63. 커피 생두의 등급으로 틀린 것은 무엇인가?

① 아프리카에서 AA는 최상품을 의미한다.
② 엑셀소는 콜롬비아에서 최상급을 의미한다.
③ 인도에서 PB는 피베리를 의미한다.
④ 코스타리카의 SHB는 생산고도 1200~1650m이다.

64. 나라와 산지 명에 대한 연결로 바르지 않은 것은 무엇인가?

① 과테말라 – 안티구아 ② 코스타리카 – 따라주
③ 자메이카 – 블루마운틴 ④ 멕시코 – 코나

65. 에티오피아의 생두분류법으로 틀린 것은 무엇인가?

① 분류법은 Grade 1 – Grade 9까지 있다.
② Grade1 – Grade4 등급 까지는 U.G.Q(Usual Good Quality)로 분류된다.

③ Grade1 등급은 결점두 0-3개까지를 나타낸다.
④ Grade 8등급은 결점두 340개 이상으로 수출금지 등급이다.

66. 브라질에서 하는 커피빈의 맛에 따른 분류에 대한 설명으로 틀린 것은 무엇인가?

① Strictly Soft - 매우 부드럽고 단맛이 느껴짐(Very mild, sweet)
② Soft - 약간 부드러움(Slight mild)
③ Hard, Hardish - 거친 맛이 느껴짐
④ Rio - 암모니아 향, 발효된 맛이 느껴짐

67. SCAA의 분류기준이 아닌 것은 무엇인가?

① 샘플 중량
② 수분 함유량
③ 콩의 무게
④ 콩의 냄새

68. SCAA의 분류기준에 따른 원두의 Cupping Test 등급기준으로 점수의 정도가 다른 하나는 무엇인가?

① 중후함(Body)감
② 향기(Aroma)
③ 뒷맛(Aftertaste)
④ 균형감(Balance)

69. SCAA의 분류기준에 따른 결점두와 발생 원인이 아닌 것은 무엇인가?

① Shell - 유전적 원인
② Fungus Damaged - 곰팡이의 발생
③ Black Bean - 너무 늦게 수확되거나 흙과 접촉하여 발효된 상태
④ Sour Bean - 미성숙한 상태에서의 수확

2. 블렌딩과 로스팅

1. 로스팅하기 전에 블렌딩과 함께 나타나는 어떠한 현상이 나타나는가?

① 커피 모양이 균일해진다.
② 균일한 맛과 향을 얻는다.
③ 커피의 질이 균일해진다.
④ 커피콩이 잘게 부서진다.

2. 열풍식 로스팅기기에 대한 설명으로 옳은 것은?

① 열효율이 높다.
② 직화식 로스터를 변형하여 드럼 뒤쪽에서 내부로 열풍이 전달되어 연소가스가 드럼 내부를 순환하는 원리이다.
③ 직화식보다 균일한 로스팅이 가능하다.
④ 균일하고 단시간에 로스팅이 가능하여 대량으로 생두를 볶을 때 사용한다.

3. 커피 로스팅 과정에서 2차 크랙이 나타나는 시기의 대략적인 온도는?

① 140-145℃
② 180-185℃
③ 200-210℃
④ 230-250℃

4. 생두가 로스팅되는 동안에 트리고넬린이 분해되어 생성된 휘발성 유기산으로 짝지어진 것은?

가. 푸르푸랄	나. 피리딘	다. 아세톤	라. 피롤

① 가, 나, 다
② 가, 다
③ 나, 라
④ 가, 나, 다, 라

5. 다음 중 블렌딩의 진행과정으로 바른 것은?

① 생두선택 → 블렌딩 방식 선택 → 로스팅 정도 결정 → 블렌딩 비율결정 → 재평가
② 로스팅 정도 결정 → 생두선택 → 블렌딩 비율결정 → 블렌딩 방식 선택
③ 로스팅 정도 결정 → 생두선택 → 블렌딩 방식 선택 → 블렌딩 비율결정 → 재평가
④ 생두선택 → 로스팅 정도 결정 → 블렌딩 방식 선택 → 블렌딩 비율결정 → 재평가

6. 다음 설명은 로스팅 단계 중 어떤 단계에 해당하는 설명인가?

탄수화물의 산화로 생두의 센터컷이 탁탁 갈라지는 소리가 들리게 되며 원두의 표면은 팽창, 색은 갈색에 가까우며 표면도 매끈해진다.

① 1단계(생두 투입)
② 2단계(건조단계)
③ 3단계(1차 크랙)
④ 4단계(2차 크랙)

7. 블렌딩(Blending)의 목적이 아닌 것은?

① 개인의 취향에 따라 원두의 종류와 혼합비율을 다양화 할 수 있다.
② 단종커피의 고유한 맛과 향을 강조하면서도 좀 더 깊고 조화로운 향미를 창조 가능하다.
③ 단종으로 즐기기에 부족한 맛과 향, 고급 아라비카 커피를 혼합하여 맛과 향의 상승효과를 낼 수 있다.
④ 모든 커피의 배전을 균일하게 하여 균형 잡힌 맛을 낼 수 있다.

8. 블렌딩 시 신맛을 강조하기 위하여 선택하여야 할 원두의 종류는?

가. 이르가체페	나. 파푸아뉴기니	다. 탄자니아	라. 로부스타

① 가, 나, 다
② 가, 다
③ 나, 라
④ 가, 다, 라

9. 열풍식 로스팅기기에 대한 설명으로 틀린 것?

① 균일하고 단시간에 로스팅이 가능하다.
② 열풍을 원두 사이로 순환시켜 로스팅하는 방식이다.
③ 생두의 팽창이 적고 균일한 로스팅이 어려운 것이 단점이다.
④ 드럼로스터보다 개성의 표현이 어렵다.

10. 커피콩을 로스팅하는 일반적인 가열 온도는?

① 140~160℃
② 160~180℃
③ 180~200℃
④ 220~230℃

11. 로스팅된 아라비카 종에서 팔미트산이 차지하는 비율은?

① 약 25.3%
② 약 27.3%
③ 약 30.3%
④ 약 32.3%

12. 블렌딩에 대한 설명 중 틀린 것은?

① 블렌딩은 로스팅 전에만 가능하다.
② 원두의 가짓수는 3~5가지 안의 범위에서 선택하는 것이 좋다.
③ 원두의 특성을 적절하게 배합하여 균형 잡힌 맛과 향을 내는 것을 말한다.
④ 쓴맛을 강조하고 싶을 때는 로부스타종을 사용한다.

13. 커피 로스팅의 8단계 분류법 중 보기의 단계에 해당하는 것은?

• 색 – 진한 갈색 • 맛과 향 – 중간 단맛과 쓴맛, 약한 신맛

① 하이(High) ② 시티(City)
③ 풀시티(Full-City) ④ 프렌치(French)

14. 신맛을 강조하기 위하여 블렌딩(Blending) 시 생두를 선택해야 한다. 이때 바람직하지 않은 원두는?

① 이르가체페 ② 파푸아뉴기니
③ 로부스타 ④ 탄자니아

15. Blending Before Roasting에 대한 설명이 아닌 것은?

① 기호에 따라 미리 정해놓은 생두를 혼합하여 동시에 로스팅하는 방법이다.
② 블렌딩된 커피의 색이 균형적이다.
③ 생두의 특징이 고려되지 않기 때문에 정점 로스팅 정도를 결정하기 어려운 단점이 있다.
④ 생두에 따라 로스팅 정도가 다르므로 블렌딩 커피의 색이 불균형하다.

16. 로스팅이 끝났을 때 변화하는 성분은?

가. 셀룰로오스	나. 카페인	다. 펙틴	라. 질소

① 가, 나, 다 ② 가, 다
③ 라 ④ 가, 다, 라

17. 로스팅에 의해서 커피원두 내부의 탄수화물(Carbonydrates)은 어떻게 변화되는가?

① Sucrose ② Monosaccharide
③ Polysaccharides ④ Proteins

18. Blending에 대한 설명으로 옳지 않은 것은?

① 아라비카종의 브라질커피는 균형 잡힌 향미를 가지고 있다.
② 아라비카종의 마일드는 부드럽고 신맛이 더 난다.
③ 아라비카종의 브라질과 마일드를 Blending하면 커피 향은 강해지면서 부드럽고 풍부한 향이 난다.
④ 아라비카 브라질종을 로스팅하면 콜로이드 성분이 커피의 신맛 성분을 억제해 쓴맛이 증가하므로 적당량을 Blending에 사용해야 한다.

19. 커피 품종에 대한 설명으로 옳지 않은 것은?

① 원두커피-커피나무에서 수확한 체리(Cherry)의 씨앗을 박피, 건조하여 생두를 만들고, 로스팅(Roasting)한 후 추출한 커피다.
② 인스턴트커피-원두커피 추출액을 열풍건조 또는 동결 건조하여 만든 커피다.
③ 단종커피-우수한 품질의 원두들을 추출한 커피다.
④ 레귤러커피-인공적인 첨가물, 향이 추가된 커피다.

20. 원두보관방법에서 고려되어야 할 사항은?

가. Oxidization	나. Heat	다. Sun light	라. Conservation

① 가, 나, 다　　② 가, 다
③ 나, 라　　④ 가, 나, 다, 라

21. 커피 블렌딩(Blending) 방법으로 틀린 것은?

① 기호에 잘 맞는 생두를 선택한다.
② 신맛을 강조하고 싶다면 아라비카종을 선택하고, 쓴맛을 강조하고 싶다면 로부스타종을 선택한다.
③ 원두의 혼합 가짓수는 제한 없이 많을수록 다양한 맛을 낼 수 있다.
④ 원산지 명칭을 사용하는 경우에는 해당 커피를 30% 이상 사용하는 것이 좋다.

22. 신맛과 과일 향을 얻기 위해서 블렌딩 시 첨가되어야 할 커피는?

① 콜롬비아 수푸리모　　② 브라질 산토스
③ 에티오피아 시다모　　④ 베트남 블루드레곤

23. 로스팅된 커피의 산패를 막기 위해 위해 차단해야 할 요인들은?

가. 자외선	나. 산소	다. 질소	라. 습기

① 가, 나, 다　　② 가, 다
③ 나, 라　　④ 가, 나, 라

24. 커피에 들어있는 불포화지방산을 모두 고른 것은?

가. 팔미트산	나. 올레산	다. 스테아르산	라. 리놀레산

① 가, 나, 다　　② 가, 다
③ 나, 라　　④ 가, 나, 다, 라

25. 로스팅 정도를 나타내는 용어가 아닌 것은?

① Cinnamon Roasting ② Heavy City Roasting
③ French Roasting ④ Italian Roasting

26. 로스팅의 과정이 아닌 것은?

① 로스팅단계 ② 세척단계
③ 건조단계 ④ 냉각단계

27. 로스팅 진행과정에 따른 생두 변화에 관한 설명으로 틀린 것은?

① 로스팅이 길어질수록 원두의 색상이 진해진다.
② 크기는 커진다.
③ 무게는 증가한다.
④ 캐러멜 향에서 신향을 거쳐 탄 향이 짙어진다.

28. 로스팅 전 블렌딩(Blending Before Roasting)에 대한 설명으로 맞는 것은?

① 블렌딩된 커피의 색이 균형적이다.
② 정점에서 로스팅된 원두가 서로 혼합되어 풍부한 맛과 향을 얻을 수 있다.
③ 혼합되는 가짓수만큼 일일이 로스팅을 해야 한다.
④ 정점이 다른 생두들을 블렌딩할 때 사용하는 방식이다.

29. 종류별 커피에 대한 설명이 옳은 것을 고르시오.

① Straight Coffee : 질이 낮은 커피에 인공적인 첨가물을 추가한 커피
② Blend Coffee : 우수한 품질의 원en 한 가지를 추출한 커피로 고급 아라비카 원두 고유의 향미를 즐길 수 있다.
③ Arrange Coffee : 베리에이션 커피라고도 하며 주로 에스프레소에 아이스크림, 생크림, 우유, 초콜릿시럽, 견과류 등을 첨가한 커피다.
④ Flavored Coffee : 인공적인 첨가물, 향이 추가되지 않은 커피

30. 질소 충전팩으로 포장된 로스팅 원두의 최대 저장기간은?

① 3개월 ② 6개월
③ 12개월 ④ 24개월

31. 로스팅 시 컬러의 변화로 올바른 것은 무엇인가?

① Green → Yellow → Light Brown → Cinnamon → Medium Brown → Dark Brown → Dark
② Green → Cinnamon → Yellow → Light Brown → Medium Brown → Dark Brown → Dark

③ Green → Yellow → Cinnamon → Light Brown → Dark Brown → Medium Brown → Dark
④ Green → Yellow → Cinnamon → Light Brown → Medium Brown → Dark Brown → Dark

32. 로스팅 시 향의 변화에 대한 설명으로 올바른 것은 무엇인가?

① 생두향 → 단향 → 단향과 신향 → 신향 → 신향과 커피고유의 향 → 커피 고유의 향 → 향의 감소 → 향의 소멸
② 생두향 → 신향 → 신향과 단향 → 단향 → 단향과 커피고유의 향 → 커피 고유의 향 → 향의 감소 → 향의 소멸
③ 단향 → 원두향 → 단향과 원두향 → 신향 → 신향과 커피고유의 향 → 커피 고유의 향 → 향의 감소 → 향의 소멸
④ 생두향 → 신향 → 신향과 단향 → 단향 → 신향과 커피고유의 향 → 커피 고유의 향 → 향의 감소 → 향의 소멸

33. 조밀도가 강하면서 수분함량이 많은 생두의 경우 로스팅되는 모양의 변화에 대해 바르지 않은 것은 무엇인가?

① 1차 크랙 단계에서 원두 표면에 많은 주름이 생기게 된다.
② 원두 조직을 벌리는데 어려움이 적어 비교적 쉽게 로스팅 할 수 있다.
③ 원두 표면의 주름은 2차 크랙이 진행되면서 완전히 펴지게 된다.
④ 원두의 내 · 외부 조직의 벌어짐을 최대화시켜 커피의 맛과 향을 이끌어 내는 것이다.

34. 원두 1Kg 생두를 로스팅할 경우 어느 정도의 로스팅된 상태를 말하는가?

17~20 정도 감량, 약 800g 생산

① Light Roasted
② City Roasted
③ French Roasted
④ Italian Roasted

35. 로스팅 과정 중 Yellow단계에 대한 설명으로 틀린 것은 무엇인가?

① 본격적으로 물리?화학적으로 변화하기 시작하는 시기이다.
② 색상은 녹색에서 노락색으로 향은 생두의 고유한 향에서 단향으로 변화된다.
③ 발열반응 중 마지막 단계로 강한 커피향이 느껴진다.
④ 품종에 따라 신맛이 강하고, 곡물 맛, 비릿한 맛이 나기도 하며 바디감은 거의 느끼기 어렵다.

36. 1차 크랙에 대한 설명으로 바르지 못한 것은 무엇인가?

① 로스팅 시 처음으로 '티딕티딕' 소리가 나는데 이때가 발열반응의 마지막 단계이다.
② 흡열이 충분히 이루어진 원두의 조직이 벌어지면 크랙이 들리게 된다.

③ 이때 신향이 강하며 코끝을 강하게 자극하기도 하고 과일의 상큼한 신향, 자극적인 매운 향등 여러 향이 다양하고 복잡하게 나타난다.

④ 커피 맛은 신맛이 안정되고 풍부해지며 바디감이 점점 강해지기 시작한다.

37. 2차 크랙에 대한 설명으로 바르지 못한 것은 무엇인가?

① 원두조직이 최대한으로 팽창되어 1차 크랙 때보다 더욱 강한 커피향이 되며 향은 최고치를 이룬다.

② 커피가 가지고 있는 여러 성분 중 지방 성분이 원두표면으로 표출되어 윤기가 나며 반질반질해진다.

③ 로스팅 공부를 하다보면 자신의 의지와 무관하게 이 단계에 이루는 실수를 저지를 때가 있다.

④ 그 후 원두의 팽창은 멈추게 되고 커피 향의 발산도 줄어들기 시작한다.

38. Baked Bean의 설명으로 바르지 않은 것은 무엇인가?

① 온도는 높고 로스팅 시간이 짧은 경우

② 투입량에 비해 너무 낮은 온도로 로스팅한 경우

③ 로스팅 과정 중 갑작스럽게 고온 로스팅을 하는 경우

④ 발열 반응인 1차 · 2차 크랙 시점에서 화력 조절에 실패한 경우

39. 로스팅 후 Raw Nut의 설명으로 바르지 않은 것은 무엇인가?

① 발열반응 시점에서 투입된 열량이 부족한 경우

② 수분이 많은 생두를 라이트 로스트 정도로 볶은 경우

③ 투입량에 비해 너무 낮은 온도로 로스팅한 경우

④ 저온으로 로스팅을 짧게 한 경우

40. 로스팅 후 Tipping(팁핑)에 대한 설명으로 바르지 않은 것은 무엇인가?

① 쓴맛과 설익은 냄새가 나며 원두의 색상은 어두운 빛깔을 띤다.

② 고온으로 오랫동안 로스팅한 경우 발생한다.

③ 흡열반응 시점에서 열량 공급이 부족한 경우 발생한다.

④ 발열반응 시점에서 화력조절에 실패한 경우 발생한다.

41. 블렌딩(Blending)을 하는 이유로 바르지 않은 것은 무엇인가?

① 새로운 맛과 향을 창조하기 위하여

② 차별화된 커피를 만들기 위하여

③ 원두의 유통기간을 늘리기 위하여

④ 원가 절감을 위하여

42. 블렌딩(Blending)에 대한 설명으로 올바른 것은 무엇인가?

① 품종이 같은 원두들을 위주로 조합하여 블렌딩 해야 한다.
② 동일 국가인데 지역이 다른 경우에는 포함되지 않는다.
③ 로스팅 정도를 8단계로 분류했을 때 2단계 이상 차이가 나는 것은 좋지 않다.
④ 가장 일반적인 방법으로 원산지가 달라 그 맛과 향의 특성이 크게 차이가 나는 경우로 새로운 맛을 창조할 가능성이 매우 크다.

43. 블렌딩(Blending) 과정에 대한 설명으로 바르지 않은 것은 무엇인가?

① 드립용 커피인지 아니면 에스프레소용 커피인지는 구분해야 한다.
② 커피의 개성이 약해 다른 생두들과 섞었을 때 잘 어울릴 수 있는 특성을 가진 커피를 선택하는데 대표적인 것이 과테말라 커피이다.
③ 바디가 강한 커피 그룹으로 단맛을 표현할 수 있으며 애프터 테이스트를 강화시킬 수 있다.
④ 신맛과 향이 좋은 그룹으로 선택할 수 있다.

44. 최초의 블렌딩 커피는 무엇인가?

① Santos-Supremo
② Sidamo-Harrar
③ Mocha-Java
④ Burbon-Typica

45. 커피 배합 비율을 결정하는 하는 방법으로 효율적으로 할 수 있는 방법은 무엇인가?

① 핸드드립
② 에스프레소 추출
③ 더치커피 추출
④ 커핑

46. 원산지 명칭을 딴 블렌딩 시 그 지역의 커피를 적어도 몇 % 이상 블렌딩하는 것이 좋은가?

① 5% 이상
② 10% 이상
③ 20% 이상
④ 30% 이상

47. 블렌딩(Blending) 시 주의할 사항으로 옳은 것은 무엇인가?

① 블렌딩에 사용되는 커피의 수는 제한이 없다.
② 현실적으로 9종을 블렌딩하는 것이 가장 좋다.
③ 지나치게 특수한 커피를 블렌딩하는 것이 좋다.
④ 커피의 성격이 유사한 커피는 중복해서 사용하는 것이 좋다.

48. 로스팅 시 열 전달 방식으로 틀린 것은 무엇인가?

① 전도
② 전달
③ 대류
④ 복사

49. 로스팅 후 원두의 변화 중 바르지 않은 것은 무엇인가?

① 부피가 커진다. ② 수분 량이 줄어든다.
③ 무게가 무거워진다. ④ 밀도가 작아진다.

50. 블렌딩 시 신맛과 과일향을 얻기 위하여 첨가되어야 하는 커피는 무엇인가?

① 콜롬비아 수프리모 ② 브라질 산토스
③ 베트남 블루드레곤 ④ 에티오피아 시다모

3. 추출

1. 커피성분이 추출되는 시간과 양에 영향을 미치는 요소는?

가. 커피종류	나. 로스팅	다. 결실 정도	라. 블렌딩

①. 가, 나, 다　　②. 가, 다
③. 나, 라　　④. 가, 나, 다, 라

2. 부품과 그 기능이 바르게 짝지어진 것은?

① 정수기 – 물을 정화하여 염소 성분을 추가한다.
② 정수기 – Nacl을 첨가하여 유지 관리한다.
③ 연수기 – 경수의 물을 연수로 변환한다.
④ 연수기 – 연수의 물을 경수로 변환한다.

3. 카푸치노 커피에서 느낄 수 있는 특성이 아닌 것은?

① 진한 커피의 맛　　② 우유의 고소한 맛
③ 거품의 부드러움　　④ 우유의 풍부한 풍미

4. 카페 리스트레토의 크레마 색상과 맛은?

① 연한 갈색 – 신맛　　② 진한 갈색 – 신맛
③ 황금색– 조화로운 맛　　④ 연한 갈색 – 쓴맛

5. 커피 다지기를 할 때 힘에 영향을 미치는 요소들은 무엇인가?

가. 로스팅 상태	나. 분쇄 굵기	다. 담은 양	라. 온도

① 가, 나, 다　　② 가, 다
③ 나, 라　　④ 가, 나, 다, 라

6. 추출수의 흐름이 고르지 않았거나 과다추출일 경우 크레마의 색과 형태는?

가. 황금색	나. 흰색 반점	다. 붉은빛을 띤 갈색	라. 기포 발생

① 가, 나, 다　　② 가, 다
③ 나, 라　　④ 가, 나, 다, 라

7. 에스프레소 커피를 이용한 메뉴가 아닌 것은?

① 카페 아메리카노 ② 카페라떼
③ 녹차라떼 ④ 카페 카푸치노

8. 조리공간에 대한 설명으로 틀린 것은?

① 도저 안에는 커피가루를 항상 채워놓는다.
② 스팀노즐용 행주는 오염방지를 위해 받침 위에 올려놓는다.
③ 잔들은 물기가 제거된 상태로 워머스탠드에서 데워져야 한다.
④ 바 테이블은 항상 청결해야 한다.

9. 커피의 신맛을 유도하는 것은?

① 지방산 ② 탄수화물
③ 카페인 ④ 섬유질

10. 그룹헤드 플래싱에 대한 설명으로 틀린 것은?

① 그룹헤드의 청결을 유지한다.
② 추출수 온도를 유지한다.
③ 커피 퍽을 촉촉하게 유지한다.
④ 추출을 위해 포터필터 장착 전에 물을 흘리는 작업이다.

11. 카페에 오신 손님이 신맛이 강한 아메리카노를 원한다면 어떻게 조리해야 하는가?

① 담는 양을 일정하게 유지하고 탬핑을 강하게 해준다.
② 분쇄가루를 평소보다 많이 담아 추출한다.
③ 담는 양과 탬핑을 일정하게 유지하고 추출시간을 길게 뽑는다.
④ 담는 양은 일정하게유지하고 탬핑을 약하게 해 추출시간을 짧게 해준다.

12. 에스프레소 커피 잔(Demitasse)의 특징으로 맞는 것은?

가. 크레마 유지가 용이하다.	나. 잔의 온도 유지가 용이하다.
다. 향기 유지가 용이하다.	라. 커피 맛의 유지가 용이하다.

① 가, 나, 다 ② 가, 다
③ 나, 라 ④ 가, 나, 다, 라

13. 정수기필터의 평균수명은 몇 개월인가?

① 3개월　② 6개월
③ 12개월　④ 영구적 사용이 가능하다.

14. 우유 스티밍 시 우유의 부피가 어느 정도까지 변화하면 롤링작업으로 밀도를 조절하는가?

① 1배　② 1.5배
③ 2배　④ 2.5배

15. 드리퍼의 종류 중 아이스드립이 가능한 드리퍼는?

① 멜리타　② 칼리타
③ 하리오　④ 고노

16. 추출이 커피의 맛을 결정하는데 차지하는 정도는 얼마인가?

① 10%　② 20%
③ 50%　④ 70%

17. 커피를 추출할 때 향미에 영향을 주는 것으로 바르지 않은 것은 무엇인가?

① 원두의 로스팅 정도　② 커피를 마시는 사람의 기호도
③ 분쇄된 커피의 가루　④ 추출 시 사용하는 도구

18. 분쇄된 커피 가루가 담긴 종이나 금속으로 된 필터에 물이 통과하여 커피 성분을 뽑아내는 방식을 이용한 기구가 아닌 것은 무엇인가?

① 커피 메이커　② 더치 커피
③ 프렌치 프레스　④ 모카 포트

19. 침지식의 방식으로 이용되는 기구가 아닌 것은 무엇인가?

① 퍼컬레이터(Percolator)　② 베큐엄 브루어(Vacuum brewer)
③ 터키식 커피(Turkish coffee)　④ 에스프레소(Espresso)

20. 다음 추출방식은 어떤 방식에 대한 설명인가?

추출 용기 안에 물과 커피가루를 섞은 후 가열하여 커피 성분이 추출되도록 하는 방식

① 달이기　② 우려내기
③ 삼출　④ 진공여과

21. 커피 추출 시 상대적으로 가장 적은 영향을 주는 요소는 무엇인가?

① 수질
② 잔의 형태
③ 물의 온도
④ 원두의 질

22. 커피의 맛을 느낄 때 가장 적당한 온도는 몇 도인가?

① 80℃
② 75℃
③ 65℃
④ 55℃

23. 다음 추출 기구 중 가장 작은 커피 분쇄 입자를 사용하여 추출해야 하는 것은 무엇인가?

① 이브릭
② 에스프레소
③ 사이펀
④ 페이퍼 드립

24. 커피를 추출하는 4가지 기구중 원두를 가장 굵게 분쇄해야 하는 것은 무엇인가?

① 에스프레소 머신
② 프렌치 프레스
③ 모카 포트
④ 이브릭

25. 커피 산패에 대한 설명으로 바르지 않은 것은 무엇인가?

① 산소와의 접촉이 많은 수록 산패가 빨라진다.
② 습도가 높을수록 산패가 빨라진다.
③ 온도가 낮을수록 산패가 빨라진다.
④ 로스팅 정도가 강할수록 산패가 빨라진다.

4. 커피향미 및 결점

1. 커피의 짠맛에 영향을 미치는 성분은?

① 산화칼륨 ② 카페인
③ 캐러멜당 ④ 카페인산

2. 커피의 쓴맛에 관한 설명으로 옳은 것은?

① 각종 산 성분들도 커피의 강한 쓴맛의 원인이 된다.
② 커피의 쓴맛은 전적으로 카페인으로부터 유발된다.
③ 로스팅이 진행될수록 새로운 카페인 성분이 생성된다.
④ 로스팅이 진행될수록 새로운 쓴맛 성분이 생성되어 디카페인 커피도 강한 쓴맛을 띤다.

3. 커피의 쓴 맛 성분이 아닌 것은?

① 퀴닉산 ② 트리고넬린
③ 카페인 ④ 환원당

4. 커피의 세 가지 기본 맛의 온도에 따른 강도 변화에 대한 설명으로 옳은 것은?

① 높은 온도에서 단맛은 약하게 느껴지나 신맛은 균일하다.
② 높은 온도에서 단맛과 신맛이 상대적으로 약하다.
③ 놓은 온도에서 단맛과 짠맛이 상대적으로 강하다.
④ 놓은 온도에서 단맛은 강하게, 신맛은 약하다.

5. 커피의 신맛과 관련이 없는 유기산은?

① 시트릭산 ② 클로로겐산
③ 말릭산 ④ 카페익산

6. 커피의 신맛에 관한 설명으로 옳지 않은 것은?

① 아라키바 종보다 로부스타 종이 신맛이 더 강하다.
② 커피에 함유된 클로로겐산, 옥살사 등이 신맛의 원인이다.
③ 커피의 PH가 낮아질수록 신맛은 증가한다.
④ 약배전 커피가 강배전 커피보다 신맛이 더 강하다.

7. 커피 신맛의 주성분은?

① 알칼로이드 ② 유기산
③ 배당체 ④ 타닌

8. SCAA를 기준으로 커피의 기본 맛이 아닌 것은?

① 단맛 ② 신맛
③ 짠맛 ④ 쓴맛

9. 향기의 강도를 나타내는 표현 중 옳은 것은?

① Flat : 풍부, 강함
② Rich : 무난, 강하지도 다양하지 않음
③ Full : 풍부, 강도는 약함
④ Rounded : 빈약, 향이 거의 없음

10. 커피 향기에 대한 설명으로 옳지 않은 것은?

① 향기는 기체 상태에서만 식별이 가능하다.
② 분자량이 작을수록 날카롭고 거칠게 느껴진다.
③ 커피의 향기는 그 원인물질에 따른 특징과 분자량에 따른 특징에 의한 이중 구조로 파악 가능하다.
④ 향에 대한 평가는 일반적으로 경험 또는 훈련 등을 통해 얻어진 기억에 기인한다.

11. 커피의 성분들 중 삼킨 후 혀에 남아있는 커피의 잔류 성분들과 이들이 유발한 증기로부터 느낄 수 향미를 만들어내는 요소는?

① 케톤이나 알데히드 계통의 휘발성 성분
② 비위발성 액체상태의 유기성분
③ 에스테르 화합물
④ 지질과 같은 비용해성 액체와 수용성 고체물질

12. 커피 성분 중, 커피 음용 전 커피의 향에 영향을 미치는 성분은?

① 케톤이나 알데히드 계통의 휘발성 성분
② 에스테르 화합물
③ 지질 같은 비용해성 액체와 수용성 고체물질
④ 비휘발성 액체상태의 유기성분

13. 커피에서 느낄 수 있는 기본적인 맛이 아닌 것은 무엇인가?

① 신맛 ② 떫은 맛
③ 짠맛 ④ 쓴맛

14. 맛과 원인 물질의 연결이 바르지 않은 것은 무엇인가?

① 신맛 – 클로로제닉산(Chlorogenic acid)
② 단맛 – 캐러멜당
③ 쓴맛 – 말릭산(Malic acid)
④ 짠맛 – 산화칼륨

15. 온도와 맛의 변화에 대한 설명으로 옳은 것은 무엇인가?

① 단맛은 온도가 높아지면 상대적으로 강해진다.
② 짠맛은 온도가 높아지면 상대적으로 강해진다.
③ 신맛은 온도가 낮아지면 상대적으로 강해진다.
④ 신맛은 온도의 영향을 거의 받지 않는다.

16. 커피의 관능평가에 포함되지 않는 것은 무엇인가?

① 통각 ② 후각
③ 미각 ④ 촉각

17. 보통 사람의 경우 몇 가지의 냄새를 구분할 수 있는가?

① 1,000가지 이하 ② 2,000~4,000가지
③ 5,000~7,000가지 ④ 8,000가지 이상

18. 커피의 전체적인 향의 구성요소가 아닌 것은 무엇인가?

① Frangrance ② Aroma
③ Bouquet ④ Nose

19. Frangrance의 특징으로 바르지 않은 것은 무엇인가?

① 원두를 갈면 커피의 조직이 분쇄되면서 열의 발생과 함께 방출된다.
② 커피 조직내에 있던 탄산가스가 방출되면서 상온에서 기체 상태로 방출된다.
③ Sweetly, Spicy 향 등을 느낄 수 있다.
④ 이 과정에서 맛을 감지할 수 있을 뿐만 아니라 코에서도 향을 느낄 수 있게 된다.

20. 다음은 부케 중 어떤 요소에 대한 설명인가?

> 분쇄 커피가 뜨거운 물과 접촉하면 분쇄 커피가 가지고 있는 향 성분의 75%가 날아가 버린다. 뜨거운 물의 열이 커피 입자 안에 있는 유기 화합물의 일부를 기화시키면서 다양한 향이 만들어지는데 Fruity, Herby, Nutty등이 그것이다.

① Aroma
② Nose
③ Frangrance
④ Aftertaste

21. 향에 대한 종류와 주로 나는 향기가 바르지 않게 연결된 것은 무엇인가?

① After taste - Spicy, Turpeny
② Aroma - Smoky, Ashy
③ Nose - Candy, Syrup
④ Frangrance - Flower

22. 향기의 강도에 대한 설명으로 바르지 않은 것은 무엇인가?

① Rich - 풍부하면서 강한 향기(Full & Strong)
② Full - 풍부하지만 강도가 약한 향기(Full & Not strong)
③ Rounded - 강하지만 풍부하지는 않은 향기 (Not full & Strong)
④ Flat - 향기가 없을 때(absence of any bouquet)

5. 매장경영

1. 다음 중 외식에 관한 설명 중 옳은 것은?

① 다양한 음식문화의 경험
② 가정외의 장소에서 조리하여 가정외의 장소에서 취식하는 식사의 형태
③ 가정 내에서의 식생활
④ 음식의 조리와 섭취

2. 외식산업의 경영형태가 아닌 것은?

① 위탁경영 ② 독점운영
③ 직영운영 ④ 글로벌운영

3. 외식산업의 특징이 아닌 것은?

① 노동집약 산업 ② 생산과 소비의 동시성
③ 소멸성 ④ 고원가 산업

4. 다음 중 서비스 방법에 따른 레스토랑의 분류형태가 아닌 것은?

① 셀프서비스 ② 카운터서비스
③ 자동판매서비스 ④ 셀프서비스

5. 다음 중 셀프서비스에 대한 설명이 아닌 것은?

① 품격 있는 서비스의 제공 ② 기호에 맞는 음식의 선택
③ 신속한 제공과 식사 가능 ④ 좌석회전률이 높음

6. 외시기산업의 포지셔닝 전략 중 옳지 않은 것은?

① 차별화전략 ② 원가우위전략
③ 집중화 전략 ④ 산업화 전략

7. 다음 중 3S시스템에 대한 설명이 틀린 것은?

① 다양화 시스템 ② 표준화 시스템
③ 전문화 시스템 ④ 단순화 시스템

8. 다음 중 재무관리의 목표에 대한 설명이 틀린 것은?

① 자기자본가치의 극대화 ② 유형 자산 부채의 극대화
③ 기업가치의 극대화 ④ 경영자이익의 극대화

9. 다음 중 인적자원관리에서 교육 및 훈련의 목적이 아닌 것은?

① 성과의 개선 ② 조직 내 문제 발생 시 신속한 전달
③ 조직 관리의 개선 ④ 새로운 기술 및 지식의 습득

10. 마케팅 개념의 진화 과정 중 고객보다는 판매자를 우선시하는 마케팅 개념이 아닌 것은?

① 제품지향적 개념 ② 생산지향적 개념
③ 판매지향적 개념 ④ 사회지향적 개념

11. 마케팅 조사의 순서를 바르게 나열한 것은?

가. 문제규명	나. 조사결과 보고	다. 조사계획의 수립
라. 자료수집	마. 자료 분석	

① 가-나-다-라-마 ② 가-다-라-마-나
③ 다-라-마-가-나 ④ 가-라-다-나-마

12. 기업을 둘러싼 미시적 환경 요소로 옳은 것은?

① 기술적 요인 ② 경제적 요인
③ 사회적 요인 ④ 공급업자

13. 잠재적인 전체시장을 다양한 기준에 의해 몇 개의 하위 시장으로 나누는 작업을 일컫는 경영학적 용어는?

① 포지셔닝 ② 마케팅믹스
③ 시장세분화 ④ 표적시장의 선정

14. 다음 중 제품의 수명주기 중 옳은 것은?

① 도입기 – 성숙기 – 성장기 – 쇠퇴기 ② 도입기 – 성장기 – 성숙기 – 쇠퇴기
③ 도입기 – 성장기 – 쇠퇴기 – 성숙기 ④ 도입기 – 성숙기 – 쇠퇴기 – 성장기

정답

1. 커피기초학

1.① 2.④ 3.① 4.③ 5.④ 6.④ 7.③ 8.③ 9.④ 10.①
11.④ 12.② 13.③ 14.① 15.③ 16.① 17.④ 18.④ 19.③ 20.④
21.① 22.② 23.③ 24.④ 25.① 26.③ 27.④ 28.② 29.④ 30.②
31.③ 32.① 33.① 34.② 35.④ 36.④ 37.④ 38.④ 39.① 40.③
41.④ 42.① 43.① 44.③ 45.① 46.① 47.① 48.② 49.③ 50.②
51.③ 52.① 53.④ 54.② 55.① 56.③ 57.④ 58.① 59.② 60.②
61.④ 62.③ 63.② 64.④ 65.① 66.② 67.③ 68.④ 69.④

2. 블렌딩과 로스팅

1.② 2.④ 3.③ 4.③ 5.④ 6.③ 7.④ 8.① 9.③ 10.④
11.④ 12.① 13.③ 14.③ 15.④ 16.③ 17.③ 18.④ 19.④ 20.④
21.③ 22.③ 23.④ 24.③ 25.② 26.② 27.④ 28.① 29.③ 30.④
31.④ 32.① 33.② 34.② 35.③ 36.① 37.③ 38.② 39.① 40.②
41.③ 42.④ 43.② 44.③ 45.④ 46.④ 47.① 48.② 49.③ 50.④

3. 추출

1.④ 2.③ 3.④ 4.② 5.① 6.③ 7.③ 8.① 9.① 10.③
11.④ 12.④ 13.① 14.③ 15.③ 16.① 17.② 18.④ 19.④ 20.①
21.② 22.③ 23.① 24.② 25.③

4. 커피향미 및 결점

1.① 2.④ 3.④ 4.① 5.④ 6.① 7.② 8.④ 9.③ 10.②
11.④ 12.① 13.② 14.③ 15.④ 16.① 17.② 18.③ 19.④ 20.①
21.② 22.③

5. 매장경영

1.② 2.④ 3.④ 4.③ 5.① 6.④ 7.① 8.② 9.② 10.④
11.② 12.④ 13.③ 14.②

3. 식음료 환대산업분야 자격검정 안내

■사케 소물리에 경영사(Sake Sommilier & Manager)

• 민간자격등록번호 제 2014-5122호

• 개요 현장에서 요구하는 사케관련 지식과 실무능력을 바탕으로 고객이 원하는 사케를 서비스할 수 있는 능력을 객관적으로 검증하기 위한 자격

• 검정요강

구분	검정과목	문항수	합격	시간
필기	음료지식 운영관리 사케원료 양조과정	60문항	60점(100점)	60분
실기 (작업형 · 구술형)	테스팅 코멘트 연출	5항목	60점(100점)	15분

(2급만 응시 가능)

• 응시료 필기 60,000원, 실기 : 80,000원

• 진로 및 전망 호텔, 외식, 레스토랑, 사케취급 바(bar) 등의 식음료 업무를 담당하는 전문 인력으로서 관련 분야에 수요 예상

외식사업, 사케 취급 바(BAR), 레스토랑 등의 창업 시 효율적으로 활용

■커피 바리스타 경영사(Coffee Barista & Manager)

• 민간자격등록번호 제 2014-5129호

• 개요 현장에서 요구하는 커피관련 지식과 실무능력을 바탕으로 고객이 원하는 커피를 제조할 수 있는 능력을 객관적으로 검증하기 위한 자격

• 검정요강

구분	검정과목	문항수	합격	시간
필기	커피기초학 로스팅/블렌딩 추출 커피향미/결점 매장경영	60문항	60점(총점100점)	60분

구분	검정과목	문항수	합격	시간
실기 (작업형)	기술평가 및 맛 평가	2항목	120점 (총점 200점)	15분

(2급만 응시 가능)

• **응시료** 필기 40,000원, 실기 : 40,000원

• **진로 및 전망** 호텔, 외식, 레스토랑, 커피전문점 등의 식음료 업무를 담당하는 전문 인력으로서 관련 분야에 수요 예상
카페, 외식사업, 커피전문점 등의 창업 시 효율적으로 활용

■와인 소믈리에 경영사(Wine Sommilier & Manager)

• **민간자격등록번호** 제 2014-5126호

• **개요** 현장에서 요구하는 와인관련 지식과 실무능력을 바탕으로 고객이 원하는 와인을 서비스할 수 있는 능력을 객관적으로 검증하기 위한 자격

• **검정요강**

구분	검정과목	문항수	합격	시간
필기	와인학개론 운영관리 서비스실무 용어	60문항	60점(총점100점)	60분
실기 (작업형)	서비스평가 기술평가	12항목	60점(총점100점)	15분

(2급만 응시 가능)

• **응시료** 필기 40,000원, 실기 : 40,000원

• **진로 및 전망** 호텔, 외식, 레스토랑, 와인취급 바(bar) 등의 식음료 업무를 담당하는 전문 인력으로서 관련 분야에 수요 예상
와인 취급 바(BAR), 외식사업, 레스토랑 등의 창업 시 효율적으로 활용

■칵테일 아티스트 경영사(Coktail Artist & Manager)

- 민간자격등록번호　제 2014-5128호
- 개요　현장에서 요구하는 칵테일 관련 지식과 실무능력을 바탕으로 고객이 원하는 칵테일을 조주할 수 있는 능력을 객관적으로 검증하기 위한 자격
- 검정요강

구분	검정과목	문항수	합격	시간
필기	음료학개론 주류학개론 칵테일기초 칵테일테크닉 주장관리론	60문항	60점(총점100점)	60분
실기 (작업형)	기술평가 및 맛 평가	3항목	120점 (총점 100점)	15분

(2급만 응시 가능)

- 응시료　필기 40,000원, 실기 : 40,000원
- 진로 및 전망　호텔, 외식, 레스토랑, 칵테일 바(bar) 등의 식음료 업무를 담당하는 전문인력으로서 관련 분야에 수요 예상
  칵테일 바(bar), 외식사업, 레스토랑 등의 창업 시 효율적으로 활용

참고문헌

강현주(2001), 커피, 창해

권장하(2005), 커피의 문화의 발자취, 미스터커피sica출판부

김경옥 외(2005), 커피와 차, 교문사

김성윤(2004), 커피이야기, 살림

문준웅(2004), 커피와 차, 현암사

변광인 외(2008), 에스프레소이론과 실무, 백산출판사

서진우(2010), 커피바이블, 대왕사

송은경 역(2003), 커피이야기 , 나무심는 사람.

알랭 스텔라, Café, 창해, 2001

여동완 외(2004), Coffee, 가각본

원융희(2003), 커피이야기, 백산출판사

이영민(2010), 라떼아트, (주)아이비라인 · 월간COFFEE

이윤호(2004), 완벽한 한 잔의 커피를 위하여, mj미디어

이창신 역(2005),커피 견문록, 이마고

장상문 외(2007), 커피학, 광문각

전광수 외(2008), 기초커피바리스타, 형설출판사

조윤정(2007), 커피, 대원사

Cheung(2003), Theresa, Coffe bagic, Conari Press

Cohen, L. H. Glass(1997), Paper, Beans

From Giallulym M.(1958), Factors Affecting the Inherent Quality of Green Coffee.

Jocob, Heinrich Eduard(2002), Coffee: The Epic of a Commodity, Hans Joergen Gerlach

Liss, David(2003), The Coffee Trader

G. Wrigley(1988): "Coffee, Tropical Agriculture Series" Longman Scientific and Technical, New York

W. H Ukers(1935) : "All About Coffee" The Tea and Coffee Trade Jounal Company, New York,

A. Charrier and J, Berth aud(1985) : "Coffee, Botany, Biochemistry and Production of Beans and Beverage"ed. By M. N. Clifford and K. Wilson, Croom Helm, London, New York,Sydney, pp.13~47

Peter Lummel(2002), Kaffee, be. Bra-Verlag,

Kenneth Davis(2001), Coffee, St. Martin's Griffin

Karl Schapira 외 2인(1995), The Book of Coffee & Tea, St. Martin's Griffin

Luis Noberto Pascoal(2002), Aroma of Coffee, Fundacao Educa

NCS 학습모듈

저자소개

■ **최 병 호**

- 세종대학교 대학원 호텔관광외식전공 경영학박사
  현) 신한대학교 글로벌관광경영학과 교수
- 대한민국 명장 심사위원(식음료서비스 부문)
- 한국산업인력공단조주기능사 자격시험 심사위원(실기, 필기)
- 전국대학생 칵테일 경연대회 심사위원
- 커피바리스타 자격시험 심사위원(실기, 필기)
- (사)한국바텐더협회 고문
- (사)한국호텔경영학회 이사
- (사)한국외식산업학회 부회장
- 한국식음료교육협회 회장
- 특1급 호텔 23년 근무(신라호텔, 롯데호텔)

[저 서]

- 호텔경영의 이해
- 호텔체험 가이드
- 호텔식음료경영실무론
- 호텔외식음료경영실무론
- 호텔 · 외식연회컨벤션실무
- 최신 와인 · 소믈리에 이해

[논 문]

- 호텔레스토랑에서 멤버쉽 유형에 따른 관계효익이 고객만족과 고객의 자발적 행위에 미치는 영향 연구
- 호텔 식음료업장의 고객 관계 혜택의 중요도와 지각에 관한 연구
- 와인 수입량의 결정요인 분석에 관한 연구 등
- 국내외 브랜드커피전문점의 방문 수요 · 만족도 및 행동의도에 관한 비교연구

■ **권 정 희**

- 세종대학교 대학원 조리외식학과 조리외식학 박사
  현) 백석문화대학교 관광학부 교수
- 한국 산업인력공단 조주기능사 실기시험 심사위원
- 한국국제요리 경영대회 심사위원
- 전국대학생 칵테일 경연대회 심사위원
- 중등학교 2급 정교사 자격증소지
- 직업능력개발 훈련교사 자격증소지
- 미국 호텔 총지배인 자격증소지
- 미국 공인 소믈리에 자격증소지
- 미국 공인 바리스타 자격증소지
- 특1급 호텔 24년 근무(신라호텔, 르네상스호텔호텔, 그랜드힐튼호텔)

[저 서]

- 호텔경영학
- 주장관리의 이해

[논 문]

- 호텔레스토랑에서의 서비스회복공정성이 관계의 질, 만족, 재구매의도, 전환의도에 미치는 영향
- 중국시장을 겨냥한 관광호텔의 대응방안
- 서비스 회복 공정성과 관계의 질의 정준상관 관계
- 호텔 식음료 종사원의 감정부조화, 감정고갈이 고객지향성에 미치는 영향
- 한식 전문 업체 외국인 종사자의 업무수행능력이 경영자 신뢰와 조직몰입 및 경영성과에 미치는 영향
- 호텔 식음료 종사원의 상사-부하 교환관계가 임파워먼트, 직무만족, 조직몰입에 미치는 영향 등

커피 바리스타 경영의 이해

2011년 3월 25일 초　　판 발행
2013년 2월 28일 2판 1쇄 발행
2016년 9월 20일 3판 1쇄 개정신판 발행

저　자 최병호 · 권정희
발행인 한 인 환
발행처 도서출판 **기 문 사**
등　록 1978. 8. 9. NO. 6-0637
주　소 서울시 동대문구 용두2동 730-4번지 홍신빌딩 3층
전　화 02) 2265-7214/922-8662~8663
팩　스 02) 922-8772

homepage : www.kimoonsa.co.kr
e-mail : book@kimoonsa.co.kr

ISBN : 978-89-7723-725-4 03570

정가 : 25,000원

저자와의
협의하에
인지생략